Jetzt mit großartigem neuem Material!

Sexuelle Versuchung, Gruppendruck, schlechte Gewohnheiten & Ängste überwinden

Neil T. Anderson & Dave Park

Die Bibelzitate folgen der Genfer Studienbibel

Die Namen von bestimmten Personen, die in diesem Buch erwähnt werden, sind geändert, um ihre Privatsphäre zu schützen.

Neil T. Anderson & Dave Park
THE BONDAGE BREAKER - YOUTH EDITION

Neil T. Anderson & Dave Park
DER DIE KETTEN SPRENGT
Jugendausgabe

Bestell-Nr. 30-5-620
ISBN 3-933828-76-7
1. Auflage 2002

Übersetzung: Marina Bergmann
Lektorat: Inge Mohrenstecher
Satz: Thorsten Plaß
Umschlag: Anatol Meerson
Printed in Germany

Anerkennung

Wir sind dankbar, dass „Harvest House" sich entschieden hat, eine zweite Ausgabe dieses Buches zu drucken. Noch nie war die Botschaft von unserer Freiheit in Christus im Leben der Jugendlichen nötiger als heute. Es gibt eine Lösung für den Schmerz, die Ablehnung und die Gebundenheit, die unsere Jugend erleidet. Die Antwort ist Jesus Christus, der die Ketten sprengt.

Es ist viel Zeit vergangen, seit die erste Ausgabe von *„Der die Ketten sprengt Jugendausgabe"* herausgegeben wurde. Wir hatten keine Ahnung, dass dieses Buch wie auch das Buch *„Die Dunkelheit zerschlagen"* (herausgegeben von Regal Books) eine internationale Jugendarbeit begründen und zum Anlass dienen würden, dass ein Duzend Jugendbücher und Studienführer geschrieben werden. Unsere Eltern-, Jugendmitarbeiter- und Jugendkonferenzen werden überall in den Vereinigten Staaten, Kanada und in der ganzen Welt durchgeführt!

In den letzten zehn Jahren haben wir mehr Erfahrung und, wie wir hoffen, Reife in dem Herrn gewonnen. Aus diesem Grunde glauben wir, dass die zweite Ausgabe ein viel besseres Buch als die erste Version geworden ist. Die Grundaussage ist dieselbe, aber jetzt können wir es viel besser ausdrücken, weil es von Hunderten von Jugendlichen, Pastoren, Jugendmitarbeitern und Mitarbeitern unseres Dienstes gelesen wurde. Keiner hat uns so sehr geholfen wie unsere teurer Freund Dr. Robert Saucy. Danke, dass du uns zum hohen Standard biblischer Integrität verantwortlich gehalten hast. Wir und der Leib Christi sind deine Schuldner. Es war für uns eine große Ehre, die Bücher *„Radical Image"* und *„Higher Ground"* mit dir zu schreiben. Es hat uns und Tausenden von Jugendlichen geholfen, besser zu verstehen, was Heiligung ist.

Wir möchten all den wunderbaren Schülern, die ihr Leben mit uns geteilt haben, unsere Anerkennung ausdrücken. Es war für uns eine Ehre zu beobachten, wie Gott euch in Christus befreit hat. Es gab viele emotionale Augenblicke, als wir uns den Schmerz und die Qual, die ihr erlitten habt, in die Erinnerung zurückriefen. Wir haben von jedem einzelnen von euch gelernt, während ihr eure geistliche Entwicklung mit uns geteilt habt. Wie wunderbar ist es zu beobachten, wie Gott Seine ausreichende Gnade in eurem Leben zeigt.

Unsere Anerkennung gilt auch allen Jugendmitarbeitern, die so liebevoll im Leben der jungen Schafe gearbeitet und diese behütet haben. Danke für eure persönlichen Opfer und Hingabe an die Jugendlichen! Unser nächster Schritt in der *„Freiheit in Christus-Jugendarbeit"* ist es, die örtlichen Jugendmitarbeiter darin zu bestätigen, unsere Eltern-, Jugendmitarbeiter- und Jugendkonferenzen durchzuführen. Die Botschaft von der Freiheit in Christus muss verbreitet und mitgeteilt werden. Wir glauben, dass keiner besser ausgerüstet ist, den Nöten der heutigen Jugend zu begegnen, als die örtliche Gemeinde und ihre Hirten.

Seit das Buch *„Der die Ketten sprengt Jugendausgabe"* zum ersten Mal vor acht Jahren herausgegeben wurde, haben es mehr als 100.000 Jugendliche gelesen. Was würde geschehen, wenn *allein im nächsten Jahr* Hunderttausende christlicher Jugendlicher entdecken würden, wer sie wirklich in Christus sind? Was würde geschehen, wenn sie sich von der Sünde abwenden und die Freiheit, die wir in Christus haben, wirklich annehmen würden? Was würde geschehen, wenn sie auf die Stimme Gottes zu hören begännen und Seiner Führung und Leitung in ihrem Leben auf einem Weg des Gehorsams nachfolgen würden? Die Ergebnisse wären umwerfend. Die Ergebnisse wären eine Erweckung! Gebet, Evangelisation, Jüngerschaft und Wachstum würden explodieren.

Wir fordern dich heraus, nicht nur von diesen Möglichkeiten zu träumen, sondern durch Gottes Gnade und

Kraft ein Botschafter der Wahrheit und Freiheit zu werden, die Jugendliche heute so dringend brauchen. Evangelisation und Jüngerschaft kann nicht ohne eine Umgebung von Freiheit stattfinden. Schließ dich uns an, den Jugendlichen die Wahrheit, die sie frei macht, entdecken zu helfen. Werde ein Mitglied des *Freiheit-in-Christus* Strategieteams. Binnen wenigen Wochen kannst du befähigt werden, Jugendliche, Eltern und Jugendmitarbeiter zu schulen, indem du die FIC-Strategien gebrauchst. Noch einmal vielen Dank dafür, dass du für unsere Jugend in den Riss trittst!

Neil und Dave

Für mehr Information über FIC-Strategien, Schulung für Jugendmitarbeiter oder Jugendkonferenzen oder für FIC-Strategien-Quellenmaterial schreibe an:

Freedom in Christ Youth Ministries
16071 W. Sherman Street
Goodyear, AZ 85338
623-925-5555 Phone
623-925-1234 Fax

E-mail: davepark@integrity.com
Website: *www.ficyouth.com*

Inhalt

Vorwort von Josh McDowell

Als ich vor zehn Jahren gebeten wurde das Vorwort für *„Der die Ketten sprengt“* zu verfassen, schrieb ich, dass die Jugendlichen zwei sie ganz in Anspruch nehmende Sorgen haben. Erstens möchten sie sich dringend ein Gefühl von Identität verschaffen. Zweitens möchten sie die Freiheit erleben, wirklich mit Gott zu leben.

Wenn du ein Jugendlicher bist, dann sind diese Sorgen für dich genauso wahr, wie sie für deine Gegenüber zehn Jahre zuvor galten. Und die Leitung und Wahrheit, die du von diesem Buch bekommen wirst, gelten heute genauso wie vor zehn Jahren, weil Neil und Dave dich auf die zeitlosen Prinzipien des Wortes Gottes hinweisen. In einer Zeit, wo die biblische Wahrheit oft ignoriert wird und viele Teenager mit den grundlegenden Bedeutungen von Richtig und Falsch kämpfen, ist es tröstlich zu wissen, dass es ein paar gute Stimmen gibt, die dir helfen zu lernen, wer du in Christus bist und wie du dich von den Fesseln der Welt befreien kannst. Ich habe in meinen Vorträgen oder Büchern oft über meine eigenen persönlichen Kämpfe mit einem armen Selbstbild gesprochen und ich kann ohne Zögern sagen, dass die Erkenntnis dessen, was ich in Christus bin, der einzige wichtigste Bestandteil in meinem erfolgreichen Leben als Christ und im Dienst ist.

Jesus versprach, dass wir durch Ihn ein erfülltes und freies Leben haben werden. Und dieses Buch *„Der die Ketten sprengt Jugendausgabe“* kann dir helfen, den geistlichen Mächten dieser Welt zu widerstehen und in der Freiheit zu leben, die Er dir gegeben hat. Aktualisiert und erweitert, um die Fragen, die dich heute beschäftigen, anzusprechen, verdient dieses Buch deine Aufmerksamkeit und ein sorgfältiges Studium. Ich ermutige jeden Jugendlichen, der sich wünscht, frei zu wandeln und wirklich zu verstehen, wer er oder sie in Christus ist, es zu lesen. Du wirst froh sein, es getan zu haben!

Bis die ganze Welt es hört,
Josh McDowell

Endlich frei!

Vor ein paar Jahren sprach ich (Neil) in der Kirche über die New Age-Bewegung. Ich sprach über 1. Timotheus 4:1: „Der Geist aber sagt ausdrücklich, dass in späteren Zeiten etliche vom Glauben abfallen und sich verführerischen Geistern und Lehren der Dämonen zuwenden werden“. Nach meiner Botschaft war ich vorne in der Kirche von verletzten Menschen umgeben.

In der Mitte der Kirche saß eine 22-jährige Frau, die seit dem Ende des Gottesdienstes unkontrolliert weinte. Einige Menschen hatten sie zu trösten versucht, aber sie erlaubte es keinem, ihr nahe zu kommen. Schließlich schob sich ein Gemeindemitarbeiter durch die Menge ringsum mich und sagte: „Es tut mir leid, Leute, aber wir brauchen sofort Dr. Anderson da hinten.“

Als ich mich der jungen Frau näherte, konnte ich hören, wie sie schluchzte: „Er versteht mich! Er versteht mich!“ Wir schafften es, sie aus dem Gemeindesaal in eines der Büros zu bringen. Nachdem sie sich beruhigt hatte, vereinbarte ich einen Gesprächstermin mit ihr.

Als Nancy zum vereinbarten Termin kam, war ihr Gesicht gekennzeichnet von hässlichen, aufgekratzten Wunden. „Ich kratze mich seit der letzten Woche so und kann es nicht kontrollieren,“ gestand sie verlegen.

Nancy beschrieb ihre schreckliche Kindheit, die einen missbrauchenden Vater und eine Großmutter mit ein schloss, die von sich behauptete, eine schwarze Hexe zu sein. „Als ich drei Jahre alt war, erhielt ich meine Wächter - spirituelle Führer,“ fuhr sie fort. „Sie waren meine Gefährten, sagten mir, wie ich leben und was ich sagen sollte. Ich stellte nie in Frage, ob es normal war, spirituelle Führer zu haben, bis meine Mutter mich zur Sonntagsschule schickte. Dann begann ich zu vermuten, dass meine spirituellen Führer doch nicht so gut für mich waren.

Als ich meine Eltern darüber ausfragte, verprügelte mein Vater mich. Ich fragte nie wieder!"

Um mit der wachsenden Qual fertig zu werden, welche die spirituellen Führer in ihr Leben gebracht hatten, flüchtete Nancy sich in eine strenge persönliche Disziplin. In ihrer Zeit auf der Highschool vertraute sie sich Christus als ihrem persönlichen Erlöser an. Aber statt sie zu verlassen, belästigten die „Führer" sie weiter.

Nach der Highschool ging Nancy zur Marine. Entschlossen, die härteste Frau der Marine zu werden, gewann sie Auszeichnungen für ihre Disziplin. Doch ihre geistliche Qual drückte ihren Verstand und ihre Gefühle dauernd nieder. Sie weigerte sich, jemandem von ihrem geistlichen Kampf zu erzählen, aus Angst, dass man sie als geisteskrank bezeichnen könnte. Schließlich bezwang der Druck sie und sie zerbrach. Still akzeptierte Nancy eine Entlassung aus medizinischen Gründen und zog sich zu einem einsamen Dasein voll innerem Aufruhr und Schmerz zurück. Dies war ihr Zustand, als sie zur Kirche kam und mich über die täuschenden Geister sprechen hörte.

„Endlich versteht mich jemand!" sagte Nancy tränenüberströmt.

„Willst du von deinen spirituellen Führern befreit werden?" fragte ich. Es gab eine lange Pause. „Werden sie mich wirklich verlassen oder werde ich nach Hause kommen und wieder von ihnen verprügelt werden?"

„Du wirst frei sein," versicherte ich ihr.

Zwei Stunden später *war* Nancy frei - und umarmte uns mit einer Offenheit, die sie noch nie vorher gekannt hatte. „Jetzt kann ich Leute in mein Haus einladen!" rief sie voller Freude aus.

Die Realität der dunklen Seite

Nancys Erfahrung ist nicht ungewöhnlich. Obwohl der Grad ihrer Probleme etwas außergewöhnlich war, sind wir dahin gekommen zu erkennen, dass Paulus jeden Gläubigen meinte, als er schrieb, “denn unser Kampf richtet sich nicht gegen Fleisch und Blut, sondern gegen die Herrschaften, gegen die Gewalten, gegen die Weltbeherrscher der Finsternis dieser Weltzeit, gegen die geistlichen [Mächte] der Bosheit in den himmlischen [Bereichen]“ (Epheser 6:12). Wir haben Tausenden von jungen Christen überall auf der Welt gedient, die getäuscht worden sind und ein Leben der Niederlage lebten. Das ist eine wahre Tragödie, weil ihr himmlischer Vater ihnen ein freies und erfülltes Leben in Christus wünscht.

Unseren Weg in diesen Bereich des Dienstes haben wir nicht gewählt. Wir waren nicht neugierig auf die Aktivitäten der Dämonen oder das Okkulte. Die Verlockung des Wissens und der okkulten Macht reizte uns nie.

Andererseits waren wir immer bereit zu glauben, was die Bibel über die geistliche Welt sagt, sogar wenn es dem westlichen Weltbild scheinbar widersprach. Als Ergebnis davon hat der Herr Christen wie Nancy zu uns gebracht, um uns zu sehen. Sie wurden von Gedankenmustern, Gewohnheiten und Verhaltensweisen beherrscht, die sie davon abhielten, ein freies und erfülltes Leben zu leben.

Durch Jahre des Lernens und Dienens haben wir immer besser verstanden, wie die Wahrheit uns frei macht, und die Notwendigkeit eingesehen, dem Teufel zu widerstehen sowie uns Gott zu unterordnen (Jakobus 4:7).

Diejenigen Dienste, welche die Realität der geistlichen Welt ignorieren, haben keine ausreichende Antwort; aber das gilt auch für einige Befreiungsdienste, die das Problem nur im Geistlichen sehen. Gott ist Realität und Er nimmt Beziehung mit uns als ganzen Personen auf - und Sein

Wort gibt die genaue Antwort für alle, die in dieser gefallenen Welt leben.

Gott möchte, dass du frei bist und in Christus wächst

Seit der ersten Ausgabe dieses Buches haben wir (mit Dr. Robert Saucy) zwei Bücher über Heiligung geschrieben, mit den Titeln *„Radical Image"* und *„Higher Ground"* (herausgegeben von Harvest House). Den Prozess der Heiligung (d.h. auserwählt für Gottes besondere Absicht mit uns) zu verstehen ist entscheidend, da Gottes Wille für unser Leben unsere Heiligung ist (1. Thessalonicher 4:3). „Sondern wahrhaftig in der Liebe heranwachsen in allen Stücken zu ihm hin, der das Haupt ist, der Christus ... zur vollkommenen Mannesreife, zum Maß der vollen Größe des Christus" (Epheser 4:15,13). Wenn Gott uns alles gegeben hat, um in Christus zu wachsen (2. Petrus 1:3), warum wachsen dann nicht mehr Christen in Christus? Einige junge Gläubige sind jetzt keine reiferen Christen, als sie es vor fünf oder zehn Jahren waren. Paulus sagt, "das Endziel des Gebotes aber ist Liebe aus reinem Herzen und gutem Gewissen und ungeheucheltem Glauben" (1. Timotheus 1:5). In jedem Jahr unseres christlichen Lebens sollten wir fähig sein zu sagen: „Ich bin in meinem Glauben gewachsen und jetzt liebe ich Gott und andere in diesem Jahr mehr als im letzten Jahr." Wenn wir das nicht sagen können, dann wachsen wir nicht.

Eine Ursache für diese Unreife und Weltlichkeit ist in 1. Korinther 3:2,3 gegeben: "Milch habe ich euch zu trinken gegeben, und nicht feste Speise; denn ihr konntet sie nicht vertragen, ja ihr könnt sie auch jetzt noch nicht vertragen, denn ihr seid noch fleischlich. Solange nämlich Eifersucht und Streit und Zwietracht unter euch sind, seid ihr da nicht fleischlich und wandelt nach Menschenweise?“ Nach Paulus sind einige Christen, wegen ungelöster Konflikte in ihrem Leben, nicht einmal in der Lage gute Lehre von der Bibel zu bekommen. Was benötigt wird, ist ein Weg, der diese persönlichen und geistlichen Konflikte durch echte Reue und Glauben an Gott lösen kann. Das ist die Absicht dieses Buches.

In unserem ersten Buch: *„Die Dunkelheit zerschlagen“* (herausgegeben von Regal Books) konzentrierten wir uns mehr auf die persönliche Ebene des Lebens und Glaubenswandels eines jungen Christen in Christus. Das Buch behandelt die Frage deiner Identität in Christus und umreißt die praktischen Schritte, wie man dem Glauben gemäß leben, dem Geist gemäß wandeln, den Verstand erneuern, mit den Gefühlen zurechtkommen und die emotionalen Probleme aus der Vergangenheit durch Glauben und Vergebung lösen kann. (Um das ganze Bild zu sehen, empfehlen wir sehr, das Buch: *„Die Dunkelheit zerschlagen“* genauso wie dieses zu lesen. Jedes Buch kann durch eine Video- oder Kassettenserie von Dave mit dem Titel *„Busting free“* begleitet werden, welche man beim Büro von *„Freiheit in Christus-Dienste“* bestellen kann).

Bevor wir Christus angenommen haben, waren wir Sklaven der Sünde. Aber aufgrund dessen, was Christus für uns am Kreuz getan hatte, ist die Macht der Sünde über uns gebrochen. Satan besitzt uns nicht länger und er hat kein Recht, uns zu sagen, was wir tun sollen. Er ist ein besiegter Feind, aber er ist fest entschlossen, uns davon abzuhalten, dieses zu realisieren. Der Vater der Lüge kann deinen Sieg als Christ verhindern, wenn er dich täuschen kann, dass du nichts seist außer dem Ergebnis deiner Vergangenheit - von der Sünde regiert, im Versagergefühl bleibend und von deinen Gewohnheiten kontrolliert.

Paulus sagte: „So besteht nun in der Freiheit, zu der uns Christus befreit hat, und laßt euch nicht wieder in ein Joch der Knechtschaft spannen!“ (Galater 5:1). Du bist frei in Christus, aber du wirst besiegt werden, wenn der

Teufel dich täuschen kann, dass du nichts mehr als ein sündhaftes Ergebnis deiner Vergangenheit seist.

Satan kann nichts wegen deiner Stellung in Christus tun, aber wenn er dich täuschen kann, dass das was die Bibel sagt, nicht wahr sei, dann wirst du so leben, wie wenn es nicht wahr ist. Die Menschen sind von den Lügen gebunden, an die sie glauben. Deswegen sagte Jesus: "Und ihr werdet die Wahrheit erkennen, und die Wahrheit wird euch frei machen!" (Johannes 8:32).

Wir glauben nicht an sofortige Reife. Es wird uns den Rest unseres Lebens kosten unseren Verstand zu erneuern und dem Ebenbild Gottes gleichgestaltet zu werden (Römer 12:1). Aber es dauert nicht lange, Jugendlichen zu helfen, ihre persönlichen und geistlichen Angelegenheiten zu lösen und ihre Freiheit in Christus zu finden. Lebendig und frei in Christus zu sein, ist ein Teil der *grundsätzlichen* Heiligung, welche die Grundlage für *wachsende* Heiligung ist. Mit anderen Worten, wir versuchen nicht Kinder Gottes zu *werden*, wir *sind* schon Kinder Gottes, die Christus ähnlicher werden. (Noch einmal, um mehr über Heiligung zu lernen, lies *„Radical Image"* und *„Higher Ground"*.) Beobachte, wie Menschen wachsen, wenn sie durch echte Reue und Glauben an Gott in Christus wieder frei und lebendig werden! Sie haben einen neuen Durst nach dem Wort Gottes und sie wissen, wer sie in Christus sind, weil „der Geist selber gibt Zeugnis unserem Geist, dass wir Gottes Kinder sind" (Römer 8:16).

In diesem Buch möchten wir den geistlichen Kampf beschreiben, in dem wir uns befinden, und wie junge Christen ihren Sieg in Christus finden können. Teil 1 erklärt deine Stellung der Freiheit, des Schutzes und der Autorität in Christus. Teil 2 warnt dich vor deiner Verletzbarkeit für Versuchung, Anklage und Täuschung. Teil 3 stellt die Schritte zur Freiheit in Christus vor, welche es dir ermöglichen wollen, dich Gott zu unterordnen und dem Teufel zu widerstehen (Jakobus 4:7).

Bist du vielleicht einer dieser Christen, der in den Fesseln der Angst, der Depression, der Gewohnheiten, die du nicht brechen kannst, der Gedanken von inneren Stimmen, die du nicht zur Seite schieben kannst, oder des sündigen Benehmens, dem du nicht entfliehen kannst, lebt? Gott hat jede Vorkehrung getroffen, damit du in Christus lebendig und frei sein kannst. Diese ganzen Seiten hindurch möchten wir dir den Einen vorstellen, der die Dunkelheit bereits überwunden hat und deine Freiheit gesichert hat: Jesus Christus, der die Ketten sprengt!

Teil 1
Sei mutig!

1. Du musst nicht im Schatten leben

Ich (Neil) erinnere mich, wie ich eine junge Christin beraten habe, die in einer tiefen geistlichen, seelischen und emotionalen Verwirrung war. Irgendwann, bevor ich mich mit ihr zu treffen begann, schrieb sie das folgende Gebet und versuchte danach, sich mit einer Überdosis von Tabletten das Leben zu nehmen:

> „Lieber Gott,
> Wo bist du? Wie kannst du zusehen und mir nicht helfen? Ich bin so stark verletzt und du kümmerst dich nicht darum. Wenn es dich gekümmert hätte, würdest du dem ein Ende bereiten oder mich sterben lassen. Ich liebe dich, aber du scheinst so weit weg zu sein. Ich kann dich nicht hören oder fühlen oder sehen, aber man erwartet von mir zu glauben, dass du hier bist. Herr, ich fühle sie und höre sie. Sie sind hier. Ich weiß, dass es dich gibt, Herr, aber sie sind jetzt wirklicher für mich. Bitte mach, dass jemand mir glaubt, Herr. Warum bereitest du dem nicht ein Ende? Bitte, Herr, bitte! Wenn du mich liebst, dann lass mich sterben.
> Ein verlorenes Schaf“

Wir haben Hunderte von solchen jungen Christen wie diejenige, die dieses traurige Gebet schrieb, getroffen. Die meisten von ihnen versuchten nicht sich selber umzubringen, wie diese es tat, aber viele von ihnen sprachen von einem dunklen Verlangen, es zu tun. Und fast alle gaben die Anwesenheit von „Denen“ zu - innere Zwänge oder Stimmen, die sie belästigten, versuchten und verspotteten, beschuldigten oder bedrohten.

Die Tatsache, dass Menschen mit negativen oder feindlichen Gedanken kämpfen, ist akzeptiert. Wir warnen die jungen Leute, die mit uns reden wollen, oft, dass sie solch feindliche Gedanken haben werden wie „Geh nicht, die können dir nicht helfen". Oder solch ablenkende Gedanken werden in ihrem Kopf entstehen wie: „Ich will nicht gehen" und „Ich habe es schon vorher versucht und es hat nichts gebracht." Jemand schrieb an Neil: „Jedes Mal, wenn ich mit dir zu sprechen versuche oder nur daran denke, mit dir zu reden, verschließe ich mich völlig. Innere Stimmen schreien mich buchstäblich an: ‚Nein!' Ich habe sogar schon mit dem Gedanken gespielt, mich umzubringen, um diesem schrecklichem Kampf in meinem Inneren ein Ende zu bereiten. Ich brauche Hilfe!"

Über Jahre haben wir, wo immer wir sind, christliche Schüler gefragt: „Habt ihr ‚Stimmen' in eurem Kopf gehört, als ob ein unbewusstes Ich zu euch spräche, oder habt ihr mit wirklich schlechten Gedanken gekämpft?" Siebzig Prozent antworteten mit „Ja"! Wenn du mit verführenden oder beschuldigenden Gedanken in deinem Kopf kämpfst, bist du nicht allein. Du hast vielleicht keinem von deinen Erfahrungen erzählt, weil du befürchtest, dass die Leute denken werden, du habest ein seelisches Problem. Vielleicht bist du still geblieben, weil *du* denkst, du bist verrückt. Vielleicht hast du gedacht, dass Christen solche Probleme nicht haben können.

Aber es ist für uns die Zeit gekommen, aufzuwachen und zu erkennen, dass Satan echt ist und dass es Dämonen gibt. Wenn du quälende Stimmen in deinem Kopf hörst oder eine dunkle Anwesenheit in deinem Zimmer während der Nacht spürst (und 47 Prozent der Schüler, die wir befragt hatten, kannten das), dann bist du nicht verrückt; du erlebst einen Angriff. Du musst wissen, wie du dich gegen Satans feurige Pfeile schützen kannst. Davon handelt dieses Buch.

Viele Christen klagen nicht über Stimmen, die sie hören, aber ihr Verstand ist so durcheinander, dass ihr täglicher Wandel mit Christus völlig entmutigend ist. Wenn sie anfangen zu beten, sind ihre Gedanken von Millionen Sachen abgelenkt, die sie noch erledigen müssen. Wenn sie sich hinsetzten, um die Bibel oder ein gutes christliches Buch zu lesen, können sie sich nicht konzentrieren. Wenn sie die Möglichkeit haben, dem Herrn auf irgendeine Art und Weise zu dienen, geben sie wegen Selbstzweifeln auf: „Ich bin kein starker Christ"; „Ich kenne die Bibel nicht gut genug"; „Ich bin zu jung"; „Ich habe zu viele sündige Gedanken." Statt dass sie siegreiche, dynamische Christen voller Freude sind, stampfen sie unter einer Wolke mühsam durchs Leben und versuchen durchzuhalten, bis Jesus kommt. Einiges von dieser Entmutigung kommt sicherlich aus unserem eigenen fehlerhaften Denken; aber es spiegelt auch eine Täuschung des Feindes wider.

Übliche fälschliche Annahmen über Gebundenheit

Woher kommen die bösen Stimmen, schlechten Gedanken, Schuldgefühle und Verwirrung? Eine der Hauptursachen, warum so viele Jugendliche heute gebunden sind, ist, dass sie die Antwort auf diese Fragen nicht kennen. Sie leben mit einer Anzahl fälschlicher Annahmen über die geistliche Welt, die korrigiert werden müssen. Hier folgt, was einige Christen fälschlicherweise glauben - und Satan liebt es.

1. Dämonen waren zu der Zeit, als Christus auf Erden war, geschäftig, aber heute sind sie fast nirgendwo. Junge Christen, die dies glauben, nachdem sie gelesen haben, was Gottes Wort sagt, und gesehen haben, was heute in der Welt vor sich geht, stellen sich nicht den Tatsachen. Das Neue Testament sagt deutlich, dass Gläubige gegen „die Herrschaften, gegen die Gewalten, gegen die Weltbeherrscher der Finsternis dieser Weltzeit, gegen die geistlichen [Mächte] der Bosheit in den himmlischen [Bereichen]" (Epheser 6:12) kämpfen werden. Paulus geht weiter und beschreibt jedes Teil der geistlichen Waffenrüstung, die wir anziehen sollen, um uns zu schützen vor „den feurigen Pfeilen des Bösen“ (Verse 13-17). Wenn dunkle geistliche Mächte Gläubige nicht länger angreifen, warum sollte Paulus uns dann vor ihnen warnen und darauf bestehen, dass wir uns gegen sie schützen sollen?

Die Mächte und Gewalten, über die Paulus geschrieben hat, gibt es auch heute. Du kannst es in deiner Schule sehen. Wie viele Schüler kennst du, die in New Age-Praktiken, Ouija-Spielen, Astrologie, okkulten Spielen wie „Magic“ oder Musik mit bösen Texten bewandert sind?

Das Königreich der Dunkelheit ist immer noch gegenwärtig und Satan möchte unser Leben unerträglich machen und uns davon abhalten, fest und anhaltend in Christus zu wandeln. Wenn du nicht glaubst, dass Satan und seine Dämonen gegenwärtig und beschäftigt sind, dann muss entweder Gott oder dir selbst die Schuld für alles Böse zugeschoben werden, das Satan auf dich und den Rest der Welt ablädt.

2. Was frühere Christen als dämonische Aktivitäten erklärt haben, ist nur geistige Krankheit. Wenn einer deiner Freunde erzählen würde, dass er innere Stimmen höre oder eine dunkle Anwesenheit im Raum spürte, würden die meisten säkularen Berater sagen: „Er hat ein geistiges Problem; er ist verrückt.“ Nur wenige würden denken, dass es ein geistliches Problem, die Handlung von Satans Dämonen ist. Warum? Weil eine natürliche Erklärung das Beste ist, was solche Berater ohne den Glauben an Gott oder die Existenz von Satan tun können. Das Verständnis der Welt von unseren Problemen ist einfach nicht vollständig. Es ignoriert die Realität der geistlichen Welt.

Nicht alle physischen, seelischen und emotionalen Probleme, die junge Christen heute erleben, sind spezifisch dämonisch. Aber viele Probleme werden ungelöst bleiben, wenn man die Gegenwart und den Einfluss Satans und seiner Dämonen ignoriert.

3. Einige Probleme sind psychologisch und einige sind geistlich. Dieser falsche Glaube geht davon aus, dass die menschliche Seele und der Geist getrennt seien, was nicht wahr ist. Es gibt kein Problem, das nicht psychologisch ist, weil es nicht eine Zeit gibt, wo unser Verstand, unsere Gefühle und unser Wille nicht mit einbezogen werden. Und es gibt kein Problem, das nicht geistlich ist, weil es keine Zeit gibt, wo Gott nicht anwesend ist oder wo es sicher für uns ist, Gottes Rüstung abzulegen.

Wenn man sagt, dass ein Problem nur psychologisch sei, übersieht man, wie Gott und Satan mit einbezogen sind. Zu sagen, dass ein Problem nur geistlich ist, ignoriert unsere Verantwortung, wie wir denken, fühlen, handeln und entscheiden sollten. Um mit unseren inneren Konflikten fertig zu werden, müssen wir bedenken, dass hier sowohl psychologische als auch geistliche Einflüsse am Wirken sind.

4. Christen können von dämonischen Mächten nicht angegriffen werden. Dies ist eine Lüge, die der Teufel uns liebend gern schlucken sehen würde, damit wir unsere Verteidigung gegen ihn fallen lassen. Wenn Satan Christen nicht anrühren darf, warum wird uns gesagt, dass wir die Rüstung Gottes anziehen sollen, um dem Bösen zu widerstehen, fest zu stehen und aufmerksam zu sein? Wenn wir von Satan nicht getäuscht werden können, warum beschreibt Paulus dann unsere Beziehung zu den Mächten der Finsternis als einen Ringkampf? Diejenigen, die sagen, dass der Feind uns nicht beeinflussen kann, sind diejenigen, die ihm gegenüber am meisten verletzbar sind.

5. Die Aktivität der Dämonen sieht man nur im seltsamen Benehmen oder in krassen Sünden. Es gibt heute nach wie vor Fälle von dämonischer Aktivität, wie der wilde dämonenbesessene Mann, der in Lukas 8:26-39 „Legion“ genannt wurde. Aber die meisten jungen Christen führen unter einem geistlichen Angriff ein ziemlich normales Leben, während sie ernste innere Probleme erleben, für welche keine natürliche Ursache oder Lösung gefunden wird. Weil sie denken, dass ein satanischer Angriff nur mit Fällen von Massenmördern oder gewalttätigen Sexualverbrechern zu tun hat, wundern sich diese gewöhnlichen Leute, was mit ihnen falsch ist und warum sie nicht „besser handeln" können.

Satans erste und beste Strategie ist Täuschung. Paulus warnte: „Satan selbst verkleidet sich als ein Engel des Lichts. Es ist also nicht Besonderes, wenn auch seine Diener sich verkleiden als Diener der Gerechtigkeit" (2. Korinther 11:14, 15). Es sind nicht die wenigen seltsamen oder gewalttätigen Menschen, die das Hauptproblem sind. Es ist eher Satans feine Täuschung und sein Eingriff in das Leben von „Normal"-Gläubigen wie wir, was uns davon abhält, effektiv zu sein.

6. Freiheit von geistlicher Gebundenheit ist das Ergebnis eines Machtzusammenstoßes mit dämonischen Mächten. Freiheit von geistlichen Problemen und Sklaverei kommt nicht von einem Machtzusammenstoß; es ergibt sich aus einem Zusammenstoß mit der Wahrheit. Satan ist ein Lügner und er wird mit aller Macht geheim arbeiten. Aber die Wahrheit von Gottes Wort enthüllt ihn und seine Lügen. Seine Dämonen sind wie Kakerlaken, die in den Schatten huschen, wenn das Licht angeht. Satans Macht ist in der Lüge und wenn seine Lüge durch die Wahrheit enthüllt wird, werden seine Pläne vereitelt. Satans Macht wurde am Kreuz gebrochen. Er ist ein besiegter Feind.

Warum ist er dann so erfolgreich? Lass es mich mit einer Geschichte aus meiner Kindheit verdeutlichen:

Als ich (Neil) ein Junge war, der auf dem Land aufwuchs, besuchten mein Vater, mein Bruder und ich unsere Nachbarsfarm. Der Nachbar hatte einen kläffenden kleinen Hund, vor dem ich eine Heidenangst hatte. Wenn er kläffend um die Ecken gelaufen kann, zeigten mein Vater und Bruder keine Angst, aber ich rannte. Rate mal, wen der Hund verfolgte! Ich floh auf unseren Lieferwagen, während der kleine Hund mich vom Boden aus ankläffte.

Jeder außer mir konnte sehen, dass der kleine Hund keine Macht über mich hatte außer der, die ich ihm gab dadurch, dass ich mich ihm gegenüber nicht behauptete. Der Hund hatte keine Macht, mich vom Lieferwagen zu werfen; es war mein Glaube, der mich dorthin brachte. Der Hund kontrollierte mich, indem er meinen Verstand, meine Gefühle, meinen Willen und meine Muskeln gebrauchte, die alle von der Furcht motiviert waren. Endlich nahm ich meinen Mut zusammen, sprang vom Lieferwagen und warf einen kleinen Stein auf den Köter. Und er rannte!

Satan ist wie der kleine kläffende Hund: er betrügt uns, damit wir ihn mehr fürchten als Gott. Seine Macht liegt in der Lüge. Er ist der Vater der Lüge (Johannes 8:44), der die ganze Welt täuscht (Offenbarung 12:9). Als ein Ergebnis ist die ganze Welt unter dem Einfluss des Bösen (1. Johannes 5:19).

Der Teufel kann nichts daran ändern, wer du in Christus bist. Aber er kann dich täuschen. Wenn du seinen Lügen über dich und Gott glaubst, wirst du viel Zeit auf dem Lieferwagen verbringen! Du brauchst ihm nicht anzuschreien oder ihn mit Muskelkraft zu bekämpfen, um dich von seiner Kontrolle zu befreien. Du musst ihn nur *mit der Wahrheit* bekämpfen. *Glaube, erkläre ihm den Krieg und handle nach der Wahrheit des Wortes Gottes*, und du wirst Satans Strategie zerstören.

Dieser Begriff hatte eine dramatische Wirkung auf unsere Beratung. Oft, wenn ein geistlicher Konflikt in jemandem, der beraten wurde, offengelegt wurde, wendete es sich in einen Machtzusammenstoß. Die Person wurde bewusstlos, lief aus dem Raum oder begann sich zu benehmen, als ob sie oder er verrückt war. Unser gewöhnlich erste Handlung war, den Dämon dahin zu bringen, sich selbst zu enthüllen, danach befahlen wir ihm, die Person zu verlassen. Dieser Prozess ist sehr schwer für die Person, der wir zu helfen versuchten. Und auch wenn es einen Fortschritt gegeben hatte, muss dieser Prozess normalerweise wiederholt werden.

Wir haben von der Bibel und aus unseren Erfahrungen gelernt, dass es die *Wahrheit* ist, welche die Menschen frei macht. Die Macht Satans liegt in der Lüge und die Macht des Gläubigen liegt in dem Erkennen der Wahrheit. Wir sollen die Wahrheit suchen, die uns frei macht.

Zudem sind Menschen, die gebunden sind, nicht frei durch das, was der Berater tut, sondern durch das, was *sie* machen. Es ist nicht das, was Neil oder Dave oder dein Pastor oder Jugendleiter glaubt, was Satans Griff in deinem Leben zerbricht, es ist das, was *du* glaubst. Und was *du* glaubst, muss die Wahrheit sein. Nimm die folgenden Verse wahr:

> „Und ihr werdet die Wahrheit erkennen und die Wahrheit wird euch frei machen!" (Johannes 8:32)

> „Jesus spricht zu ihm: Ich bin der Weg und die Wahrheit und das Leben; niemand kommt zum Vater als nur durch mich!" (Johannes 14:6)

> „Wenn aber jener kommt, der Geist der Wahrheit, wird er euch in die ganze Wahrheit leiten!" (Johannes 16:13)

> [Jesus betete zum Vater:] "Ich bitte nicht, dass du sie aus der Welt nimmst, sondern dass du sie bewahrst vor dem Bösen... Heilige sie in deiner Wahrheit! Dein Wort ist Wahrheit" (Johannes 17:15,17)

> „So steht nun fest, eure Lenden umgürtet mit Wahrheit." (Epheser 6:14)

„Im übrigen, meine Brüder, was wahrhaftig ist...darauf seid bedacht!“ (Philipper 4:8)

Als Gott zum ersten Mal die frühen Christen bestrafte, wie es in Apostelgeschichte 5 beschrieben worden ist, tat er es auf dramatische Art und Weise. Zwei Leute fielen tot um, als ihre Sünden aufgedeckt wurden. Was war die Ursache: Drogen, Sex? Nein, die Ursache war *Wahrheit.* Petrus konfrontierte Ananias und Saphira mit der Frage: „Warum hat Satan dein Herz erfüllt, so dass du den Heiligen Geist belogen hast?“ (Vers 3). Gott wollte, dass die Gemeinde wusste, dass Satan der Betrüger ist und ruinieren kann, wenn er es schafft, dass wir einer Lüge glauben und danach leben. Deswegen ist es so wichtig, dass wir „jeden Gedanken gefangen nehmen zum Gehorsam gegen Christus“ (2. Korinther 10:5).

Die Gebundenen befreien

Bevor Jesus am Kreuz starb und von den Toten auferstand, bevollmächtigte Gott Ihn und eine Handvoll auserwählter Jünger, Autorität über dämonische Mächte in der Welt zu übernehmen. Aber etwas Radikales geschah am Kreuz und in der Auferstehung, das für immer die Art und Weise veränderte, wie wir den geistlichen Mächten begegnen.

Erstens, Jesu Tod und Auferstehung besiegten und entwaffneten die Führer und Autoritäten des Königreichs der Dunkelheit (Kolosser 2:15). Vor dem Kreuz waren die „Herrschaften und Gewalten“ noch nicht Christus gegeben. Aber Matthäus 28:18 versichert uns, dass der auferstandene Christus jetzt alle Autorität hat. Wegen des Kreuzes ist Satan besiegt und er hat keine Autorität über diejenigen, die in Christus sind. An die Wahrheit von dem Sieg Christi und an die Niederlage Satans zu glauben ist der erste Schritt, die Versuchungen des Feindes, dich zu entmutigen und fertig zu machen erfolgreich niederzuschlagen.

Zweitens ist durch Jesu Tod und Auferstehung jeder Gläubige in Ihm lebendig gemacht und jetzt bei Ihm (Epheser 2:5,6). Du brauchst nicht länger jemand anderen - wie einen Pastor oder Jugendleiter - , um für dich die Autorität über Satan zu ergreifen. Du wohnst jetzt in Christus, der alle Autorität hat. Damit du dem Teufel widerstehen kannst, mußt du deine Stellung in Christus verstehen und sie anwenden.

Freiheit ist unser Erbteil als ein Christ. Deswegen schrieb Paulus:

> „...Erleuchtete Augen eures Verständnisses, damit ihr wisst, was die Hoffnung seiner Berufung und was der Reichtum der Herrlichkeit seines Erbes in den Heiligen ist, was auch die überwältigende Größe seiner Kraftwirkung in uns ist, die wir glauben, gemäß der Wirksamkeit der Macht seiner Stärke. Die er hat wirksam gemacht in Christus, als er ihn aus den Toten auferweckte und ihn zu seiner Rechten setzte in den himmlischen [Bereichen], hoch über jedes Fürstentum und jede Gewalt, Macht und Herrschaft und jeden Namen, der genannt wird nicht allein in dieser Weltzeit, sondern auch in der zukünftigen.“ (Epheser 1:18-21)

Wenn Satan dich bedroht, könntest du dir in deinem Elend wünschen, unter einen Stein zu kriechen wie das Mädchen, dessen Brief dieses Kapitel eröffnete. Du könntest zu Gott schreien, dich zu befreien, so wie Jesus sofort und durch Wunder die besessenen Menschen in den Evangelien befreite.

Aber deine Befreiung ist schon vollbracht worden aufgrund der Tat Christi am Kreuz und seiner Auferstehung. Das ist die gute Nachricht, die Paulus uns in seinem

Gebet mitzuteilen versucht hatte. Seit du mit Christus im Licht lebst, brauchst du nie mehr im Schatten zu wohnen.

Aber es ist unsere Verantwortung, uns für die Wahrheit zu entscheiden und dem Bösen zu widerstehen. Von deiner Stellung in Christus aus musst du dem Teufel widerstehen, abschwören (das bedeutet, dich abzuwenden) von jedem Weg, auf dem du nach seinem Schema gehandelt hast, deine Sünde bekennen und denen vergeben, die dich verletzt haben. Diese wichtigen Schritte zur Freiheit in Christus sind der Mittelpunkt des dritten Teils dieses Buches.

Die Frau, die sich selbst „ein verlorenes Schaf" in dem Brief am Anfang dieses Kapitels genannt hatte, gewann schließlich Gottes Sicht über ihren Zustand. Vier Jahre, nachdem sie ihr verzweifeltes Gebet verfasst hatte, schrieb sie diese Antwort, die auf ihrem neuen Verständnis von Gottes Bestimmung für sie in Christus gründete. Ihre Worte stützen sich auf die Schrift. Erlaube ihnen, etwas Licht in die Schatten deines Lebens zu bringen.

> „Mein teures verlorenes Schaf,
> Du fragst mich, wo ich bin. Mein Kind, ich bin mit dir und ich werde es immer sein. Du bist schwach, aber in mir bist du stark. Ich liebe dich so sehr, dass ich dich nicht sterben lassen kann. Ich bin dir so nah, dass ich alles fühle, was du fühlst. Ich weiß, was du durchmachst, denn ich gehe mit dir hindurch. Aber ich habe dich befreit und du musst fest bleiben. Du brauchst nicht körperlich zu sterben, damit meine Feinde verschwinden, sondern du musst mit mir gekreuzigt sein und ich werde in dir leben und du wirst mit mir leben. Ich will dich auf gerechten Wegen führen. Mein Kind, ich liebe dich und ich werde dich niemals verlassen, denn du bist wahrlich mein.
> In Liebe, Gott"

Anleitung zum Studium

Schlage nach:

Johannes 8:32; 14:6; 16:13

Denke nach:

1. Konntest du dich mit den Christen aus diesem Kapitel, die geistlich unterdrückt wurden, in Beziehung bringen? Welche Erfahrungen hast du gemacht?
2. Hast du irgendeine der fälschlichen Annahmen, über die in diesem Kapitel gesprochen wurde, enthüllt? Hast du irgendeine davon als wahr akzeptiert? Wie hat sich diese fälschliche Annahme auf dein Leben ausgewirkt?
3. Hast du vollkommen verstanden, wie du deine Autorität in Christus nutzen und dem Bösen widerstehen musst? Auf welche Art und Weise kannst du mehr über deine Autorität in Christus lernen?
4. Hast du je gefühlt, dass dein Wandel mit Christus nicht vollständig ist oder dass du nicht wächst? Auf welche Art und Weise?

Wende an:

Nimm dir einen Moment Zeit, um zu beten, und bitte den Herrn, deinem Verstand jede fälschliche Annahme zu zeigen, die du über die Gebundenheiten oder die geistliche Welt um uns herum haben könntest. Bitte den Herrn, jede Täuschung zu ersetzen, die du über seine Wahrheit hast. Bitte Ihn, dir zu helfen, in deinem Verständnis von deiner Stellung in Christus zu wachsen.

2. Entdecke deinen Weg in der Welt

In der Highschool las ich (Dave) William Golding's gefühlskalte Novelle: *"Lord of the Flies"*. Wahrscheinlich hast du sie auch in einem Englisch- oder Literaturkurs gelesen. Dieses Buch handelt von einer Gruppe von Jungs, die ohne einen erwachsenen Aufseher auf einer einsamen Insel landen. Sie behandeln am Anfang einander mit Freundlichkeit und Respekt, so wie es ihnen beigebracht wurde. Aber schließlich nimmt die böse Seite ihrer Natur die Oberhand und endet in Hass, Gewalt und sogar Mord.

Der Titel des Buches hat eigentlich einen biblischen Bezug auf Satan. Beelzebub, einer der Namen Satans in der Bibel, bedeutet buchstäblich „Herr der Fliegen". Dieses ist einer der anschaulichsten Titel für den Teufel in der Schrift. Satan ist wie eine lästige, Krankheitserreger übertragende Fliege, die jeden Gläubigen mit ihren Versuchungen, Beschuldigungen und Lügen zu bedrohen und anzustecken bestrebt ist.

Dieses Bild von Satan wurde eines Sommers mir und meiner Frau Grace stark deutlich gemacht, als wir nach einer dreiwöchigen Abwesenheit nach Hause kamen. Unsere erste Ahnung, dass etwas nicht stimme, kam, als wir die Tür öffneten und ein Schwarm von Fliegen heraus summte. Den Fliegen folgte ein starker Geruch, der uns ins Gesicht schlug. Es war offensichtlich, dass etwas im Haus sehr tot war.

Zu der Zeit, als wir die Küche erreichten, waren wir vom Geruch wie benebelt. Und da, auf dem Boden vor unserem Kühlschrank, lag die Ursache. Irgendwie hatte sich die Tür des Kühlschrankes geöffnet und ein gefrorenes Hähnchen war herausgefallen. Der verfaulte Vogel war ungefähr doppelt so groß wie vorher und es pochte und brodelte in ihm, als wenn er lebe. Während der drei Wochen, die wir weg waren, war das Hähnchen aufgetaut und hatte sich in ein Entbindungskrankenhaus für Fliegen verwandelt. Als ich den stinkenden Kadaver mit einem Kehricht zu beseitigen versuchte, platzte er auf und Tausende von sich windenden Maden wurden auf den Boden verschüttet. Wir fielen fast in Ohnmacht!

Dieses eklige Bild zeigt, wie Satan ist. Er umschwärmt die Menschen, die geistlich tot sind oder ohne Frieden mit Gott leben. Er pflanzt seine Lügen in unseren Verstand und wenn wir ihm nicht mit der Wahrheit widerstehen, fressen seine bösen Gedanken uns auf wie die Maden und vernichten uns.

Golding wollte uns glauben machen, dass der „Herr der Fliegen" die böse, brutale Seite der menschlichen Natur sei, nicht Satan, das Wesen, das die dunkle Seite der geistlichen Welt regiert. Satan würde es uns gerne glaubhaft machen, dass er nicht wirklich existiere und das Böse nur eine menschliche Schwäche sei. Tatsächlich möchte Satan nicht, dass wir glauben, dass es eine geistliche Welt überhaupt gibt.

Aber Golding's Vorstellung vom Bösen ist nicht vollständig. Wir haben drei sehr gegenwärtige und persönliche Feinde: die bösen Einflüsse der Welt, das Fleisch (die Tendenz, unser eigenes Leben ohne Gott zu gestalten) und - heute meistens übersehen - der Teufel. Satan ist ein reales, aber unsichtbares Wesen. Er und seine Dämonen sind heute in unserer Welt lebendig und aktiv. Aber, wie in William Golding's Novelle dargestellt, er war sehr erfolgreich darin, die Menschen zu überzeugen, dass *sie* böse seien und *er*, der Böse, nicht existiere.

Während Christen die Realität Satans und den Einfluss von Dämonen angezweifelt haben, sind viele Menschen mit Höchstgeschwindigkeit in die dunkle Seite der geistlichen Welt gestürmt.

Die New Age-Bewegung lehrt uns, dass wir Götter seien und mit unserem Verstand Realität schaffen könnten. New Age-Chanellers (die echte spirituelle Medien sind) können im Radio gehört werden oder sie prahlen in Fernsehshows über ihre spirituellen Führer (welche in Wirklichkeit Dämonen sind).

Parapsychologie (das Studium des Okkulten) wird in unseren Universitäten als eine „Wissenschaft" anerkannt. Faszination vom Übernatürlichen wächst weiter, was man an der Popularität von Filmen wie *„Die Mumie"* oder *„The Sixth Sense"* sieht. Sogar der alte Film *„Der Exorzist"* wurde neu gedreht. Die verführerische Macht des Satanismus wird in unserer Kultur immer offensichtlicher.

Faszination vom Übernatürlichen wächst sogar in unseren christlichen Schulen. 26 Prozent der christlichen Highschool-Schüler haben mit einem Ouija-Brett gespielt, 20 Prozent haben es mit Astrologie versucht, 16 Prozent haben Dungeons & Dragons gespielt und 12 Prozent ließen sich aus der Hand lesen.

Neugier nach dem Okkulten und die Verlockung des übernatürlichen Wissens und der Macht ließen viele in Satans Netz laufen. Um diese Falle zu umgehen, müssen wir die Welt aus Gottes Perspektive zu verstehen lernen.

Die Zwei-Stufen-Weltsicht

Was ist deine Weltsicht? Vielleicht hast du diesen Begriff vorher noch nie gehört. Weltsicht ist, wie du die Welt um dich herum siehst und welche Beziehung du zu ihr hast. Mit anderen Worten, Weltsicht ist wie eine Brille, durch die du siehst, was in der Welt geschieht. Deine Weltsicht ist das, was du über die Realität glaubst.

Die westliche Welt (Nordamerika und Teile von Westeuropa) sehen die Realität auf zwei Ebenen (siehe Abbild 2a). Die höhere Ebene ist die geheime, unsichtbare Welt, die durch Religion und spirituelle Erfahrungen begriffen wird.

Die niedrige Ebene ist die natürliche Welt, die durch Wissenschaft und physische Sinne verstanden wird.

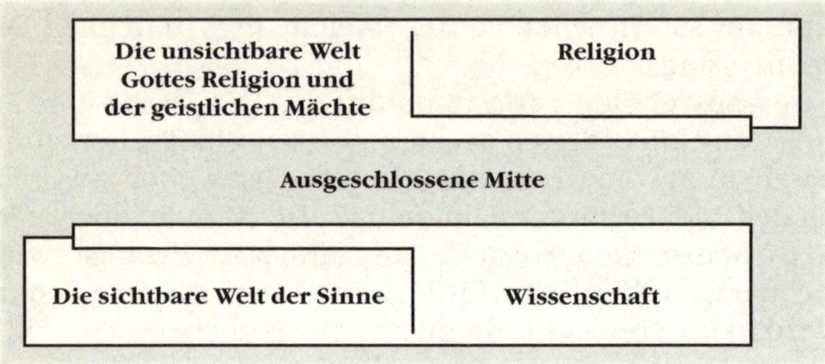

Abbildung 2a

Denjenigen von uns, die im Westen ausgebildet wurden, wurde beigebracht, dass die geistliche unsichtbare Welt keine praktische Wirkung auf die sichtbare Welt habe. Das wurde aus unserem Verständnis für die Wirklichkeit ausgeklammert. Uns wurde beigebracht, nur dem zu trauen, was wir sehen, hören, fühlen, schmecken, riechen und in einem Laboratorium messen können. Viele Menschen ignorieren, zweifeln oder lachen über die Idee, dass böse Geister eine Auswirkung auf uns haben könnten. Einige sagen, dass sie an Gott glauben. Sie glauben aber nicht, dass Er sich mit den menschlichen Angelegenheiten beschäftigt.

Im Gegensatz zu uns im Westen haben zwei Drittel der Menschheit eine östliche Weltansicht. Für sie sind geistliche Mächte eine alltägliche Realität. Diese Menschen stellen ihre Götter mit Friedensopfern zufrieden und vollführen religiöse Rituale, um böse Geister abzuwehren. Für die gewöhnlichen Menschen in vielen Ländern der Dritten Welt wird die religiöse Handlung oder der Aberglaube im Alltag mehr praktiziert als die Wissenschaft.

Es ist für uns aus dem Westen einfach, zu behaupten, dass die östliche Weltansicht falsch sei, wegen all des „Erfolgs" der westlichen Welt. *Aber beide sind weltliche*

Systeme und keines widerspiegelt das, was die Bibel als Wirklichkeit bezeichnet.

Dr. Paul Hiebert, ein Missionsexperte, hat diese westliche Scheidung zwischen der geistlichen und der natürlichen Welt die „ausgeschlossene Mitte" genannt. Er glaubt, dass geistliche Mächte in der natürlichen Welt aktiv sind. Wir müssen die geistliche Welt, das Königreich der Dunkelheit, in unser Weltbild aufnehmen - weil es in Wirklichkeit keine ausgeschlossene Mitte gibt!

Um zu zeigen, wie dieses Zwei-Ebenen-Denken den Glauben einiger westlicher Gläubigen beeinflusst hat, lass mich (Neil) dir von einer klugen jungen Frau namens Dee, der Tochter eines Pastors, erzählen. Dee entwickelte physische Symptome, die später als Multiple Sklerose diagnostiziert wurden. Als ich von Dee's Zustand und der Aussicht, mit dieser zum Krüppel machenden Krankheit zu leben, erfuhr, suchte ich eine Gelegenheit, mit ihr zu sprechen.

„Wann wurdest du zum ersten Mal auf die Symptome aufmerksam?" fragte ich.

„Direkt nach einer besonderen Zeit der Andacht, die ich mit dem Herrn hatte," erwiderte Dee.

„Was war an diesem Tag an der Andacht so besonders?"

„Ich hatte Mitleid mit mir selbst, als ich den Abschnitt las, wo Paulus über seinen Dorn im Fleisch spricht. Paulus sagte, dass Gottes Kraft sich in seiner Schwachheit zeige, und ich wollte auch Gottes Kraft für mein Leben. So bat ich um einen Dorn für mein Fleisch."

„Du batest Gott um einen Dorn in deinem Fleisch?" Ich versuchte meinen Schock zu verbergen.

„Ja."

„Wusstest du, was Paulus' Dorn im Fleisch war?"

„Irgendeine Art von psychischem Problem, nicht?"

„Nun, uns wird nicht gesagt, wie es sich offenbarte, aber in 2. Korinther 12:7 steht deutlich, dass es ein Engel

Satans war - ein Dämon! Paulus hat nie darum gebeten. Tatsache ist, dass er dreimal betete, dass es entfernt werde. Dee, ich denke, Satan hat aus deinem unbiblischen Gebet einen Nutzen gezogen und dich mit diesen Symptomen belastet. Ich empfehle dir sehr, dass du auf deine Bitte um einen Dorn im Fleisch verzichtest und betest, dass jeder Einfluss Satans aus deinem Leben entfernt werde."

Dee nahm meinen Rat an und wir beteten zusammen. Sie fühlte sich sofort besser. Die Symptome verschwanden und sie nahm ihre normalen Aktivitäten wieder auf. Einige Monate später kehren die Symptome zurück. Zu dieser Zeit führte ich sie gründlicher durch die Schritte der Freiheit (siehe Teil 3 dieses Buches). Heute ist Dee frei.

Die erste Reaktion von Dee's Vater auf ihre Krankheit war typisch für viele westliche Christen, die nur eine natürliche Erklärung suchen: „Ich hätte nie gedacht, dass Dee's Zustand ein geistliches Problem ist." Einige Menschen würden aus irgendeinem Grund argumentieren, dass Dee's „Besserung" eine Erlösung von einer physischen Krankheit sei statt einer Befreiung von dämonischen Aktivitäten.

Viele Christen schließen die übernatürliche Welt entweder ganz aus ihrem Weltbild aus oder sie glauben, dass es keine Auswirkungen auf ihr Leben habe. Indem sie es tun, schließen sie Gottes Macht aus ihrem Glauben und Handeln aus. Sie versuchen auch alle menschlichen Probleme - sogar diejenigen, die durch dämonischen Einfluss entstanden sind, solche wie Dee's Symptome - als ein Ergebnis von psychischen oder physischen Ursachen zu erklären.

Leben in der ausgeschlossenen Mitte

Das christliche Weltbild schaut auf's Leben durch die Bibel, nicht durch Kultur oder Erfahrung. Die Bibel lehrt ganz deutlich, dass übernatürliche, geistliche Mächte in der natürlichen Welt arbeiten. Zum Beispiel waren ungefähr ein Viertel aller Heilungen, über die im Markusevangelium berichtet wird, tatsächlich Befreiungen von dämonischen Aktivitäten. Die Frau, die Jesus in Lukas 13:11-13 heilte, war 18 Jahre lang Opfer einer "Krankheit, die vom Geist kam".

Genau wie Dee kamen viele Menschen mit körperlichen Problemen zu uns, welche verschwanden, nachdem der dämonische Einfluss behandelt wurde. Die am meisten verbreiteten körperlichen Symptome, die wir gesehen haben, sind Kopfschmerzen, Schwindel, Unfähigkeit, das Wort Gottes zu lesen und sich darauf zu konzentrieren, sowie Schmerzen im ganzen Körper.

Wir sagen nicht, dass jeder, der krank ist oder Schmerzen hat, von einem Dämon terrorisiert wird. Das geht über die Grenzen der unsichtbaren geistlichen Ebene hinaus. Aber einige Christen bekämpfen aussichtslos physische Symptome mit natürlichen Mitteln, während die Ursache und die Lösung geistlicher Natur sind. Bei allen Mitteln, geh zu deinem Doktor, der dich körperlich untersuchen und behandeln wird, und geh zu deinem Pastor, der fähig sein sollte, dir geistlich zu helfen.

Jesus ließ uns „in der Welt" (Johannes 17:11), um gegen die „geistlichen Mächte der Bosheit in den himmlischen [Bereichen]" (Epheser 6:12) zu kämpfen. Wir leben in der natürlichen Welt, aber wir sind in einen geistlichen Krieg mit einbezogen. Die ausgeschlossene Mitte existiert nur in unserem Verstand, nicht in der Wirklichkeit.

Spiritualität ohne Gott

Junge Menschen im Westen beginnen zu spüren, dass es mehr im Leben gibt als das, was die natürliche Wissenschaft enthüllt hat. Oberflächlich gesehen, klingt dieser neue Hunger für uns ermutigend, die wir ein christliches Weltbild haben. Aber viele Jugendliche, die in der materialistischen Welt keine Erfüllung sehen, sind oft unglücklich mit einer organisierten Religion. Statt sich Christus und Seiner Gemeinde zuzuwenden, versuchen sie ihre geistliche Leere mit dem Okkulten, der Parapsychologie, östlichen Religionen und unzähligen Kulten, die unter dem New Age-Banner marschieren, zu füllen.

Die geistliche Not unabhängig von Gott zu beheben ist nichts Neues. Das Zentrum dieses unbiblischen Weltbildes ist das Ich: Was habe *ich* davon? Wer kann *meine* Bedürfnisse befriedigen? Ich mache *mein eigenes* Ding. Sogar ein Christ, der auf diese Weise handelt, ist von selbstsüchtigen Motiven und Stolz motiviert.

Der Apostel Petrus ist ein deutliches Beispiel für den Kampf zwischen einem eigensüchtigen und einem christuszentrierten Leben. Nur ein paar Augenblicke, nachdem Petrus die wichtigste Wahrheit, dass Jesus Christus der Messias ist, bekannt hatte (Matthäus 16:13-16), fand er sich selbst auf der Seite der Mächte der Finsternis wieder. Als Jesus verkündete, dass Ihn Leiden und Tod in Jerusalem erwarteten, „nahm Petrus ihn beiseite und fing an, ihm zu wehren und sprach: Herr, schone dich selbst! Das widerfahre dir nur nicht!" (Vers 22).

Jesus erwiderte: „Weiche von mir, Satan! Du bist mir ein Ärgernis; denn du denkst nicht göttlich, sondern menschlich!" (Vers 23).

Jesu Rüge scheint hier kalt und hart. Aber seine Bemerkung beschreibt deutlich die Natur von Petrus' Ratschlag, den er zu geben versuchte: „Rette dich um jeden Preis. Pass auf dich selber auf. Tue nichts, was schmerzhaft oder unbequem ist."

Der Ratschlag des Petrus war von Satan, denn Satans erstes Ziel ist es, unser Leben auf unsere eigenen Interessen zu konzentrieren. Aber das christliche Weltbild hat einen anderen Mittelpunkt. Jesus tritt unseren selbstsüchtigen Motiven entgegen und bietet uns eine Sicht vom Kreuz aus. Nur von dieser Perspektive aus können wir den Fesseln Satans entfliehen, dessen einzige Absicht es ist, „zu stehlen, zu töten und zu verderben" (Johannes 10:10) ist.

Die Sicht vom Kreuz

Zusammen mit seiner Frau Eva entwickelte Adam als erster Mensch die Idee, dass er „wie Gott sein" könnte (1. Mose 3:5), welche der Kern des selbstzentrierten Weltbildes ist, das Satan fördert. Seit Adam sind unzählige andere von Satan versucht worden, indem sie glaubten, dass sie ihre eigenen Götter seien. Heute fördert die New Age-Bewegung kräftig diese Lüge.

Wie auch immer, der biblische Bericht der Schöpfung zeigt uns deutlich, dass nur Gott, der Schöpfer, der wahre Gott ist. Adam und seine Nachkommen sind keine Götter: wir sind erschaffene Wesen, die von Gott getrennt nicht leben können.

Die Idee, dass Menschen ihre eigenen Götter seien, ist der Herzschlag eines von Satan inspirierten Weltbildes und das erste Glied der geistlichen Kette, die uns an das Königreich der Dunkelheit bindet.

Das Problem, unsere eigenen Götter zu sein, ist, dass wir nie dazu geschaffen wurden, Götter zu sein. Uns fehlen die nötigen Qualitäten, um auf unser eigenes und auf zukünftiges Leben aufpassen zu können. Sogar als Sündloser, geistlich Lebendiger im Garten Eden war Adam nicht ausgerüstet, sein eigener Gott zu sein. Wieviel mehr sind wir es nicht, die wir danach geboren wurden, die wir geistlich tot auf die Welt kamen. Im Gegenteil, zu dem, was die New Age-Anhänger uns erzählen, hatten wir nie die Fähigkeit, wie Gott zu sein, sie ist auch jetzt nicht in uns und wird es nie sein. Gott zu sein ist nur, was Gott alleine zusteht.

Wenn du wünschst, in Freiheit von den Ketten der Welt, des Fleisches und des Teufels zu leben, muss dieses wichtige Glied in der Kette zerschlagen werden. Das egozentrische Weltbild, das Satan und seine Dämonen um dich herum fördern, muss durch die Lehren Jesu ersetzt werden. Wir müssen verstehen, was Jesus seine Jünger, nach Petrus' selbstsüchtiger Ermahnung, lehrte:

> „Wenn jemand mir nachfolgen will, so verleugne er sich selbst und nehme sein Kreuz auf sich und folge mir nach! Denn wer seine Seele retten will, der wird sie verlieren; wer aber seine Seele verliert um meinetwillen, der wird sie finden. Denn was hilft es dem Menschen, wenn er die ganze Welt gewinnt, aber seine Seele verliert? Oder was kann der Mensch als Lösegeld für seine Seele geben? Denn der Sohn des Menschen wird in die Herrlichkeit seines Vaters mit seinen Engeln kommen, und dann wird er einem jeden vergelten nach seinem Tun." (Matthäus 16:24-27).

Die folgenden sechs Richtlinien der Aussage Jesu bilden die Sicht vom Kreuz. Sie sind die notwendigen Richtlinien für junge Christen, die von den Fesseln dieses weltlichen Systems und vom Teufel, der es inspiriert, frei sein wollen. Bleibe in dem Licht des Sieges am Kreuz und du wirst deinen Weg in der dunklen Welt erfolgreich finden.

Verleugne dich selbst

Sich selbst verleugnen ist etwas anderes als Selbstverleugnung. Alle Sportler praktizieren Selbstverleugnung, indem sie sich von bestimmtem Essen, Drogen, Alkohol, langen durchfeierten Nächten und allem anderen enthalten, was sie davon abhält, ihr Ziel zu erreichen. Aber die eigentliche Absicht der Selbstverleugnung ist eine Selbstförderung: um ein Spiel zu gewinnen, einen Rekord zu brechen, einen Status und Anerkennung als Sportler zu erhalten.

Jesus sprach über die Verleugnung deiner selbst in dem Kampf, wer der Herr deines Lebens sein wird. Jesus mischt sich nicht in diesem Kampf ein; Er hat ihn schon gewonnen. Er hat den Thron besetzt und bietet uns an, diesen mit Ihm zu teilen. Aber wir möchten Könige über unser Leben sein. Bis wir das verleugnen, was nie unser war – die Rolle Gott in unserem Leben zu sein – ,werden wir nie Frieden mit uns selber oder Gott haben und wir werden nie frei sein.

Weder bist du geschaffen, um ohne Gott zu funktionieren, noch ist deine Seele dazu gestaltet, als dein eigener Meister zu arbeiten. Du wirst entweder Gott und Seinem Reich dienen oder Satan und dessen Königreich. Wenn du dich selber verleugnest, lädst du Gott ein, den Thron in deinem Leben zu besteigen, das einzunehmen, was rechtlich Ihm gehört, damit du als ein Mensch lebst, der in Christus geistlich lebendig ist. Sich selber verleugnen ist für die geistliche Freiheit notwendig.

Nimm dein Kreuz auf dich täglich

Das Kreuz, welches wir jeden Tag auf uns nehmen sollen, ist nicht unser *eigenes,* sondern dasjenige *Christi.* Es ist sein Kreuz, womit wir uns stark identifizieren. Paulus schrieb: „Ich bin mit Christus gekreuzigt, und doch lebe ich; aber nicht mehr ich, sondern Christus lebt in mir. Was ich aber jetzt im Fleisch lebe, das lebe ich im Glauben an den Sohn Gottes, der mich geliebt und sich selbst für mich hingegeben hat" (Galater 2:20). Sein Kreuz bot Vergebung dessen an, was wir getan haben, und Erlösung von dem, was wir waren. Uns ist vergeben, weil Er an unserer Stelle starb; wir sind befreit, weil wir mit Ihm gestorben sind. Als Ergebnis des Kreuzes sind wir beides, gerechtfertigt (für Gott annehmbar gemacht) und geheiligt (für einen heiligen Zweck abgesondert).

Sein Kreuz täglich auf sich zu nehmen bedeutet, jeden Tag zu erkennen, dass wir zu Gott gehören. Wir sind durch das Blut des Herrn Jesus Christus erkauft worden (1. Petrus 1:18,19). Wenn wir das Kreuz auf uns nehmen, sagen wir damit, dass unsere Identität und unser Lebenssinn sich nicht auf unser physisches Leben gründen, sondern auf unsere Beziehung zu Gott.

Christus nachfolgen

Wir folgen Jesus nach, indem der Heilige Geist uns lehrt, unser „Ich" zu kreuzigen. Wie Paulus geschrieben hat: „Denn wir, die wir leben, werden beständig dem Tod preisgegeben um Jesu willen, damit auch das Leben Jesu offenbar werde an unserem sterblichen Fleisch" (2. Korinther 4:11).

Du magst vielleicht denken: „Das ‚Ich' zu kreuzigen klingt nicht sehr lustig, es klingt schrecklich." Nun, das ist es nicht. Es ist ein gewaltiger Sieg (und eine enorme Erleichterung für uns), wenn wir aufhören, Gott zu spielen, und Gott den Herrn unseres Lebens, unserer Probleme und unserer Zukunft sein lassen. Vom Geist Gottes geführt zu werden ist unsere Versicherung, dass wir Seine Kinder sind (Römer 8:14). Nur wenn wir am Ende unserer Kräfte sind, werden wir Gottes Kraft entdecken.

Wir wurden nicht geschaffen, um unabhängig von Gott zu sein. Nur wenn wir von Ihm abhängig und fest entschlossen sind, Christus nachzufolgen, werden wir vollkommen und frei sein, um zu erkennen, dass der Wille Gottes gut, annehmbar und perfekt ist (Römer 12:2).

„Verleugne sich selbst und nehme sein Kreuz auf sich und folge mir nach!" klingt, als ob du dich opfern sollst und nichts dafür bekommst. Nichts ist weiter von der Wahrheit entfernt. Denn was opferst du wirklich?

Das schlechte Leben opfern, um das wirkliche Leben zu erhalten

Wenn du dein natürliches Leben retten willst (mit anderen Worten, deine Identität und deinen Selbstwert in Positionen, Titeln, Leistungen und Besitz finden und nur nach weltlichem Wohl streben willst), wirst du es verlieren. Du kannst diese Dinge von irdischem Wert höchstens für deine Lebenszeit besitzen – aber du wirst sie alle für die Ewigkeit verlieren. Außerdem wirst du in all deinem Streben, diese irdischen Schätze zu besitzen, das zu erlangen versäumen, was dir in Christus gehören kann.

Ich (Dave) erhielt einen Brief von einem Teenager, der diese wichtige Entdeckung gemacht hatte:

> „Lieber Dave,
> In unserem Gespräch über meine Soziologie- und Chemienoten hast du etwas gesagt, was mich zum Nachdenken gebracht hat. Du sagtest: ‚Sei nicht stolz.' Am Anfang fühlte ich mich verletzt. Warum? Weil ich so stark daran glaubte, dass Noten mir einen Wert bringen würden. Ich glaubte es so stark, dass ich diese Fächer zu meinem Gott machte. Ich dachte, gute Noten werden mich vor meiner Unsicherheit schützen. Ich fühlte mich aufgrund meiner Noten gut.
> Nachdem ich mit dir geredet hatte, realisierte ich meinen Selbstbetrug. Ich wandelte nicht im Geist. Jetzt weiß ich, dass es Gott ist und nicht meine Noten, die mich geborgen und sicher, akzeptiert und wichtig machen. Wenn ich ehrlich demütig bin, wird Er mich erhöhen und belohnen."

Wenn du dieser Welt nachjagst, ist das alles, was du bekommst, und vielleicht wirst du sogar dieses verlieren.

Aber wenn du nach der ewigen Welt strebst, wird Gott dir diese Welt als eine Belohnung geben. Paulus machte eine ähnliche Bemerkung: „Denn die leibliche Übung nützt wenig, die Gottseligkeit aber ist zu allem nütze, da sie die Verheißung für dieses und für das zukünftige Leben hat“ (1. Timotheus 4:8).

Opfere die Freude von Dingen, um die Freude des Lebens zu erhalten

Wofür tauschst du die Früchte des Geistes in deinem Leben ein? Welche materiellen Besitztümer, welchen Geldbetrag, welche Position oder welchen Titel tauschst du ein für Liebe, Freude, Frieden und Geduld (Galater 5:22), die du hast, wenn du Christus gehorchst? „Nichts“, würden wir wahrscheinlich alle sagen. Die Lüge dieser Welt meint, dass Berühmtheit und Besitztümer uns die Früchte des Geistes geben. Wo investieren wir die meiste Zeit und Kraft: in zeitlichen oder ewigen Dingen? Scheinbar besteht ein großer Ehrgeiz der Menschen darin, wie Tiere glücklich zu sein, statt gesegnet zu sein wie Kinder Gottes.

Jesus sprach über dieses gleiche Problem mit zwei Seiner besten Freunde, Maria und Martha (Lukas 10: 38-42). Während Jesu Besuch war Martha mit materiellen Dingen wie das Vorbereiten, Kochen und Servieren des Essens beschäftigt, während Maria ihre Aufmerksamkeit auf Jesus und seine Worte richtete. Martha neigte dazu, Dinge zu lieben und Menschen zu benutzen. Jesus machte deutlich, dass Maria dadurch, dass sie Menschen liebte und Dinge benutzte, „das Gute“ erwählt hatte (Vers 42). Wir besiegen uns selber, wenn wir Menschen zu lieben und Dinge zu benutzen lernen und diese beiden Handlungen nicht vermischen.

Opfere das Zeitliche, um das Ewige zu erhalten

Das größte Zeichen von geistlicher Reife ist wahrscheinlich die Fähigkeit, auf eine Belohnung zu warten. Das

Fleisch möchte sofort befriedigt werden; aber je mehr du dessen Lust zufrieden zu stellen versuchst, desto weniger Hoffnung hast du für die Zukunft. Je mehr du eine Lust nährst, desto mehr wird sie wachsen und du opferst ewige Werte, um zeitliche Dinge zu erhalten. Hebräer 11:24-26 sagt: "Durch Glauben weigerte sich Mose, als er groß geworden war, ein Sohn der Tochter des Pharao zu heißen. Er zog es vor, mit dem Volk Gottes Drangsal zu erleiden, als den vergänglichen Genuß der Sünde zu haben, da er die Schmach des Christus für größeren Reichtum hielt als die Schätze Ägyptens; denn er sah die Belohnung an." Sogar wenn die Nachfolge Jesu dir hier auf Erden schlechte Zeiten bringt, wird Er es in der Ewigkeit wiedergutmachen.

Dass du fähig seist, Gott deines eigenen Lebens zu sein, ist Satans wichtigste Lüge und du wirst in der Gebundenheit leben, als ob seine Lüge Wahrheit sei. Satan trachtet danach, Gottes Platz in deinem Leben einzunehmen. Und er ist immer erfolgreich, wenn du unabhängig von Gott lebst, wenn du auf dich selbst statt auf Christus ausgerichtet bist und nach weltlichen und materiellen Dingen statt nach geistlichen und ewigen Dingen strebst. Die Antwort der Welt auf den Identitätskonflikt besteht darin, dass man sein Ego vergrößert, wobei man Gott seinen rechtmäßigen Platz als Herr verweigert. Satan könnte nicht glücklicher gemacht werden – das war sein Plan von Anfang an.

Anleitung zum Studium

Schlage nach:

Matthäus 16:24-27

Denke nach:

1. Wie hat dich das säkulare Weltbild in deinem Verständnis über Satans Aktivität in dieser Welt beeinflusst?
2. Kennst du Menschen, die ernsthaft in New Age oder Okkultismus verwickelt sind? Welche Auswirkung hat das auf ihr Leben?
3. Warum haben wir deiner Meinung nach so viele Probleme damit, uns selbst zu verleugnen, unser Kreuz täglich auf uns zu nehmen und Jesus nachzufolgen? Wie sieht es praktisch aus, wenn du dein Kreuz auf dich nimmst und Jesus nachfolgst?
4. Welches sind einige zeitliche Freuden, die Satan benutzt, um uns von der Nachfolge Jesu abzulenken?

Wende an:

Bete und bitte den Herrn um Einsicht, wie du dich selbst verleugnen, dein Kreuz täglich auf dich nehmen und Ihm nachfolgen kannst. Bitte den Herrn, dir praktisch zu zeigen, wie du die zeitlichen Dinge opfern kannst, um die ewigen zu erlangen.

3. Das Recht, frei zu sein

Seit ihrer Kindheit musste Lydia mit einer schlechten Situation in ihrem Leben fertig werden. Erinnerungen an den Schmerz, durch sexuellen Missbrauch verursacht, verfolgte sie oft durch ihr christliches Leben. Als sie zu mir (Neil) in die Seelsorge kam, schien ihr beschädigtes Selbstbild nicht wiederherstellbar zu sein. Als Lydia mir ihre Geschichte erzählte, zeigte sie wenig Regung, aber ihre Worte zeugten von einer völligen Verzweiflung.

„Wer bist du, Lydia? Wie siehst du dich selbst?“ fragte ich.

„Ich bin böse,“ antwortete sie. „Ich bin für keinen gut. Menschen sagen mir, dass ich böse bin, und alles, was ich tue, bringt andere in Schwierigkeiten.“

„Du bist nicht böse,“ widersprach ich. „Wie kann ein Kind Gottes böse sein? Sieht du dich selbst auch so?“ Lydia nickte.

Ich gab Lydia ein Papier zu lesen, auf dem eine Anzahl von Erklärungen standen, die auf Bibelversen basierend beschrieben, wer wir in Christus* sind.

*Neil Anderson und Dave Park, Stomping out the darkness

Wer bin ich?

Mt. 5:13 ....Ich bin das Salz der Erde

Mt. 5:14........................Ich bin das Licht der Welt

Joh. 1:12........................Ich bin ein Kind Gottes

Joh. 15:1,5 ....Ich bin ein Teil des wahren Weinstocks und Christi Leben fließt durch mich

Joh. 15:15 .... Ich bin ein Freund Christi

Joh. 15:16 .... Ich bin von Christus erwählt, Frucht zu bringen

Apg. 1:8 .... Ich bin Christi persönlicher Zeuge, ausgesandt, um jedem von Ihm zu erzählen

Röm. 6:18 .... Ich bin ein Sklave der Gerechtigkeit

Röm. 6:22 .... Ich bin Diener Gottes, der mich heiligt und ewiges Leben gibt

Röm. 8:14,15;
Gal. 3:26; 4:6 .... Ich bin ein Kind Gottes, ich darf Ihn meinen Vater nennen

Röm. 8:17 .... Ich bin Miterbe Christi und erbe Seine Herrlichkeit

1. Kor. 3:16; 6:19 .... Ich bin ein Tempel - eine lebendige Behausung für Gott; Sein Geist und sein Leben sind in mir.

1. Kor. 6:17 .... Ich habe mich mit dem Herrn für immer verbunden und bin eines Geistes mit Ihm

1. Kor. 12:27 .... Ich bin ein Glied am Leib Christi

2. Kor. 5:17 .... Ich bin ein neuer Mensch - meine Vergangenheit ist vergeben und alles ist neu

2. Kor. 5:18,19 ....Ich habe Frieden mit Gott und Er hat mich beauftragt, anderen zu helfen, Frieden mit Ihm zu schließen

Gal. 3:26,28 ....Ich bin ein Kind Gottes und werde das versprochene Erbe erhalten

Eph. 1:1; Phil. 1:1;
Kol. 1:2 ....Ich bin ein Heiliger

Eph. 2:10 ....Ich bin Gottes Werk, erschaffen, um gute Werke zu tun

Eph. 3:1; 4:1 ....Ich bin ein Gefangener Christi, damit ich anderen helfen kann

Eph. 4:24.....................Ich bin gerecht und heilig

Phil. 3:20;
Eph. 2:6 ....Ich bin ein Bürger des Himmels, mitversetzt in den Himmel

Kol. 3:3 ....Ich bin mit Christus verborgen in Gott

Kol. 3:4 ....Ich bin ein Ausdruck des Lebens Christi, weil Er mein Leben ist

Kol. 3:12;
1. Thess. 1:4...............Ich bin von Gott auserwählt, geheiligt und teuer geliebt

1. Thess. 5:5 ....Ich bin ein Kind des Lichts und nicht der Dunkelheit

Hebr. 3:1 ....Ich habe Anteil an der himmlischen Berufung

Hebr. 3:14 ....Ich habe Anteil an Christus; ich teile mit Ihm sein Leben

1. Petr. 2:5 ....Ich bin einer von Gottes lebendigen Steinen, die in Christus zu einem geistlichen Haus gebaut werden

1. Petr. 2:9,10.............Ich bin Mitglied eines auserwählten Geschlechts, eines königlichen Priestertums, eines heiligen Volks, eines Volk des Eigentums

1. Petr. 2:11 ....Ich bin nur ein Fremdling auf der Erde, auf der ich zeitweilig lebe

1. Petr. 5:8...................Ich bin ein Feind des Teufels

1. Joh. 3:1,2 ....Ich bin ein Kind Gottes und ich werde wie Christus sein, wenn Er wiederkommt

1. Joh. 5:18 ....Ich bin in Christus von neuem geboren und das Böse - der Teufel - kann mich nicht antasten

2. Mose 3:14,
Joh. 8:24,28,58..........Ich bin nicht der große „Ich bin",

1. Kor. 15:10 ....aber durch die Gnade Gottes bin ich, was ich bin

„Würdest du diese Aussagen jetzt laut vorlesen?“ fragte ich. „Sie werden dich daran erinnern, was die Bibel über dich und über das, was du in Christus bist, sagt.“

Lydia nahm das Blatt und fing an die erste Aussage eher stockend laut vorzulesen. Plötzlich veränderte sich ihr Gesicht. Sie schaute auf und lächelte spöttisch: “Auf keinen Fall, du dreckiger Sohn einer –!“

Es ist nie angenehm zu sehen, wie der Böse seinen hässlichen Charakter durch solche Opfer wie Lydia zeigt. Aber durch das Gebet im Namen Christi ergriff ich Autorität über ihn und führte Lydia durch die Schritte der Freiheit in Christus. Sie erhielt ein neues Verständnis von dem, wer sie in Christus wirklich ist. Anstatt sich als ein Opfer ihrer Vergangenheit zu sehen, begann sich selber als ein Ergebnis von Christi Tat am Kreuz zu sehen.

Satan hatte Lydia getäuscht, indem er ihr eingeredet hatte, dass sie wertlos und böse sei, was eine Lüge war. Er war völlig dagegen, dass sie diese Aussagen der Wahrheit über ihre Identität als ein Kind Gottes las. Er wusste, dass Gottes Wahrheit seine Lüge aufdecken würde, genauso sicher wie das Licht die Dunkelheit vertreibt. Und er wollte nicht ohne Kampf aufgeben.

Du bist ein Kind Gottes

Es gibt keine stärkere Grundlage für unsere Freiheit von Satans Fesseln als das Verständnis dessen, was Gott für uns in Christus getan hat und wer wir als Ergebnis davon sind. Unsere Einstellungen, Handlungen, Antworten und Reaktionen auf die Lebensumstände werden davon bestimmt, wie wir uns selber sehen. Wenn du dich selber als ein hilfloses Opfer Satans und seiner Pläne siehst, wirst du wahrscheinlich auch wie ein Opfer in den Fesseln seiner Lüge leben. Aber wenn du dich selber als ein teuer geliebtes und angenommenes Kind Gottes siehst, das du wirklich bist, dann wirst du auch wie ein Kind Gottes leben.

In diesem Kapitel wollen wir einige kritische Aspekte unserer Identität und Stellung in Christus hervorheben. Viele von uns haben die biblische Wahrheit schon verinnerlicht, die hier zusammengefasst wird. Aber für einige von euch wird dieser Teil wegen seines lehrhaften Inhalts etwas schwierig werden. Wir empfehlen euch aber, diesen Überblick nicht zu überspringen, um zu den praktischeren Kapiteln zu gelangen. Diese Konzepte sind die Grundlage deiner Freiheit von geistlichen Konflikten als ein Kind Gottes. Die Angelegenheit der geistlichen Identität und Reife in Christus ist so lebendig, dass wir dir wieder das Buch „*Stomping out the Darkness*" (herausgegeben von Regal Books) zusammen mit diesem zu lesen empfehlen. (Und für ein tieferes theologisches Studium der grundlegenden Heiligung und der wachsenden Heiligung empfehlen wir die Bücher „*Radical Image*" und „*Higher Ground*", die wir zuvor erwähnten.)

Du bist geistlich und deshalb ewig lebendig

Jeder von uns besteht aus zwei Teilen: unser Inneres und unser Äußeres. Äußerlich haben wir einen physischen Körper und innerlich haben wir eine Seele/ einen Geist. Das Wort „Seele" beschreibt unsere Fähigkeit zu denken (unser Verstand), zu fühlen (unsere Gefühle) und Entscheidungen zu treffen (unser Wille). Das Wort „Geist" beschreibt unsere Fähigkeit eine Beziehung mit Gott zu haben. Unser Körper ist mit unserer Seele/unserem Geist eins und das macht uns körperlich lebendig. Wenn wir Christen sind, ist unsere Seele/unser Geist mit Gott verbunden, und das macht uns geistlich lebendig.

Als Gott Adam erschuf, war dieser völlig lebendig - körperlich und geistlich. Aber aufgrund der Sünde Adams und des geistlichen Tods wird jede Person, die auf diese Welt kommt, körperlich lebendig, aber geistlich tot geboren. Indem wir von Gott getrennt sind, fehlt uns die Weisheit Gottes in unserem Leben. Wir lernen unabhängig von Gott zu leben und unsere Interessen auf uns selbst zu konzentrieren. Diese gelernte Unabhängigkeit von Gott wird in der Bibel „Fleisch" genannt.

Nachdem wir wiedergeboren wurden, wurde unsere Seele/ unser Geist mit Gott vereint und wir wurden geistlich lebendig - so lebendig, wie Adam es im Garten Eden war, bevor er sündigte. Wir sind jetzt in Christus und Christus ist in uns. Da Christus, der in uns ist, ewig ist, ist das geistliche Leben, das wir von Ihm erhalten haben, ewig. Wir brauchen nicht zu warten, bis wir sterben, um ewiges Leben zu erhalten; wir besitzen es jetzt! Und im Gegensatz zu dem, was Satan uns glauben machen möchte, kann er uns das ewige Leben nicht wegnehmen – weil er uns Jesus nicht wegnehmen kann, der versprach, uns nie zu verlassen oder zu vergessen (Hebräer 13:5).

Du bist verändert vom Sünder zum Heiligen

Hast du schon einen Christen sagen hören: „Ich bin nur ein Sünder, gerettet durch die Gnade"? Hast du dich selber auf diese Art bezeichnet? Wenn du dich selber als einen Sünder siehst, wirst du wahrscheinlich sündigen. Was erwartest du von einem Sünder? Es wird in deinem Leben wenig geben, was dich von einem Nichtchristen unterscheidet, und du wirst von Gefühlen der Niederlage erfüllt sein.

Satan wird jede Gelegenheit ergreifen, um dich zu überzeugen, dass du zu einem achterbahnähnlichen geistlichen Leben verdammt seist, damit du dich schuldig fühlst. Als besiegter Christ wirst du immer wieder deine Sünden bekennen und dich zu bessern versuchen; doch innerlich wirst du zugeben, dass du nur ein Sünder bist, gerettet durch die Gnade, und lediglich an ihr festzuhalten versuchen, bis Jesus dich heimholt.

Ist es das, was du wirklich bist? Keineswegs! Die Bibel spricht nicht über Gläubige als Sünder, nicht einmal als begnadigte Sünder. Gläubige werden Heilige genannt – Geweihte -, die manchmal sündigen. Wir werden heilig von dem Augenblick der Bekehrung an - das nennt sich Rechtfertigung. Wir leben und wachsen als Heilige in unseren täglichen Erfahrungen - das nennt sich Heiligung -, indem wir weiter bejahen, wer wir wirklich in Christus sind. Dich selber als einen Heiligen anstelle eines Sünders zu sehen, wird eine mächtige und positive Wirkung auf deine tägliche Fähigkeit haben, Sieg über die Sünde und Satan zu haben.

Du hast Gottes göttliche Natur

Epheser 2:1-3 beschreibt unsere Natur, *bevor* wir zu Christus kamen: „Die ihr tot wart durch Übertretungen und Sünden, in denen ihr einst gelebt habt nach dem Lauf dieser Welt, gemäß dem Fürsten, der in der Luft herrscht...und wir waren von Natur Kinder des Zorns." Bevor wir Christen wurden, war unsere ganze Natur sündig und das Ergebnis unserer Sünde war der Tod (die Trennung von Gott).

Aber nach der Erlösung veränderte Gott uns. Wir erhielten die „göttliche Natur...nachdem ihr dem Verderben entflohen seid, das durch die Begierde in der Welt herrscht" (2. Petrus 1:4). Du bist nicht länger im Fleisch; du bist in Christus. Du hattest eine sündige Natur, weil du von Gott getrennt warst, aber jetzt bist du ein Teilhaber der göttlichen Natur Christi. Du *wurdest* nicht Gott, aber du erhieltest Gottes göttliche Natur.

Paulus drückt es auf diese Weise aus: „Denn ihr wart einst Finsternis; nun aber seid ihr Licht in dem Herrn. Wandelt als Kinder des Lichts!" (Epheser 5:8); „Darum: Ist jemand in Christus, so ist er eine neue Schöpfung" (2. Korinther 5:17). Angesichts der Beschuldigungen Satans, dass wir nicht anders sind als vor der Bekehrung, müssen wir es glauben und mit der Tatsache einverstanden sein, dass wir in Christus ewig anders sind.

Das Neue Testament spricht von der Person, die wir vorher waren, bevor wir Christus annahmen, als von dem „alten Menschen". Nachdem wir Christus als Erlöser annahmen, starb unser „alter Mensch", welcher unabhängig von Gott lebte (Römer 6:6). Unser neuer Mensch, durch unsere neue Identität in Christus inspiriert und verpflichtet, in Abhängigkeit von Gott zu leben, wurde lebendig (Galater 2:20). Geistlich lebendig sein bedeutet, dass unsere Seele mit Gott vereint ist und du dich mit Ihm identifizierst:

Römer 6:3; Galater 2:20;
Kolosser 3:1-3 ....Mit Seinem Tod

Römer 6:4..............................Mit Seinem Begräbnis

Römer 6:5,8,11 ....Mit Seiner Auferstehung

Epheser 2:6...........................Mit Seiner Entrückung

Römer 5:10,11 ....Mit Seinem Leben

Epheser 1:19, 20..................Mit Seiner Macht
Römer 8:16,17;

Epheser 1:11,12 ....Mit Seinem Erbe

Unser alter Mensch musste sterben, damit unsere Beziehung mit der Sünde, die ihn kontrollierte, beendet werden konnte. Eine neue Person zu sein bedeutet nicht, dass wir sündlos sind (1. Johannes 1:8). Aber seit unser alter Mensch mit Christus gekreuzigt und begraben worden ist, brauchen wir nicht länger zu sündigen (1. Johannes 2:1). Wir sündigen, wenn wir uns entscheiden, unabhängig von Gott zu handeln.

Du kannst Fleisch und Sünde besiegen

Als unser alter, sündiger Mensch starb, endete die Herrschaft der Sünde. Aber die Sünde ist immer noch um uns herum. Sie ist stark und reizvoll, doch ihre Macht und Autorität sind gebrochen (Römer 8:2).

Unser Fleisch, jener Teil von uns, der unabhängig von Gott zu leben gelernt hatte, bevor wir Christus begegneten, starb auch nicht. Wir haben immer noch Erinnerungen, Gewohnheiten und Gedankengänge in unserem Gehirn, das uns auf unsere eigenen Interessen zu konzentrieren versucht. Wir sind nicht länger *im Fleisch*, wie es unser alter Mensch war; wir sind jetzt *in Christus*. Aber wir können uns immer noch entscheiden, *nach dem Fleisch zu leben* (Römer 8:12,13), und indem wir diesen alten Antrieben gehorchen, dienen wir uns selber statt Gott.

Es ist unsere Aufgabe, das Fleisch täglich zu kreuzigen (Römer 8:13), indem wir nach dem Geist zu wandeln lernen (Galater 5:16) und die alten Muster durch neue Muster ersetzen, die auf dem Wort Gottes aufbauen. Dieser Prozess wird „Erneuerung des Geistes“ (Römer 12:2) genannt.

Römer 6:11 fasst zusammen, was wir in unserer Position in Christus über unsere Beziehung zur Sünde glauben sollen: „Also auch ihr: Haltet euch selbst dafür, dass ihr für die Sünde tot seid, aber für Gott lebt in Christus Jesus.“ Es ist unwichtig, ob wir uns der Sünde gestorben *fühlen* oder nicht; wir müssen es *dafür halten*, weil es so *ist*. Wenn wir uns entscheiden, das zu glauben, was über uns und die Sünde wahr ist, und auf der Grundlage dessen wandeln, was wir glauben, wird sich unsere echte Beziehung zu Gott in unseren Erfahrungen zeigen.

Nachdem Paulus uns gelehrt hat, was wir über Sünde *glauben* sollen, lehrt er uns, wie wir uns der Sünde gegenüber *verhalten* sollen:

> „So soll nun die Sünde nicht herrschen in eurem sterblichen Leib, damit ihr [der Sünde] nicht durch die Begierden [des Leibes] gehorcht; gebt auch nicht eure Glieder der Sünde hin als Werkzeuge der Ungerechtigkeit, sondern gebt euch selbst Gott hin als solche, die lebendig geworden sind aus den Toten, und eure Glieder Gott als Werkzeuge der Gerechtigkeit!" (Römer 6:12,13).

Du kannst zum Beispiel keine sexuelle Sünde begehen , ohne deinen Körper zum Werkzeug der Ungerechtigkeit zu machen. Wenn du eine sexuelle Sünde begehst, erlaubst du es der Sünde, *in* deinem sterblichen Körper zu regieren (herrschen). Der einzige Weg, den wir kennen, um Menschen zu helfen, sich von sexuellen Fesseln zu lösen, ist, indem sie jedem sexuellen Gebrauch ihres Körpers durch die Sünde abschwören (den Rücken zukehren) und es dann dem Herrn übergeben.

Wir sind für die Sünde tot, aber indem wir unsere Körper der Sünde zur Verfügung stellen, haben wir immer noch die Fähigkeit, ihr zu dienen. Es liegt an uns zu entscheiden, ob wir unsere Körper für die Sünde nutzen oder für die Gerechtigkeit. Um es zu verdeutlichen: stell dir vor, dein Jugendleiter bittet dich, dein Auto zu nutzen, um den Bedürftigen Essen zu bringen. Augenblicke später fragt dich ein Drogendealer, ob du eine seiner Drogenlieferungen abholen kannst. Es ist dein Auto und du kannst wählen, es zu verleihen, wie immer du willst - für Gutes oder für Böses. Wie würdest du dich entscheiden? Da sollten keine Zweifel sein!

Dein Körper gehört dir, um entweder Gott oder Sünde und Satan zu dienen, aber die Entscheidung liegt bei dir. Deshalb schrieb Paulus so nachdrücklich: „Ich ermahne euch nun, ihr Brüder, angesichts der Barmherzigkeit Gottes, dass ihr eure Leiber darbringt als ein lebendiges, heiliges, Gott wohlgefälliges Opfer: das sei euer vernünftiger Gottesdienst!" (Römer 12:1). Durch Christi Sieg über die Sünde kannst du dich entscheiden, nicht der Sünde als deinem Herrn zu gehorchen. Es ist deine Verantwortung, die Sünde nicht in deinem Körper herrschen zu lassen.

Du kannst frei von der Macht der Sünde sein

„Der Sünde nicht zu erlauben, in meinem Körper zu herrschen, klingt wunderbar, Neil und Dave," denkst du vielleicht. *„Aber ihr wisst gar nicht, wie hart mein Kampf mit der Sünde ist. Ich tue das, was ich nicht will, und nicht das, was ich tun sollte. Es ist ein andauernder Kampf."*

Ja, wir wissen, wie hart der Kampf mit der Sünde ist. Das wusste auch der Apostel Paulus. Er beschrieb in Römer 7:15-25 die gleichen Gefühle der Frustration, die du vielleicht erlebst. In diesem Abschnitt entdecken wir Gottes Weg zur Freiheit von der Macht der Sünde.

Ich (Neil) lade dich ein, mit anzuhören, während ich durch diese Verse gehe mit Dan, der damit kämpft, die Macht der Sünde in seinem Leben zu überwinden:

Neil: Dan, laß uns die Verse anschauen, die wahrscheinlich deine derzeitigen Gefühle beschreiben. Römer 7:15 sagt: „Denn was ich vollbringe, billige ich nicht; denn ich tue nicht, was ich will, sondern was ich hasse, das übe ich aus." Würdest du sagen, dass dieser Vers dich beschreibt?

Dan: Exakt! Ich möchte das tun, von dem Gott sagt, das es recht ist, aber manchmal erwische ich mich dabei, wie ich gerade das Gegenteil tun.

Neil: Wahrscheinlich identifizierst du dich auch mit dem Vers 16: „Wenn ich aber das tue, was ich nicht will, so stimme ich dem Gesetz zu, dass es gut ist." Dan, wie viele Mitspieler oder Personen werden in diesem Vers erwähnt?

Dan: Es ist ganz klar, nur eine Person, und das ist das „Ich".

Neil: Es ist sehr niederschlagend, wenn wir wissen, was wir tun sollen, es aber aus irgendeinen Grund nicht tun. Wie hast du es zu erklären versucht?

Dan: Manchmal frage ich mich, ob ich überhaupt Christ bin. Es scheint für andere zu funktionieren, aber nicht für mich. Manchmal frage ich mich, ob ein Leben als Christ auch möglich ist oder ob Gott wirklich hier ist.

Neil: Wenn du und Gott die einzigen Mitspieler in dieser Szene wären, würde es vernünftig sein, entweder dir oder Gott für deine missliche Lage die Schuld zu geben. Aber betrachte einmal den Vers 17: „Nun aber vollbringe nicht mehr ich dasselbe, sondern die Sünde, die in mir wohnt." Wie viele Mitspieler sind es jetzt, Dan?

Dan: Ich vermute zwei, aber ich verstehe es nicht.

Neil: Lass uns den Vers 18 lesen und schauen, ob es einen Sinn ergibt: "Denn ich weiß, dass in mir, das heißt in meinem Fleisch, nichts Gutes wohnt."

Dan: Ich habe diesen Vers vor einiger Zeit gelernt. Es ist einfach zu akzeptieren, dass ich nicht gut bin.

Neil: Das sagt es nicht, Dan. Tatsächlich sagt es gerade das Gegenteil. *Was immer es ist, was in dir ist, das bist nicht du.* Wenn ich einen Holzsplitter in meinem Finger hätte, würde es „nichts Gutes" sein, was in mir ist. Aber dieses „nichts Gutes" bin nicht ich, es ist der Splitter. Es ist genauso wichtig zu bemerken, dass dieses „nichts Gutes" nicht einmal mein Fleisch ist, sondern es wohnt *in* meinem Fleisch. Wenn wir nur uns selber in diesem Kampf sehen, hätten wir keine Chance, gerecht zu leben. Aber in unserem Kampf mit der Sünde ist noch etwas anderes einbezogen, und diese Natur ist anders als die unsere.

Als du und ich geboren wurden, waren wir unter der *Strafe* der Sünde. Und wir wissen, dass Satan und seine Dämonen beständig versuchen, uns unter dieser *Strafe* zu halten. Nachdem Gott uns gerettet hatte, verlor Satan den Kampf, aber er zog seinen Schwanz nicht ein und verlor nicht seine Giftzähne. Er ist jetzt bestrebt, uns unter der *Macht* der Sünde zu halten. Er versucht durch unser Fleisch zu wirken, dieses alte Muster der Unabhängigkeit von Gott, das nach der Rettung bleibt.

Lass uns weiterlesen, um zu sehen, ob wir mehr darüber lernen können, wie der Kampf ausgefochten werden kann: „Denn ich tue nicht das Gute, das ich will, sondern das Böse, das ich nicht tun will, das verübe ich. Wenn ich aber das tue, was ich nicht will, so vollbringe nicht mehr ich es, sondern die Sünde, die in mir wohnt. Ich finde also das Gesetz vor, wonach mir, der ich das Gute tun will, das Böse anhängt" (Verse 19-21).

Kannst du aus diesen Versen herausfinden, was die Natur des„nichts Gutes" ist, das in dir wohnt?

Dan: Sicher, es sind ganz klar das Böse und die Sünde. Aber ist es nicht bloß meine eigene Sünde? Wenn ich sündige, fühle ich mich so schuldig.

Neil: Es ist keine Frage, dassw ich und du sündigen, aber wir sind nicht die „Sünde." Das Böse ist in uns, aber wir sind nicht das „Böse". Aber das entschuldigt uns nicht zu sündigen, denn Paulus schrieb, dass es unsere Verantwortung ist, die Sünde nicht in unserem Körper herrschen zu lassen (Römer 6:12). Hast du dich einmal so besiegt gefühlt, dass du das an jemand anderem oder an dir selbst auslassen wolltest?

Dan: Fast jeden Tag!

Neil: Aber nachdem du dich beruhigt hast, fängst du nicht wieder an so zu denken, dass es mit deiner Stellung in Christus übereinstimmt?

Dan: Immer, und dann fühle ich mich schrecklich über die Niederlage.

Neil: Der Vers 22 erklärt diesen Kreislauf. „Denn ich habe Lust an dem Gesetz Gottes nach dem inwendigen Menschen". Wenn wir nicht nach unserem wirklichen Charakter handeln, überführt der Heilige Geist uns wegen unserer Beziehung zu Gott und wir reagieren es an uns selber ab. Aber sofort zeigt sich unsere wahre Natur und wir kehren zu Gott zurück.
Es ist wie mit einem frustrierten Teenager, der sagt, dass er von zu Hause wegläuft. Er möchte weg und

kümmert sich nicht darum, wie seine Eltern sich fühlen. Aber nachdem er mit seinem Schmerz in Berührung gekommen ist und seine Gefühle ausdrückt, wird er weich und sagt: „Ich liebe meine Eltern wirklich und ich möchte nicht von zu Hause fortlaufen. Aber ich sehe keinen anderen Weg." So spricht seine innere Person, sein wahres Selbst.

Vers 23 beschreibt die Art dieses Kampfes mit der Sünde: „Ich sehe aber ein anderes Gesetz in meinen Gliedern, das dem Gesetz meiner Gesinnung widerstreitet und mich gefangen nimmt unter das Gesetz der Sünde, das in meinen Gliedern ist." Dan, wo wird, diesen Versen nach, der Kampf ausgetragen?

Dan: Scheinbar findet der Kampf in unserem Verstand statt.

Neil: Genau da findet der Kampf statt. Wenn Satan dich jetzt überzeugen kann, dass du der Einzige in diesem Kampf bist, wirst du entweder dich oder Gott beschuldigen, wenn du sündigst.

Lass es mich auf folgende Weise darstellen: Stell dir vor, da ist ein sprechender Hund auf der anderen Seite einer geschlossenen Tür und der Hund sagt: „Komm, lass mich rein. Du weißt, du möchtest es. Jeder tut es. Du kommst ungeschoren davon. Immerhin, wer wird es schon erfahren?" Du öffnest die Tür, und der Hund kommt herein und umklammert dein Bein mit seinen Zähnen. Auf der anderen Seite der Tür spielte der Hund den Versucher, aber nachdem du ihn eingelassen hast, spielt er die Rolle des Anklägers: „Du hast die Tür geöffnet! Du hast die Tür geöffnet!" Und was tust du?

Dan: Meistens bekenne ich meine Sünde, weil ich mich so schuldig fühle. Aber in meinem Kampf mit der Sünde hat mir keiner über diesen versuchenden und anklagenden Hund erzählt! Meistens ende ich damit, indem ich mich selber bestrafe, aber ich denke, jetzt sollte ich den Hund bestrafen.

Neil: Ich habe gemerkt, dass Menschen oft müde werden, immer sich selber anzuklagen, und so wenden sie sich von Gott ab mit dem Gefühl der Niederlage und Verurteilung. Andererseits reicht es nicht aus, den Hund zu bestrafen. Du hast richtig gehandelt, indem du es Gott gestanden hast, was bedeutet, dass du mit Ihm übereinstimmst, dass du die Tür geöffnet hast, aber es reicht nicht. Bekenntnis ist nur der erste Schritt zur Reue. Christen, die nur das tun, bleiben in dem Sünde-Bekenntnis-Sünde-Bekenntnis-Sünde-Bekenntnis-Kreislauf stecken und geben schließlich auf. Du beugtest dich vor Gott, indem du zugabst, die Tür geöffnet zu haben; jetzt musst du dem Bösen widerstehen und er wird von dir fliehen (Jakobus 4:7). Geh danach zurück, schlage die Tür zu und lass dich nicht dazu verleiten, sie wieder zu öffnen. Reue ist nicht vollständig, bis du dich komplett verändert hast.
Paulus drückt dieses Gefühl von unentschlossenen Konflikten in dem Vers 24 aus: „Ich elender Mensch! Wer wird mich erlösen von diesem Todesleib?" Er sagt nicht: „*schwacher oder sündiger* Mensch"; er sagt: „*elender* Mensch." Es gibt keinen elenderen Menschen als den, der weiß, was richtig ist, und das Richtige tun möchte, es aber aus irgendeinem Grund nicht kann. Er ist besiegt, weil er gebunden ist. Seine Versuche, das Richtige zu tun, enden mit einer Niederlage. Er fragt sich: *Gibt es überhaupt Sieg?*

Vers 25 gibt die Antwort: „Ich danke Gott durch Jesus Christus, unseren Herrn! So diene nun ich selbst mit der Gesinnung dem Gesetz Gottes, mit dem Fleisch aber dem Gesetz der Sünde.“ Lass uns jetzt das 8. Kapitel lesen und sehen, wie Paulus das Gesetz der Sünde durch das Gesetz des Lebens in Christus Jesus überwindet.

Dan: Ich glaube, ich verstehe es. Ich fühlte mich schuldig, weil ich nicht das Leben eines Christen führen konnte - aber ich habe nicht richtig verstanden, *wie* ich es leben sollte. Ich versuchte diese Sünde selber zu bezwingen und habe nicht wirklich den Kampf um meinen Verstand verstanden.

Neil: Du bist auf dem richtigen Weg. Sich selber anzuklagen und zu verurteilen hilft nicht, da es keine Verurteilung für diejenigen gibt, die in Jesus Christus sind (Römer 8:1,2). Lass uns sehen, ob wir unsere Konflikte durch echte Reue und Glauben an Gott lösen. Ich möchte dich gerne durch die Schritte der Freiheit führen. Dann können wir darüber sprechen wie man den Kampf um deinen Verstand gewinnen und lernen kann, in der Kraft des Heiligen Geistes im Glauben zu wandeln. Dann wirst du die Wünsche deines Fleisches nicht mehr ausführen (Galater 5:16).

Anleitung zum Studium

Schlage nach:

Römer 7:15-25

Denke nach:

1. Wenn du dich als einen Heiligen anstelle eines Sünders siehst, welchen mächtigen und positiven Einfluss wird das auf deinen täglichen Sieg über Sünde und Satan haben?
2. Auf welche Art und Weise lernten wir, unabhängig von Gott zu leben, bevor wir Christus begegneten? Wie können wir diesen alten Drang, uns selber zu dienen, überwinden und lernen, Gott zu dienen?
3. Was hast du aus dem Gespräch von Neil und Dan gelernt?
4. Wiederholte Handlungen bilden Gewohnheiten. Wie können schlechte Gewohnheiten oder Festungen zerschlagen werden?

Wende an:

Bete und bitte dem Herrn, deinem Verstand alle Festungen oder schlechte Gewohnheiten zu offenbaren, die du haben könntest. Schaue dir die „Wer ich bin"-Liste auf den Seiten 49-52 an und lies sie laut und sorgfältig.

4. Du kannst den Kampf um deinen Verstand gewinnen

„Er hat uns errettet aus der Herrschaft der Finsternis und hat uns versetzt in das Reich des Sohnes seiner Liebe, in dem wir die Erlösung haben durch sein Blut, die Vergebung der Sünden" (Kolosser 1:13,14).

„Darum: Ist jemand in Christus, so ist er eine neue Schöpfung; das Alte ist vergangen, siehe, es ist alles neu geworden" (2. Korinther 5:17).

„Denn ihr seid gestorben, und euer Leben ist verborgen mit dem Christus in Gott" (Kolosser 3:39).

„Wenn diese Verse wahr sind, warum habe ich dann immer noch mit den gleichen Gedanken und Gefühlen zu kämpfen, die ich vor meiner Bekehrung hatte?" Wir vermuten, dass jeder ehrliche Christ sich diese Fragen gestellt oder wenigstens darüber nachgedacht hat. Es gibt einen sehr logischen Grund, warum du immer noch denkst, fühlst und zu oft auch so handelst wie vor deiner Wiedergeburt.

Als du noch ein kleiner Knirps warst, während der Entwicklungsjahre deines Lebens, hast du weder die Gegenwart Gottes in deinem Leben noch Seine Wege gekannt. So hast du gelernt, unabhängig von Gott zu leben. Diese gelernte Unabhängigkeit von Gott ist die wichtigste Beurteilung dessen, was die Bibel „Fleisch" nennt.

Als du eine neue Schöpfung in Christus wurdest, drückte keiner die „Löschen"-Taste in deiner Erinnerung. Alles, was du gelernt hast, bevor du Christ wurdest (und die Gefühle, die damit verbunden sind), ist immer noch in deiner Erinnerung gespeichert. Deshalb sagt Paulus: „Und passt euch nicht dieser Weltzeit an, sondern lasst euch umgestalten durch die Erneuerung eures Sinnes" (Römer 12:29). Auch als Gläubige können wir mit dieser Welt konfrontiert werden, indem wir die falschen Programme hören, die falschen Webseiten besuchen oder die falschen Dinge lesen.

Festungen der Selbstverteidigung

Bevor wir Christen wurden, lernten wir in unserem natürlichen Zustand viele Wege kennen, die nicht gesund waren. Diese Wege zeigten uns, wie man mit dem Leben fertig wird oder wie wir uns selber schützen können. Psychologen nennen diese ungesunden Muster des Lebens „Verteidigungsmechanismen" und ganz bestimmt kann man sie nicht mit dem Christentum vermischen. Viele Menschen haben zum Beispiel gelernt zu lügen, um sich selber zu verteidigen. Andere typische Verteidigungsmechanismen sind:

- Verneinung (bewusste oder unterbewusste Weigerung, die Wahrheit zu sehen)
- Phantasie (Flucht vor der Realität)
- Emotionale Isolierung (Rückzug, um Ablehnung zu vermeiden)
- Regression (Rückkehr zu weniger bedrohlichen Zeiten)
- Verdrängung (Frustrationen an anderen auslassen)
- Projektion (Beschuldigung anderer)
- Rationalisieren (Entschuldigungen für schlechtes Benehmen)

Verteidigungsmechanismen gleichen den „Festungen", wie Paulus sie nennt. Er schreibt: „Denn obgleich wir im Fleisch wandeln, so kämpfen wir doch nicht nach Art des Fleisches; denn die Waffen unseres Kampfes sind nicht fleischlich, sondern mächtig durch Gott zur Zerstörung von Festungen, so dass wir Vernunftsentschlüsse zerstören und jede Höhe, die sich gegen die Erkenntnis Gottes erhebt, und jeden Gedanken gefangen nehmen zum Gehorsam gegen Christus“ (2. Korinther 10:3-5).

„Festungen“ (oder Hochburgen) sind fleischliche Muster des Denkens, die in deinem Verstand programmiert wurden, als du gelernt hast, unabhängig von Gott zu leben. Dein Weltbild wurde durch die Umwelt geformt, in der du aufgewachsen bist. Aber nachdem du Christ geworden bist, hat keiner die Taste „Löschen“ gedrückt. Dein altes fleischliches Denken wurde nicht gelöscht.

Was du gelernt hast, muss verändert werden. Kannst du umdenken, wenn du falsch trainiert worden bist? Wenn du einer Lüge geglaubt hast, kannst du dieser Lüge absagen und dich entscheiden, der Wahrheit zu glauben? Kann dein Verstand umprogrammiert werden? Reue bedeutet eine Veränderung der Sinne.

Wir sind durch die Erneuerung unserer Sinne umgewandelt worden. Wir können umgewandelt werden, weil wir den Sinn Christi in uns haben und weil der Heilige Geist uns in Wahrheit leiten will. Aber das weltliche System, in dem wir aufgewachsen sind, und unsere eigenen, auf das Fleisch ausgerichteten Muster sind nicht die einzigen Feinde in unserem Streben, Christus ähnlicher zu werden. Auch wenn wir in Ihm eine neue Schöpfung sind, müssen wir immer noch gegen die Welt, das Fleisch und den Teufel kämpfen.

Als Morgan, ein junges christliches Mädchen, zu mir (Dave) kam, war sie durch eine selbstzerstörerische Essensstörung gebunden. Morgan war der einzige Christ in ihrer Familie und sie kämpfte mit Unsicherheit und den Gefühlen, nicht geliebt zu werden. Sie war gefangen in einem brutalen Kreislauf von Sichvollstopfen-Erbrechen-Bekennen-Sichvollstopfen-Erbrechen-Bekennen. Tag für Tag lebte sie in diesem Alptraum.

Meine Frau Grace und ich trafen uns eines Tages sechs Stunden lang mit ihr und führten sie durch die Schritte der Freiheit in Christus. Als sie uns verließ, war sie ein anderes Mädchen. Sie hatte es nicht mehr nötig, sich für die Sünde und das Böse anzuklagen, das ihr krankes Verhalten veranlasst hatte.

Kurz nach unserem Treffen mit Morgan erhielten wir den folgenden Brief:

„Liebe Dave und Grace,
Ich stopfte mich an diesem Nachmittag voll. Warum? Weil ich müde war. Wenn ich müde bin, zwinge ich mich sehr hart zu arbeiten, deswegen stopfe ich mich voll. Ich bat Gott um Vergebung. Gedanken, dass ich erbrechen sollte, kamen mir in den Sinn. Ich war allein. Ich hätte es tun können. Aber Gott würde nicht verherrlicht werden, wenn ich es getan hätte.
Hier sind die Gedanken, die ich in meinen Verstand zuließ:
1) Ich bin müde. 2) Satan, du bist ein verdorbener Lügner. 3) Gott, mein Körper ist dein Tempel. 4) Ich bin durch einen Preis erkauft worden; ich gehöre nicht mehr mir. 5) Ich könnte Gott auf andere Art und Weise verherrlichen und nicht, indem ich mich erbreche, um mich besser zu fühlen. 6) Ich habe Menschen in meinem Leben, die mich lieben. 7) Ich brauche mich selber nicht mehr zu bestrafen. 8) Ich bin nicht schlecht; im Gegenteil, ich bin gerecht. 9) Als ein wertvolles Kind Gottes will ich meinem Körper, meiner Seele oder meinem Verstand keinen Schaden mit der Zerstörung zufügen, die ich meinem Körper antue, wenn ich mich erbreche.
Ich lache jetzt. Es fühlt sich so gut an, die Kontrolle über mich selbst zu haben. Das ist die Freiheit in Christus.

In der Liebe Christi,
Morgan“

Wir hoffen, dass du die Tatsache gespürt hast, dass für die, welche in Christus sind, der Sieg wirklich möglich ist. Es ist ein Krieg, aber wir sind auf der Siegerseite, denn wir sind mehr als nur Überwinder in Christus.

Satans Absichten

Auch wenn wir auf der Gewinnerseite sind, denke nicht, dass Satan nicht mehr daran interessiert ist, deine Sinne zu manipulieren, um seine Zwecke zu erreichen. Satans ständiges Ziel ist es, Gedanken in deinen Kopf zu bekommen und seine Lügen vor Gottes Angesicht zu verbreiten. Er weiß, dass er dein Leben kontrolliert, wenn er deine Gedanken kontrollieren kann. Und wenn er dein Leben kontrollieren kann, wirst du nicht den Sieg erleben, den Christus für dich errungen hat. Deswegen sagt Paulus, „Und jeden Gedanken gefangen nehmen zum Gehorsam gegen Christus" (2. Korinther 10:5). In diesem Vers steht für das Wort „Gedanke" das griechische Wort *noema.* Lass uns schauen, wie Paulus dieses Wort in seinem zweiten Brief an die Gemeinde in Korinth verwendet, damit wir diesen Abschnitt verstehen.

Paulus sagt der Gemeinde, sie sollen einem Gläubigen vergeben, nachdem die Gemeindezucht ausgeführt wurde: „Wem ihr aber etwas vergebt, dem vergebe ich auch; denn wenn ich auch jemandem etwas vergebe, so vergebe ich es um euretwillen, vor dem Angesicht des Christus, damit wir nicht von dem Satan übervorteilt werden; seine Absichten *[noema]* sind uns nämlich nicht unbekannt" (2. Korinther 2:10,11). Das Wort „Absichten" hat die gleiche Wurzel, *noema.* Satan nutzt tatsächlich die Menschen aus, die nicht vergeben können. Nachdem wir Tausenden von Schülern geholfen haben, ihre Freiheit in Christus zu finden, können wir bezeugen, dass Nicht-

Vergeben-Können die Hauptursache ist, warum junge Menschen in ihrer Vergangenheit gebunden bleiben.

Über das Evangelium schrieb Paulus: „Wenn aber unser Evangelium verhüllt ist, so ist es bei denen verhüllt, die verloren gehen; bei den Ungläubigen, denen der Gott dieser Weltzeit die Sinne *[noema]* verblendet hat, so dass ihnen das helle Licht des Evangeliums von der Herrlichkeit des Christus nicht aufleuchtet, welcher Gottes Ebenbild ist" (2. Korinther 4:3,4). Wie können wir diese Welt für Christus gewinnen, wenn Satan die Sinne der Ungläubigen verblendet hat? Die Antwort lautet: durch das Gebet.

Paulus schrieb auch: „Ich fürchte aber, es könnte womöglich, so wie die Schlange Eva verführte mit ihrer List, auch eure Gesinnung *[noema]* verdorben werden [und abgewandt werden] von der Einfalt dem Christus gegenüber" (2. Korinther 11:3).

Ein Schüler namens Jay hatte eine Erfahrung, die deutlich zeigte, wie täuschend Gedanken vom Satan sein können. Eines Tages kam Jay in mein Büro und sagte: „Dr. Anderson, ich bin in Schwierigkeiten."

„Wo liegt das Problem, Jay?"

„Wenn ich mich hinsetze, um zu lernen, bekomme ich stechende Gefühle in meinem ganzen Körper, mein Sehvermögen wird verschwommen und ich kann mich nicht konzentrieren."

„Erzähle mir über deine Beziehung zu Gott," fing ich an.

„Ich habe eine sehr enge Beziehung zum Herrn," prahlte Jay.

„Wie meinst du das?"

„Also, jeden Tag wenn ich die Schule am Mittag verlasse, frage ich Gott, wohin ich zum Lunch gehen soll. Wenn ich einen Gedanken höre, der sagt: ‚Burger King', dann gehe ich zum Burger King. Dann frage ich Ihn, was ich essen soll. Wenn ein Gedanke kommt, der sagt: ‚Whopper', dann esse ich einen Whopper."

„Was ist mit dem Besuch einer Gemeinde?“ fragte ich weiter.

„Ich gehe jeden Sonntag dahin, wo Gott mich hinschickt. Und für die letzten drei Sonntage hat Gott gesagt, ich soll zu einer Kirche der Mormonen gehen.“

Ich wusste sofort, dass Satan Jay's Gedanken angriff, da Gott einen Christen nie zu einer Kirche mit einer verdrehten Lehre über Christus und das Wort Gottes schicken würde.

Jay wollte ehrlich das tun, was Gott von ihm wollte. Aber er hörte auf seine Gedanken, als ob sie Gottes Stimme wären, statt dass er „jeden Gedanken unter den Gehorsam Christi“ (2. Korinther 10:5) stellte. Er hatte sich selber für Satans Absichten in seinem Leben geöffnet. Satan ist schlau. Er stürmt nicht herein wie ein Elefant in einen Porzellanladen; er schlüpft herein wie eine Schlange im Gras (2. Korinther 11:3).

Satan und unsere Sinne

Die Schrift lehrt uns deutlich, dass Satan Gedanken in unseren Verstand hereinbringen kann. Im Alten Testament heißt es: „Und Satan stand auf wider Israel und reizte David, Israel zählen zu lassen“ (1. Chronik 21:1). Was ist falsch an einer Volkszählung? Durfte David nicht wissen, wie viele Truppen er mit in den Kampf nehmen konnte?

Aber das zeigt deutlich die Schlangennatur Satans. Er wusste, dass David's ganzes Herz Gott gehörte und er Gott nicht willig widerstehen würde. Satan hatte sich eine Strategie ausgesucht, die bewirkte, dass David mehr Vertrauen in seine eigenen Mittel als in Gottes Mittel setzte. Das war der gleiche David, der schrieb: „Das Ross ist unzuverlässig zur Rettung“ (Psalm 33:17). David wußte, dass der Kampf dem Herrn gehörte, aber plötzlich hatte er diesen „Gedanken“, eine Zählung durchzuführen (gegen den Protest seines Generals Joab, der wusste, dass es Sünde war). Als tragisches Ergebnis dieser Sünde mussten 70.000 Männer Israels sterben.

Wie hat Satan David aufgewiegelt? Sprach er hörbar zu David? Nein, diese Gedanken waren Davids Gedanken. Wenigstens glaubte er, dass sie es waren. Das ist der Trick Satans. Diese lügenhaften Gedanken kommen in „der ersten Person Singular“ *(„Ich möchte“; „Ich will es tun“)*, so dass wir denken, es seien unsere eigenen Gedanken. Der Kampf um unsere Sinne schließt mehr als „Selbstgespräche“ mit ein.

Judas hörte auch auf den Teufel. „Und während des Mahls, als schon der Teufel dem Judas, Simons Sohn, dem Ischariot, ins Herz gegeben hatte, ihn zu verraten“ (Johannes 13:2). Wir möchten vielleicht glauben, dass die Handlung des Judas nur eine falsche Entscheidung war, die durch das Fleisch verursacht wurde, aber die Schrift sagt deutlich, dass die Gedanken von Judas von Satan kamen. Und als Judas bewusst wurde, was er getan hatte, nahm er sich das Leben. „Der Dieb kommt nur, um zu stehlen, zu töten und zu verderben“ (Johannes 10:10). Tod war auch das Ergebnis in der ersten Gemeinde, als Satan das Herz von Ananias dazu gebracht hatte, den Heiligen Geist zu belügen (Apostelgeschichte 5:3).

„Nicht wider Fleisch und Blut“

Wir haben Hunderte von jungen Christen beraten, die von ihrem Gedankenleben niedergedrückt wurden. Manche haben Probleme, sich zu konzentrieren und ihre Bibel zu lesen, während andere tatsächlich „Stimmen“ hören oder mit anklagenden und verurteilenden Gedanken zu kämpfen haben. Tatsache ist, dass die Umfragen, die „Freiheit in Christus“ durchgeführt hat, es belegen, dass über 70 Prozent der wiedergeborenen Jugendlichen, mit denen wir in

Kontakt kommen, behaupten, dass sie Stimmen hören oder mit anklagenden und verurteilenden Gedanken zu kämpfen haben.

Mit einigen Ausnahmen zeigt es sich, dass diese Kämpfe eine geistliche Schlacht um ihren Verstand sind. Das sollte uns nicht überraschen, da wir in 1. Timotheus 4:1 gewarnt werden: „Der Geist aber sagt ausdrücklich, dass in späteren Zeiten etliche vom Glauben abfallen und sich verführerischen Geistern und Lehren von Dämonen zuwenden werden."

Warum wachen wir als Gläubige an Christus nicht auf und beachten dieses? Eine Ursache ist, dass wir deine Gedanken nicht lesen können und du unsere Gedanken nicht lesen kannst. Keiner von uns hat eine Ahnung, was in den Köpfen anderer Menschen vorgeht, wenn sie nicht den Mut haben, es mit uns zu teilen. In vielen Fällen werden sie es nicht tun, denn in unserer Gesellschaft werden viele Menschen denken, dass sie psychisch gestört seien.

Deswegen werden sie dir vielleicht etwas über ihre negativen *Erfahrungen* erzählen; aber nur der richtigen Person gegenüber werden sie es mitzuteilen wagen, was in ihnen wirklich vorgeht. Sind sie verrückt oder geht da ein Kampf um ihre Gedanken vor sich? Wenn wir über „Satans Absichten" unkundig sind, können wir nur zu der Schlussfolgerung gelangen: „Jedes Problem in dem Verstand muss entweder eine chemische Unausgeglichenheit oder ein Muster des Fleisches sein."

Psychologen und Psychiater sehen routinemäßig Patienten, die Stimmen hören; „chemische Unausgeglichenheit" ist ihre Standarddiagnose. Wir glauben, dass unsere Körperchemie unausgeglichen werden und uns Unbehagen verursachen kann und dass hormonelle Probleme unser System durcheinander bringen können. Aber wir glauben auch, dass andere stichhaltige Fragen gestellt werden müssen, solche wie: „Wie kann eine chemische Reaktion einen persönlichen Gedanken entwickeln?" und „Wie können unsere Nervensender unfreiwillig und zufällig auf so eine Art und Weise gereizt werden, dass sie Gedanken erschaffen, die unserem Denken widersprechen?“ Gibt es dafür eine natürliche Erklärung? Wir müssen für jede berechtigte Antwort oder Erklärung offen bleiben, aber wir werden wahrscheinlich keine vollständige Antwort erhalten, solange wir nicht die Realität der geistlichen Welt in Betracht ziehen.

Was hören Jugendliche wirklich, wenn sie sagen, dass sie Stimmen hören? Die einzige Art, wie wir *physisch* hören können, ist, wenn man eine Geräuschquelle hat. Geräuschwellen bewegen sich von der Quelle durch das Medium Luft und berühren unsere Trommelfelle, die ein Signal an unser Hirn senden. So hören wir physisch. Aber die „Stimmen“, welche die Jugendlichen hören, oder die „Gedanken“, mit denen sie kämpfen, kommen nicht aus einer physischen Quelle, wenn andere um sie herum nicht hören, was sie hören.

Was sehen Menschen in Wirklichkeit, wenn sie sagen, dass sie Dinge sehen (die andere nicht sehen)? Die einzige Möglichkeit, wie wir etwas auf natürliche Art sehen können, ist, wenn wir eine Lichtquelle haben, die von einem materiellen Objekt in unsere Augen reflektiert wird, welche ein Signal an unser Hirn senden. Satan und seine Dämonen sind übernatürliche Wesen. Sie haben keine materielle Substanz, so dass wir sie oder andere übernatürliche Wesen mit unseren natürlichen Augen nicht sehen oder sie mit unseren natürlichen Ohren nicht hören können. „Denn unser Kampf richtet sich nicht gegen *Fleisch und Blut*, sondern gegen die Herrschaften, gegen die Gewalten, gegen die Weltbeherrscher der Finsternis dieser Weltzeit, gegen die geistlichen [Mächte] der Bosheit in den himmlischen [Bereichen].“ (Epheser 6:12)

Gehirn gegen Verstand

Wir wissen noch wenig darüber, wie wir geistig funktionieren, aber wir wissen, dass es einen großen Unterschied zwischen unserem Gehirn und unserem Verstand gibt. Unser Gehirn ist eine organische Materie. Wenn wir physisch sterben, werden wir von unserem Körper getrennt und unser Gehirn zerfällt zu Staub. Von diesem Moment an sind wir nicht mehr in unserem Körper, sondern bei dem Herrn. Aber wir werden nicht gedankenlos sein, denn der Verstand ist ein Teil unserer Seele. Hier ist eine Analogie. Unsere Fähigkeit zu denken ähnelt der Art, wie ein Computer funktioniert. Beide haben zwei getrennte Komponente zur Folge: die eine ist die Hardware, was der tatsächliche physische Computer ist (das Gehirn); die andere ist die Software (der Verstand), welche die Hardware programmiert. Da die Software nicht physisch ist, wenn sie von der Hardware getrennt ist, bleibt die Hardware die gleiche. Genauso ist es, wenn der Geist vom Körper getrennt ist, der Körper bleibt der gleiche. Ein Computer ohne Software ist total nutzlos, aber die Software ist genauso wenig wert, wenn die Hardware kaputt ist.

Unsere Gesellschaft ist der Meinung, dass, wenn irgendetwas zwischen deinen Ohren nicht stimmt, es ein Hardwareproblem sei. Andererseits glauben wir nicht, dass das Hauptproblem an der Hardware liegt; wir denken, dass das Hauptproblem an der Software liegt. Römer 12:1,2 sagt, dass wir unsere Körper Gott zur Verfügung stellen sollen(was unser Gehirn mit einschließt) und verwandelt werden durch die Erneuerung unseres Geistes.

Nach einer Ansprache, die ich (Neil) darüber hielt, wollte eine Frau eine Erklärung. Sie sagte: „Ich besuchte vor kurzem meine Tochter auf dem Missionsfeld und bekam Malaria. Ich wurde so krank, dass ich fast starb. Auf dem Höhepunkt meines Fiebers begann ich zu halluzinieren. Willst du mir erzählen, dass diese Halluzinationen dämonisch waren?"

„Worüber hast du halluziniert?" fragte ich.

„Meistens über Pluto, Mickey Maus, Donald Duck und Daisy," erwiderte sie.

Ich konnte nicht anders, ich musste lachen. „Warst du vor deiner Reise auf's Missionsfeld in Disneyland?" fragte ich.

Sie antwortete, „Ja, war ich. Aber woher weißt du das?"

Es ist sicherlich nichts Dämonisches an ihrer Erfahrung. Ihr Besuch im Disneyland war noch frisch in ihrem Verstand. Wenn du schlafen gehst oder ins Koma fällst, arbeitet dein physischer Verstand weiter, aber da gibt es „keine Hände an der Tastatur." Wenn du geistig aktiv bist und weiter auf die Tastatur deines Verstandes tippst, schläfst du nicht. Aber während du schläfst, arbeitet dein Verstand weiter und wird ziellos auf alles zugreifen, was du in deiner Erinnerung gespeichert hast.

Um es zu verdeutlichen, denke einmal über den Inhalt deiner Träume nach. Haben die nicht immer eine Beziehung zu den Menschen, die du kennst, Dinge, die du gesehen hast, oder Orte, wo du gewesen bist? Die Geschichten in deinem Traum können ziemlich kreativ sein, aber die Menschen und die Orte sind bereits in deine Erinnerung einprogrammiert. Stell dir zum Beispiel ein Kind vor, das sich einen Horrorfilm anschaut, danach schlafen geht und einen Alptraum hat. Es ist klar, dass die Darsteller in dem Alptraum die gleichen wie im Film sein werden.

Aber wenn jemand groteske Alpträume hat, die nicht bis zu etwas früher Gesehenem oder Gehörtem zurückverfolgt werden können, dann würden wir sagen, dass der Traum dämonisch ist. Wenn wir mit den Studenten die Schritte der Freiheit in Christus durchnehmen, hört diese Art von Alptraum auf.

Der Kampf ist real

Dieser geistliche Kampf um unseren Verstand muss offenbart werden, damit wir den Menschen, die es erleben, wirklich helfen können. Hier ist ein Beispiel, warum. Was passiert typischerweise, wenn verängstigte Kinder in das Schlafzimmer ihrer Eltern kommen und sagen, dass sie etwas in ihrem Zimmer gesehen oder gehört haben? Einer der Eltern würde wahrscheinlich in das Kinderzimmer gehen, in den Schrank oder unter das Bett schauen und sagen: „Da ist nichts in deinem Zimmer, Schatz - geh jetzt wieder schlaffen!"

Wenn du ein Jugendlicher oder ein Erwachsener bist und gerade etwas in *deinem* Zimmer gesehen hast, würdest *du* das vergessen und zum Schlafen zurückkehren? „Aber ich habe in das Zimmer geschaut. Es war nichts da," wird der Vater oder die Mutter erwidern. Und er oder sie hätte Recht. Es war nie etwas im Raum, was mit unseren natürlichen Sinnen wahrgenommen werden könnte. „Dann ist es nicht real," sagt der Skeptiker. Oh ja, es ist! Was das Kind gesehen oder gehört hatte, war in seinem oder ihrem *Verstand* und es war *sehr real*.

Der geistliche Kampf um unseren Verstand handelt nicht nach den Gesetzen der Natur, die wir beobachten können. Es gibt keine physischen Grenzen, die Satans Angriffe stoppen oder verhindern können. Das ängstliche Gesicht eines Kindes zeigt, dass diese Schlacht echt ist. Warum soll man dem Kind nicht Folgendes sagen?

„Liebling, ich glaube, dass du etwas gesehen oder gehört hast. Ich habe nichts gesehen oder gehört und das zeigt mir, dass du unter einem okkulten Angriff bist oder dass du eine schlechte Erinnerung an einen Film hast, den du sahst. Manchmal kann *ich* auch gar nicht unterscheiden zwischen dem, was echt ist, und einem Traum, den ich gerade gehabt habe.

Bevor ich um deinen Schutz bete, möchte ich, dass du weißt, dass Jesus viel mächtiger ist als alles, was du siehst oder hörst, was dir Angst einjagt. Die Bibel lehrt uns, dass Jesus, der in uns lebt, größer ist als jedes Monster auf der Welt. Weil Jesus immer mit uns ist, können wir dem, was immer auch uns ängstigt, sagen, es soll uns im Namen Jesu verlassen. Die Bibel sagt uns, dass wir Gott fürchten und dem Teufel widerstehen sollen, so wird er von uns fliehen. Kannst du das tun, Schatz? Hast du noch irgendwelche Fragen? Sollen wir beten?"

Vieles, was heute fälschlicherweise als geistige Behinderung bezeichnet wird, ist nichts anderes als ein Kampf um unseren Verstand. Sprüche 23:7 sagt: „Wie er denkt, so ist er auch." Mit anderen Worten, du tust nichts, ohne es vorher zu überdenken. Unser Verhalten zeigt das, was wir denken oder glauben. Wir können nicht sehen, was Menschen glauben. Wir können nur beobachten, was sie tun. Versuche, unser Verhalten zu ändern - ohne Änderung unseres Glaubens und von daher unseres Denkens - wird nie bleibende Erfolge produzieren.

Da wir die Gedanken des anderen Menschen nicht lesen können, müssen wir es lernen, die richtigen Fragen zu stellen. Der fünfjährige Danny wurde von seiner christlichen Schule zu uns ins Büro geschickt, weil er einige Kinder auf dem Spielplatz verletzt hatte. Er benahm sich den anderen gegenüber aggressiv und war unruhig in der Klasse. Sein Lehrer sagte: „Ich bin überrascht von seinem Verhalten in letzter Zeit - es ist nicht Danny's Art, so zu handeln!" Danny's Mutter war auch eine Lehrerin dieser Schule. Als sie ihren Sohn etwas über Jesus fragte, bedeckte er seine Ohren und schrie: „Ich hasse Jesus!" Dann packte er sie und lachte mit einer schrecklichen Stimme!

Wir fragten Danny, ob er Stimmen in seinem Kopf höre, die zu ihm reden. Er schaute erleichtert wegen dieser Frage und gab zu, dass ihn Stimmen auf dem Spielplatz anschrien, damit er die anderen Kinder verletzen sollte. Die Gedanken waren so laut, dass der einzige Weg, sie zum Schweigen zu bringen, darin bestand, ihnen zu gehorchen, auch wenn er wusste, dass er dadurch in Schwierigkeiten geraten würde. Wir sagten Danny, dass er nicht mehr auf die Stimmen zu hören brauche. Wir führten ihn dann durch die Schritte der Freiheit in Christus für Kinder und ließen ihn ein Gebet nachsprechen. Nachdem wir geendet hatten, fragten wir ihn, wie er sich fühle. Ein breites Grinsen kam in sein Gesicht und mit Erleichterung sagte er: „Viel besser!“ Sein Lehrer bemerkte eine neue Ruhe in ihm, als ob es ein anderes Kind wäre. Seitdem hat er sein aggressives Verhalten in der Schule nicht wiederholt.

Ein christliches Ehepaar adoptierte einen Jungen und nahm ihn mit offenen Armen auf. Ihr unschuldiges kleines Baby wurde zu einem Monster, noch bevor es fünf Jahre alt war. Ihr Haus war in einen Aufruhr, als ich (Neil) gebeten wurde, mit ihm zu reden. Nach einigem freundlichem Geplauder fragte ich ihn, ob jemand in seinem Kopf rede.

„Ja,“ sagte er, „immer.“

„Was sagen sie?“

„Sie sagen mir, dass ich nicht gut bin.“

Danach fragte ich ihn, ob er jemals Jesus in sein Leben eingeladen habe. Er erwiderte: „Ja, aber ich meinte es nicht so.“

Ich erzählte ihm, dass, wenn er Jesus wirklich bitten würde, in sein Leben zu kommen, die Stimmen aufhören würden. Als er das begriff, gab er sein Herz Jesus.

Ein anderes Ehepaar hörte Schläge an die Wand aus dem Zimmer ihres Sohnes. Augenscheinlich hatte er eine Schere genommen und einige Male auf die Wand eingestochen. Sie erwischten ihn nie dabei und fanden auch die Schere nie. Danach begann der Junge jedes Kleidungsstück aufzuschneiden, das sie im Hause hatten. Wieder erwischten sie ihn nicht dabei. Ihre medizinischen und therapeutischen Rechnungen stapelten sich, als sie eine Lösung zu finden versuchten. Schließlich wurden die Eltern mit unserem Material bekannt und zogen die Möglichkeit in Betracht, es könne ein geistliches Problem sein. Deshalb fragten sie ihren Sohn, ob er je Stimmen gehört hatte, die ihm sagten, was er tun solle. Er sagte: „Ja, und wenn ich nicht das getan hätte, was sie mir tun befahlen, dann, sagten sie, würden sie dich (den Vater) töten!" Der kleine Junge dachte, dass er das Leben seines Vaters rette!

Der geistliche Kampf um unseren Verstand ist in dem folgenden Brief, den wir erhielten, anschaulich illustriert:

> „Ich möchte euch danken, dass ihr mir gezeigt habt, wie man von etwas frei wird, was ich immer als geistlich im Verdacht hatte, worüber ich mir aber nie sicher war. Jahrelang, seit meiner Teeniezeit (ich bin jetzt 36), hörte ich diese ‚Stimmen' in meinem Kopf. Insbesondere waren es vier, und manchmal schienen es laute Chorusse von Stimmen zu geben. Wenn das Thema der Schizophrenie im Fernseher oder in der Zeitung aufkam, dachte ich: *‚Ich weiß, dass ich nicht verrückt bin, aber was ist das in meinem Kopf???'*
>
> Ich wurde gequält, verspottet und verhöhnt. Jeder einzelne Gedanke, den ich hatte, wurde gering geschätzt und folglich hatte ich Null-Selbstachtung. Ich wünschte mir oft, dass die Stimmen verstummen, und fragte mich, ob andere Menschen auch Stimmen hörten und ob es ‚normal' sei.
>
> Als ich von euch zu lernen begann, jeden Gedanken unter den Gehorsam Christi zu stellen, und als ich über andere Menschen las, die Erfahrungen mit diesen Stimmen hatten, erkannte ich sie als das, was sie waren, und ich war in der Lage, sie zum Aufhören zu bringen.
>
> Das war eine erstaunliche und schöne Sache - nach so vielen Jahren der Qual ganz ruhig im Geist zu sein. Ich

brauche die wunderbaren Dinge nicht weiter zu erklären, die durch die Freiheit des Verstandes kamen - es ist ein Segen, den ihr auch sehr gut kennt."

Jeden Gedanken gefangen nehmen

Wie können wir wissen, ob diese negativen, verlogenen und anklagenden Gedanken vom Bösen sind oder bloß unser eigenes fleischliches Denken? Gewissermaßen macht es keinen Unterschied. Wir sollen *jeden* Gedanken in den Gehorsam Christi gefangen nehmen; das heißt. Wenn es nicht wahr ist, dann glaube es nicht. Aber du weißt, dass Gedanken wie diese nicht von dir kommen, wenn du die Schritte der Freiheit in Christus durchgenommen hast, und danach hast du diese Gedanken nicht mehr. Fleischliche Muster des Denkens gehen nicht schnell weg. Sie werden langsam ersetzt oder überwunden, indem wir unsere Sinne erneuern.

Paulus sagt, wir sollen nicht ängstlich (zweigeteilt) über alles sein. Stattdessen sollten wir uns im Gebet zu Gott wenden, „und der Friede Gottes, der allen Verstand übersteigt, wird eure Herzen und eure Gedanken *[noema]* bewahren in Christus" (Philipper 4:7). Der nächste Vers sagt, dass wir unsere Gedanken auf das ausrichten, was wahr, rein, liebeswert und gerecht ist.

Unsere Beziehung zu Gott ist persönlich und wie in jeder Beziehung gibt einige Fragen, die geklärt werden müssen, damit die Beziehung Bestand hat. Wir können nicht erwarten, dass Gott uns segnet, wenn wir in einer offenen Rebellion gegen Ihn leben. „Denn Ungehorsam ist Zaubereisünde, und Widerspenstigkeit ist Frevel und Abgötterei" (1. Samuel 15:23). Wenn wir stolz sind, ist Gott gegen uns (Jakobus 4:6). Wenn wir verbittert sind und nicht vergeben können, wird Gott uns den Folterknechten überlassen (Matthäus 18:34). Wenn eine dieser

Angelegenheiten deine Beziehung zu Gott stört, bringe es in Ordnung! Nur Er kann dir in deinem Kampf um deine Gedanken helfen, weil er der Eine ist, der die zerbrochenen Herzen heilen und die Gefangenen befreien kann.

Anleitung zum Studium

Schlage nach:

2. Korinther 10:3-5

Denke nach:

1. Bevor Christus Teil unseres Lebens wurde, lernten wir viele Wege kennen, mit dem Leben zurechtzukommen oder uns selber zu beschützen, welche nicht gesund waren. Kannst du die sieben verschiedenen Verteidigungsmechanismen nennen, die wir in diesem Kapitel betrachtet haben?
2. Auf welche Art hast du persönlich einige dieser Verteidigungsmechanismen weitergegeben? Sind einige von ihnen zu Festungen in deinem Leben geworden?
3. Können Satan oder seine Dämonen Gedanken in deinen Verstand hineinbringen? (Lies 1. Chronik 21:1).
4. Was meinen wir, wenn wir sagen, „der Kampf mit den geistlichen Mächten ist in unserem Sinn?“

Wende an:

Bete und bitte Gott, deinem Geist jeden alten Verteidigungsmechanismus zu offenbaren, von dem du abhängig warst. Schwöre ihnen sorgfältig ab und erkläre heute, dass Jesus deine Stärke und deine einzige Verteidigung ist.

5. Konfrontation mit dem rebellischen Prinzen

Eine der ersten Personen, mit denen ich (Neil) zu tun hatte, und die geistliche Konflikte und dämonische Einflüsse erlebten, war Mary.

Sie hatte als Christ einige seelische und emotionale Probleme, die entstanden waren, nachdem ihr Vater sich von ihrer Mutter scheiden ließ. Innerhalb von fünf Jahren wurde sie dreimal in eine Psychiatrie eingeliefert. Nach drei Wochen Betreuung meinerseits fasste sie den Mut, die Schlangen zu erwähnen.

„Was ist mit den Schlangen?" fragte ich.

„Also, sie kriechen auf mir, wenn ich abends im Bett liege", bekannte sie.

„Was machst du, wenn die Schlangen kommen?"

„Ich laufe zu meiner Mutter. Aber sie kommen immer zurück, wenn ich alleine bin."

„Ich gebe dir einen Rat, was du das nächste Mal tun sollst," sprach ich. „Wenn du im Bett liegst und die Schlangen kommen, dann sage laut: ‚Im Namen Jesu Christi befehle ich euch, mich in Ruhe zu lassen'."

„Ich kann das nicht tun", sagte Mary. „Ich bin nicht reif oder stark genug."

„Es liegt nicht an deiner Reife; es ist deine Stellung in Christus. Du hast genauso viel Recht, Satan zu widerstehen und ihm zu befehlen, dich zu verlassen, wie ich es habe."

Mary wand sich unter Protest. „Nun, ich glaube, ich könnte es tun", seufzte sie und es klang, als ob sie gerade eingewilligt hätte, Lebertran einzunehmen.

Als Mary in der nächsten Woche kam, sagte sie: „Die Schlangen sind weg!"

„Großartig! Aber warum hast du mir nicht eher davon gesagt?"

„Weil ich Angst hatte, die würden auch zu dir kommen. Jetzt weiß ich, dass das auch ein Teil der Lüge Satans war."

Nach ein paar Monaten war Mary aus der Falle des Teufels befreit und arbeitete in unserer Gemeinde mit Kindern.

Bevor wir über die Realität und Anwesenheit von Satan und seinen Dämonen sprechen, musst du deine Stellung der Autorität in Christus über die Mächte der Dunkelheit verstehen. Jakobus schrieb: „Widersteht dem Teufel, so flieht er von euch" (Jakobus 7:7). Aber wenn du ihm nicht widerstehst, braucht er nicht zu gehen. Oder wenn du vor Angst nur die Bettdecke über deinen Kopf ziehst und sagst: „O Gott, tue etwas wegen dieser dämonischen Einflüsse", brauchen die bösen Geister nicht zu gehen. Dem Teufel in deinem Leben zu widerstehen ist deine Verantwortung, die sich auf deine Autorität in Christus gründet.

Jesu Kennzeichen der Autorität tragen

Als Jesus seine Jünger für den Dienst ausrüstete, rief Er die Jünger zusammen „und gab ihnen Kraft und Vollmacht über alle Dämonen und zur Heilung von Krankheiten; und er sandte sie aus, das Reich Gottes zu verkündigen und die Kranken zu heilen" (Lukas 9:1,2). Jesus wusste, dass die dämonischen Kräfte die Jünger aufzuhalten versuchen würden, wenn sie anfingen zu predigen und die Kranken zu heilen. Deshalb gab Er ihnen Macht und Autorität über die Dämonen.

Später sandte Jesus 70 seiner Jünger zu einer ähnlichen Mission aus und sie „kehrten mit Freuden zurück und sprachen: Herr, auch die Dämonen sind uns untertan in deinem Namen" (Lukas 10:17). Sie waren erstaunt über den Sieg, den sie über die bösen Geister erlebt hatten.

Aber Jesus erinnerte sie daran, dass es noch Wichtigeres gab als ihre Autorität über die bösen Geister: "„Siehe, ich gebe euch die Vollmacht, ... über alle Gewalt des Feindes ... Doch nicht darüber freut euch, dass euch die Geister untertan sind; freut euch aber lieber darüber, dass eure Namen im Himmel geschrieben sind" (Lukas 10:19, 20). Jesus sagte damit: „Seid nicht auf die Dämonen konzentriert, sondern auf Gott."

Das ist eine gute Warnung für uns. Indem wir lernen, unsere Autorität über das Reich der Finsternis zu nutzen, können wir versucht werden, unsere ganze Zeit damit zu verbringen, den Satanismus, das Okkulte und die New-Age-Bewegung zu studieren und hinter jeder Tür nach Dämonen Ausschau zu halten. Aber es ist die *Wahrheit*, die uns frei macht, und nicht, wie viel wir über die Lügen Satans wissen. Wir hätten gar keine Autorität, wenn es nicht infolge unserer Identität als Kinder Gottes und unserer Stellung in Christus wäre. *Wer wir sind*, ist immer wichtiger als das, *was wir tun.*

Das Recht und die Fähigkeit

Jesus gab Seinen Jüngern beides, *Autorität* und *Macht* über Dämonen. Wo liegt der Unterschied? Autorität ist das *Recht* zu herrschen. Zum Beispiel hat ein Polizist das Recht, den Verkehr an der Kreuzung anzuhalten, aufgrund der Autorität, die durch seine Dienstmarke repräsentiert wird. Auf die gleiche Weise gab Jesus seinen Jüngern sein Abzeichen zu tragen. Sie hatten das Recht, über Dämonen zu herrschen aufgrund ihrer Position als Nachfolger des Einen, dem alle Autorität im Himmel und auf Erden gegeben worden ist (Matthäus 28:18).

Macht ist die *Fähigkeit* zu herrschen. Ein Polizist hat die Autorität, den Verkehr anzuhalten, aber er hat nicht die physische Fähigkeit, es zu tun. Wenn er den Verkehr aus eigener Kraft anzuhalten versucht, wird er wahrscheinlich überfahren. Wenn du jedoch einen 20 Fuß großen quadratischen Zementblock in die Mitte der Kreuzung legst, hat er keine Autorität, die Autos anzuhalten, aber er wird ganz sicher seine Wirkung tun!

Jesus gab seinen Nachfolgern die *Verantwortung*, die Gute Nachricht weiterzusagen, und Er gab ihnen auch die Mittel, es auszuführen. Wenn Jesus ihnen nicht beides, *Autorität* und *Macht* in der geistlichen Welt, gegeben hätte, hätten die Dämonen über ihre schwachen Versuche nur gelacht und die Jünger schutzsuchend laufen gesehen.

Vielleicht denkst du so wie Mary, dass du nicht reif genug seist, den Dämonen zu widerstehen, die sich in dein Leben einzumischen versuchen.

Du sagst: „Ich bin ja nur ein Teenager, der Teufel ist mächtiger als ich."

Von dir aus hast du nicht die Fähigkeit, Satan und seinen Dämonen zu widerstehen. Aber *in Christus hast du sie*. In der Geschichte von David und Goliath schauten die Israeliten ängstlich auf Goliath und sagten: „Wir können gegen ihn nicht kämpfen." Aber der junge David, wahrscheinlich auch noch ein Teenager, schaute Goliath an und sagte: "Wer ist der Philister, ... dass er die Schlachtreihen des lebendigen Gottes höhnt?" (1. Samuel 17:26). Danach besiegte David ihn mit seiner Schleuder.

Die Armee sah Goliath im Vergleich zu sich selber und fürchtete sich; David sah Goliath im Vergleich zu Gott und triumphierte. Wenn du den geistlichen Feinden deiner Seele begegnest, vergiss nicht: Du und Jesus seid in der Mehrheit. Ein kleines Kind, eine alte Oma oder ein Teenager haben durch Christus in der geistlichen Welt die gleiche Autorität wie ein erfahrener Pastor. Wir sollen uns „in Christus rühmen und nicht auf Fleisch vertrauen"(Philipper 3:3).

Stellung beziehen

Es war für die Jünger eine die Augen öffnende Erfahrung, als sie entdeckten, dass „die Dämonen uns in deinem Namen untertan sind" (Lukas 10:17). Dieser Vers stellt bildlich eine Gruppe Soldaten vor, die aufmerksam und präzise die Order ihres Hauptmanns ausführen. Jesus beschreibt die Dämonen als Soldaten und in Jesus sind wir die Generäle. Sie müssen das tun, was wir ihnen im Namen Jesu befehlen.

Fälschlicherweise sehen wir Gott und Sein Reich auf der einen Seite und Satan und dessen Reich auf der anderen Seite. Beide Königreiche scheinen sehr stark zu sein und wir stecken zwischen ihnen wie ein Strick beim Tauziehen. An manchen Tagen scheint Gott zu gewinnen und an manchen Tagen scheint der Teufel die Oberhand zu haben. Und scheinbar können wir nicht darüber bestimmen, wer den Kampf gewinnen wird.

Das stimmt aber nicht. Geistliche Autorität ist kein Tauziehen; es ist eine Kette von Befehlen. Jesus Christus hat alle Macht im Himmel und auf Erden (Matthäus 28:18). Er ist an der Spitze. Er hat Seine Autorität und Seine Macht Seinen Kindern gegeben, damit sie diese in Seinem Namen nutzen (Lukas 10:17); wir sind Ihm untertan. Was ist mit Satan und seinen Dämonen? Sie sind der Autorität untertan, die Christus uns gegeben hat. Sie haben genauso wenig Recht, unser Leben zu beherrschen, wie ein Zivilist in der Armee das Recht hat, dem General zu befehlen, die Toiletten zu putzen.

Warum übt dann das Reich der Dunkelheit einen so mächtigen bösen Einfluss in der Welt und im Leben von vielen jungen Christen aus? Weil der Teufel ein exzellenter Lügner ist. Satans Macht gleicht nicht Gottes Macht; Satan ist vollkommen besiegt worden. Aber wenn er dich davon überzeugen kann, dass er mehr Macht und Autorität habe als du, dann wirst du so leben, als ob er sie hat! Dir ist Autorität und Macht über das Königreich der Dunkelheit gegeben; aber wenn du das nicht glaubst und sie nicht nutzt, ist es, als ob du sie nicht habest.

Jesu Kennzeichen der Autorität für heute

Die Christen heute haben den gleichen Anspruch auf die Autorität Christi in der geistlichen Welt wie die Jünger, die von Ihm persönlich ausgesandt wurden. Mehr noch, durch den Tod, die Auferstehung und die Himmelfahrt Christi und die Ausgießung des Heiligen Geistes haben wir einen größeren Vorteil in dem geistlichen Kampf, als es die ersten Jünger hatten. Sie waren *mit* Christus (Markus 3:14,15), wir aber sind *in* Christus.

Das sind die großartigen Nachrichten, die Paulus am Anfang des Epheserbriefs geschrieben hat. Achte einmal darauf, wie oft er unsere Stellung in Christus erwähnt (die Betonung ist hervorgehoben):

> „Gepriesen sei der Gott und Vater unseres Herrn Jesus Christus, der uns mit jedem geistlichen Segen gesegnet hat in den himmlischen [Bereichen] *in Christus*, wie er uns *in Ihm* auserwählt hat vor Grundlegung der Welt (Verse 3,4)... zum Lob der Herrlichkeit seiner Gnade, mit der er uns begnadigt hat *in dem Geliebten. In Ihm* haben wir die Erlösung durch sein Blut (Verse 6,7)... *in Ihm*, in welchem wir auch ein Erbteil erlangt haben..., damit wir zum Lob seiner Herrlichkeit dienten, die wir zuvor *auf den Christus* gehofft haben. *In Ihm* seid auch ihr...versiegelt worden mit dem Heiligen Geist der Verheißung“ (Verse 10-13).

Paulus wollte sichergehen, dass keiner seine Aussage verfehlte. Alles, was wir haben, haben wir wegen unserer persönlichen Beziehung zu Christus und seinem in uns wohnenden Geist.

Nachdem er die Tatsache unserer Stellung in Christus begründet hatte, drückte Paulus sein Verlangen für die Gläubigen, die sich vom Geist beherrschen lassen, in folgendem Gebet aus:

„Darum lasse auch ich... nicht ab, für euch zu danken und in meinen Gebeten euer zu gedenken, dass der Gott... euch [den] Geist der Weisheit und Offenbarung gebe in der Erkenntnis seiner selbst, erleuchtete Augen eures Verständnisses, damit ihr wisst, was die Hoffnung seiner Berufung und was der Reichtum der Herrlichkeit seines Erbes in den Heiligen ist, was auch die überwältigende Größe seiner Kraftwirkung in uns ist, die wir glauben, gemäß der Wirksamkeit der Macht seiner Stärke. Die hat er wirksam gemacht in Christus, als er ihn aus den Toten auferweckte und ihn zu seiner Rechten setzte in den himmlischen [Bereichen]" (Epheser 1:15-20).

Wir müssen unsere geistlichen Augen offen halten, denn unser Problem liegt nicht darin, dass wir nicht in Christus sind; es liegt daran, dass wir es nicht *sehen* oder *verstehen*. Und wenn wir nicht verstehen, wer wir sind, werden wir nicht die Freiheit und Fruchtbarkeit erfahren, die mit unsere Stellung in Christus zusammenhängen.

Nach Paulus liegt unser Problem mit der Autorität in der geistlichen Welt im Nichtbegreifen der unvergleichlichen Größe der Macht Christi; wir können es nicht sehen. Und solange wir nicht verstehen, dass uns Christi Autorität zur Verfügung steht, werden wir darin versagen, die Autorität in unserem Leben auszuüben, und in Fesseln leben.

Christus gab uns Seine Autorität, um dem Königreich der Finsternis zu zeigen, wer in Wirklichkeit die Kontrolle über diese Welt hat. In Epheser 3:8-10 schrieb Paulus: „Mir, dem allergeringsten unter allen Heiligen, ist diese

Gnade gegeben worden, unter den Heiden den unausforschlichen Reichtum des Christus zu verkündigen...damit jetzt den Fürstentümern und Gewalten in den himmlischen[Bereichen] durch die Gemeinde die mannigfaltige Weisheit Gottes kundgemacht werde."

„Himmlische [Bereiche]" sind kein physischer Ort; es ist ein geistlicher Bereich.

Machen wir den Sieg Christi über „die Fürstentümer und Gewalten" bekannt? In den meisten Jugendgruppen nicht sehr gut. Manche von uns sagen immer noch: „Was für Fürstentümer und Gewalten?" Wir sind uns nicht einmal sicher, ob es Dämonen gibt. Wie können wir unsere Aufgabe in der Welt erfüllen, wenn wir nicht einmal daran glauben, was Gott über das Königreich der Finsternis sagt?

Einige von uns verstecken sich in einer Ecke: „O Gott, bitte hilf uns! Der Teufel brüllt uns an!" Und Gott erwidert: „Ich habe alles getan, was ich tun wollte. Ich habe Satan am Kreuz besiegt und ihn entwaffnet. Ich habe dir in Christus alle Autorität gegeben, die du brauchst. Jetzt öffne deine Augen. Erkenne, wer du bist, und übernimm deine Verantwortung in der Autorität, die du schon hast."

Hast du, was du brauchst?

Wie verwenden wir Christi Autorität über die geistlichen Mächte? Hat jeder Christ diese Autorität, unabhängig vom Alter oder der Stufe der geistlichen Reife? Ja, jeder Gläubige hat die geistliche Autorität, wegen seiner oder ihrer Stellung in Christus. Aber um die Autorität über Herrscher und Mächte in der geistlichen Welt ausüben zu können, braucht man vier Eigenschaften:

1) *Glaube.* Stell dir einen Verkehrspolizisten vor, der Anfänger ist und den Verkehr an einer stark befahrenen Straßenkreuzung zum ersten Mal regeln muss. In der Akademie wurde ihm beigebracht, dass er nur auf die Straße zu gehen und seine Hand zu heben brauche, und schon

würden die Autos anhalten. Aber er ist sich dessen nicht sicher. Er steht am Bordstein, pfeift schwach und winkt einem ankommenden Auto, stehen zu bleiben, welches jedoch nur so an ihm vorbei rauscht. Seine Autorität ist durch seine Unsicherheit eingeschränkt.

Jetzt stell dir einen erfahrenen Offizier vor, der zu ihm kommt. Er erkennt die Situation, geht vorsichtig, aber zuversichtlich auf die Straße, pfeift einmal, streckt seine Hand aus - und die Autos bleiben stehen. Er zweifelt nicht an seiner Kontrolle über diese Kreuzung, weil er an seine Autorität glaubt.

Wenn du als Christ nicht an deine Autorität glaubst, wirst du sie auch nicht ausleben. Wenn dein Glaube schwach ist, wirst du ihn auch schwach und unwirksam zum Ausdruck bringen. Aber wenn du zuversichtlich an der Autorität festhältst, die Christus dir gegeben hat, wirst du sie mit Vertrauen ausüben.

Eines Abends erhielt ich (Neil) einen interessanten Anruf von einem Jugendpastor, dessen Glaube an seine Autorität geprüft worden war. Er war zu Besuch bei einem seiner Jugendlichen gewesen, während dessen Eltern beim Bowling waren. Es war eine christliche Familie, aber ein älterer Bruder in diesem Haus lebte eine Lüge. Er betrog seine Familienmitglieder und wurde betrogen.

„Dr. Anderson, ich besuchte einen Jungen aus meiner Gruppe und seine Schwester, als wir eine böse Anwesenheit im Raum verspürten. Es jagte uns allen Furcht ein. Ich wusste, dass etwas total falsch war."

„Was hast du getan?" fragte ich.

„Ich sagte laut: ‚In Ordnung, ich weiß, dass du hier bist. Zeige dich uns.' Plötzlich drehte sich ein Bild an der Wand um 90 Grad. Danach entschloss ich mich, dich anzurufen."

Der Glaube meines jungen Freundes an seine Autorität war plötzlich sehr klein geworden. Wenn du jemals einen bösen Geist so herausforderst, wie er es tat, musst du in der Lage sein, deine Autorität in Christus auszuüben und den Konflikt zu lösen.

Ich traf mich am nächsten Abend mit der ganzen Familie, einschließlich des Jungen, dessen verlogenes Leben der dämonischen Aktivität die Tür geöffnet hatte. Wir beteten zusammen und der Vater als das Haupt der Familie nahm Autorität über ihr Haus und stellte dieses und seine Familie unter Gottes Schutz. Zwei Tage lang gab es in diesem Haus kein Anzeichen für die Anwesenheit des Bösen. Dann entschloss sich der Feind wahrscheinlich, den Glauben dieser Familie zu testen. Das kleine Mädchen wachte mitten in der Nacht mit Schrecken auf. Sie sah unter der Badezimmertür ein gespenstisches Licht scheinen. Ihre Eltern schliefen im Flur gegenüber, aber sie hatte Angst, die Tür zu öffnen. Schließlich erinnerte sie sich an unsere Gebete ein paar Tage zuvor und öffnete im Glauben die Tür. Sobald sie das getan hatte, verschwand das Licht und kam nie wieder.

Du kannst dich als einen „Anfänger" betrachten, der den Verkehr Satans in deinem Leben stoppt. Aber Jesus Christus ist ein erfahrener Veteran und du bist in Ihm. Entwickle deinen Glauben an deine Autorität, indem du von Jesus lernst, wie Er gegen die Mächte der Dunkelheit in den Evangelien handelte und wie uns in den Briefen befohlen wurde, ebenso zu handeln.

2. *Demut.* Demut bedeutet nicht, dass du immer nach einem Felsen Ausschau hältst, wo du unterkriechen kannst, weil du dich nicht fähig fühlst, etwas zu tun. Demut ist richtig eingesetztes Vertrauen. Wenn wie unsere Autorität ausüben, setzt die Demut unser Vertrauen auf Jesus, die Quelle unserer Autorität, anstatt auf uns selber. Jesus schrak nicht davor zurück, Seine Autorität auszuüben, aber Er zeigte gewaltige Demut, indem er alles tat, was Sein Vater ihm gesagt hatte.

Stolz sagt: „Ich widerstand allein dem Teufel." Falsche Demut sagt: „Gott widerstand dem Teufel; ich tat nichts."

Wahre Demut sagt: „Ich widerstand dem Teufel durch die Gnade Gottes.“ Getrennt von Christus können wir *nichts* tun (Johannes 15:5), aber das bedeutet nicht, dass wir nichts tun sollen. Wir üben die Autorität in Seiner Kraft und in Seinem Namen demütig aus.

3. *Mut.* Ein geisterfüllter Christ hat einen wahren göttlichen Sinn des Mutes und der Kühnheit im geistlichen Kampf. Bevor Josua das Gelobte Land betrat, wurde er viermal ermutigt, stark und mutig zu sein (Josua 1:6,7,9,18).

Als die frühe Gemeinde für ihre Aufgabe, die gute Nachricht in Jerusalem auszubreiten, betete, „erbebte die Stätte, wo sie versammelt waren, und sie wurden alle mit Heiligem Geist erfüllt und redeten das Wort Gottes mit Freimütigkeit“ (Apostelgeschichte 4:31). Geisteserfüllter Mut steht heute hinter jedem erfolgreichen Vorankommen in der Gemeinde.

Das Gegenteil von Mut sind Feigheit, Angst und Unglaube. Lies, was Gott über die folgenden Charaktereigenschaften denkt:

> „Ich bin das A und das O, der Anfang und das Ende. Ich will dem Dürstenden geben aus dem Quell des Wassers des Lebens umsonst. Wer überwindet, der wird alles erben, und ich werde sein Gott sein, und er wird mein Sohn sein. Den Feiglingen aber und Ungläubigen und mit Gräueln Befleckten und Mördern und Unzüchtigen und Zauberern und Götzendienern und allen Lügnern wird ihr Teil sein in dem See, der von Feuer und Schwefel brennt; das ist der zweite Tod“ (Offenbarung 21:6-8).

Das ist sehr ernst - die Feigen und Ungläubigen im Feuersee zusammen mit den Mördern, Zauberern und Götzendienern! Das sollte uns ermutigen, Gott zu glauben und ein mutiges Leben voller Gerechtigkeit zu leben: „denn Gott hat uns nicht einen Geist der Furchtsamkeit gegeben, sondern der Kraft und der Liebe und der Besonnenheit“ (2. Timotheus 1:7).

Viele Christen fürchten sich von der dunklen Seite der geistlichen Welt. Sie sagen: „Ich habe Angst, über Dämonen zu sprechen.“ Es stimmt, dass etwas Wissen gefährlich und beängstigend sein kann, aber ein wachsendes Wissen über die Wahrheit ist befreiend.

4. *Abhängigkeit.* Die Autorität, über die wir hier sprechen, ist keine unabhängige Autorität. Wir gehen nicht auf eigene Faust los, um als eine Art christlicher „Ghostbuster“ [„Geist-Meister“] den Teufel zu jagen und ihn zu bekämpfen. Gott beruft jeden von uns zu einem Dienst im Königreich, auf den wir uns konzentrieren sollen: Lieben, sorgen, predigen, lehren und so weiter. Wenn dämonische Kräfte uns jedoch während dieses Dienstes herausfordern, sollen wir ihnen auf der Grundlage unserer Autorität in Christus und unserer Abhängigkeit von Ihm widerstehen. Diese Autorität soll nicht einer über den anderen ausüben, „ordnet euch einander unter in der Furcht Gottes“ (Epheser 5:21). Sie soll über das Königreich der Dunkelheit ausgeübt werden. Licht vertreibt die Dunkelheit. Wahrheit deckt die Lügen auf.

Das Ergebnis: Freiheit

Wenn wir die Autorität, die Christus uns über die geistlichen Mächte gegeben hat, mutig und demütig ausüben, erleben wir Freiheit von den Ketten, wie es Christus versprach (Johannes 8:32). Es ist eine Freiheit, die eine weltliche Therapie gewöhnlich nicht hervorbringen kann, wie Barry, ein Therapeut, entdeckte.

Christy, eine junge Frau, kam wegen des schrecklichen Missbrauchs, den sie in ihrer Kindheit erlebt hatte, zu meinem (Neil's) Freund Barry. Barry behandelte Christy's Probleme mit ihrer Familie und Freunden und Christy befolgte seine Ratschläge. Aber es wurde nicht besser. Nachdem er vier Jahre lang mit ihr gearbeitet hatte, brachte Barry sie zu mir.

„Erzähl mir etwas über deine Freunde in der Kindheit, Christy", versuchte ich es.

„Das einzige andere Mädchen in unserem Block lebte auf der Straße gegenüber, deswegen waren wir Freunde."

„Wie war ihre Familie?"

Christy blickte auf den Boden. „Ihre Mutter tat seltsame Dinge in ihrem Haus", flüsterte sie fast.

„Schlossen diese seltsamen Dinge Kerzen und Opferungen wie das Töten von Tieren mit ein?"

„Ja."

In diesem Augenblick waren die Barry's Augen so groß wie Silberdollare. In fast vier Jahren Therapie hatte Christy ihm nie erzählt, dass ihr gegenüber eine Hexe gelebt hatte, als sie ein Kind war.

„Musstest du manchmal deine Kleider während dieser Rituale ausziehen?" Christy nickte. „Und waren da andere Männer und Frauen, die ihre Kleider auszogen und sexuell miteinander und mit dir verkehrten?" Wieder nickte sie.

Christy's Nachbarn waren schließlich fortgezogen. Aber jede Nacht kam eine Erscheinung dieser Hexe in ihr Zimmer und sprach mit ihr. Ich führte Christy durch die Schritte der Freiheit in Christus. Sie übte ihre Autorität in Christus aus und wies den bösen Einfluss in ihrem Leben zurück. Manchmal kam er zurück und manchmal versagte Christy, weil sie „gerade des Kämpfens müde" war. Aber solange sie auf der Grundlage ihrer Autorität in Christus stand, war sie frei.

Satan kann nichts wegen deiner Stellung in Christus tun. Aber sooft er es kann, wird er deinen Glauben trüben und dich durcheinanderbringen, indem er versucht, dich vergessen zu lassen, wer du in Christus bist. Damit zerstört er deinen Glauben und besiegt dich im geistlichen Kampf.

Wir möchten Paulus' Gebet in Epheser 1 wiederholen. Wir beten, dass deine Augen offen sein mögen, die Autorität und Macht, die Christus dir als einem Gläubigen gegeben hat, zu sehen und zu verstehen.

Anleitung zum Studium

Schlage nach:

Matthäus 28:18; Lukas 10:17

Denke nach:

1. Jesus gab seinen Nachfolgern Macht und Autorität über die dämonischen Heere. Was ist der Unterschied zwischen Macht und Autorität?
2. Haben christliche Teenager die gleiche Autorität und Macht über Dämonen, wie es die ersten Nachfolger Jesu hatten?
3. Welche vier Eigenschaften müssen in deinem Leben präsent sein, damit Gottes Autorität für dich verfügbar ist?
4. Da Satan nichts wegen unserer Stellung in Christus tun kann, wie kann er uns in dem geistlichen Kampf besiegen?

Wende an:

Bete, dass deine Augen geöffnet werden, damit du die Macht und Autorität, die Christus dir übertragen hat, sehen und verstehen kannst.

6. Jesus beschützt dich

Hast du jemals zu dir selber gesagt: „Seit ich Christ bin, habe ich mehr Probleme in meinem Leben als vorher"? Viele Christen haben diese Entdeckung gemacht. Warum ist das Christsein manchmal so schwer? Weil wir als Kinder Gottes einen Feind bekommen, den wir vorher nicht hatten. In unseren vorchristlichen Tagen (vor Christus) brauchte der Teufel uns nicht zu belästigen, weil wir bereits Teil seines Reiches waren. Sein Ziel war es, uns dort zu behalten und uns für Gottes Plan der Erlösung blind zu machen (2. Korinther 4:3,4).

Aber als wir in Christus lebendig wurden, hat Satan seinen Schwanz nicht eingezogen und seine Netze nicht zurückgezogen. Er möchte unser Leben immer noch mit seinen Lügen verschmutzen, damit er „beweisen" kann, dass das Christentum nicht wahr sei, dass Gottes Wort nicht wahr sei und dass sich nichts verändert habe, nachdem wir wiedergeboren wurden.

„Was ist denn der Vorteil, ein Christ zu sein? Welcher vernünftig denkende Mensch würde ein Leben voller Schwierigkeiten haben wollen?" fragst du dich vielleicht. In Wirklichkeit muss es kein Leben in Schwierigkeiten sein. Wir brauchen keine schutzlose Hockey-Scheibe zu sein, die Satan und seinen Dämonen auf gedeih und Verderben ausgeliefert ist. Gott hat für uns bereits jeden Schutz vorgesehen, den wir benötigen, um alle satanischen Attacken abzuwehren. Wir müssen nur wissen, was Gott vorgesehen hat, und es in unserem Leben anwenden.

Manche junge Christen sind etwas paranoid wegen der bösen Mächte. Sie haben Angst, dass hinter jeder Ecke Dämonen auf sie lauern, um sie in Besitz zu nehmen. Das ist eine unrealistische Angst. Unsere Beziehung zu den dämonischen Kräften in der geistlichen Welt ist unseren Beziehungen zu den Bakterien in der physischen Welt ähnlich. Wir wissen, dass überall um uns herum Bakterien sind: in der Luft, im Wasser, in unserem Essen, in anderen Menschen und sogar in uns selbst. Aber leben wir in der ständigen Angst, irgendeine Krankheit zu bekommen? Nein - solange wir keine Hypochonder sind! Wir sollten genug über ein gesundes Leben wissen, um das Richtige zu essen, uns auszuruhen und uns selber sauber zu halten. Lebe nicht bakterienbewusst. Lebe gesundheitsbewusst und dein Immunsystem wird dich beschützen. Wenn du dir eine Grippe einfängst oder die Masern bekommst, behandle es einfach und lebe normal weiter.

Das Gleiche geschieht in der geistlichen Welt. Dämonen sind wie kleine unsichtbare Bakterien, die irgendjemanden anzustecken versuchen. Nirgendwo in der Bibel ist gesagt, dass wir uns vor ihnen fürchten sollen. Wir sollten uns nur bewusst machen, dass sie real sind, und uns selber verpflichten, trotzdem ein gerechtes Leben zu führen. Wenn wir angegriffen werden, sollten wir kämpfen und weitergehen. Sei nicht dämonenzentriert; sei christuszentriert.

Vergiss nicht: Dämonen haben nur einen großen Mund. Dämonen sind Gewohnheitslügner. In Jesus Christus, der Wahrheit, sind wir mit all der Autorität und dem Schutz ausgerüstet, die wir brauchen, um mit allem fertig zu werden, was sie auf uns werfen.

Unter Gottes Schutz

Epheser 6:10-18 sagt uns alles über Gottes Schutzprogramm. Achte darauf, wie oft uns befohlen wird, aktiv in die geistliche Verteidigung, die Er für uns vorgesehen hat, einbezogen zu sein:

„Im übrigen, meine Brüder, *werdet stark* im Herrn und in der Macht seiner Stärke. *Zieht* die ganze Waffenrüstung Gottes *an, damit ihr standhalten könnt* gegenüber den Kunstgriffen des Teufels; denn unser Kampf richtet sich nicht gegen Fleisch und Blut, sondern gegen die Herrschaften, gegen die Gewalten, gegen die Weltbeherrscher der Finsternis dieser Weltzeit, gegen die geistlichen [Mächte] der Bosheit in den himmlischen [Bereichen]. Deshalb *ergreift* die ganze Waffenrüstung Gottes, *damit ihr* am bösen Tag *widerstehen könnt* und, nachdem ihr alles wohl ausgerichtet habt, *das Feld behalten*" (Verse 10-13, Betonung hinzugefügt).

Du fragst dich vielleicht: *„Warum soll ich mit einbezogen werden, wenn meine Stellung in Christus sicher und mein Schutz in Ihm ist? Kann ich mich nicht zurückziehen und Ihn mich beschützen lassen?"*

Das ist so ähnlich, wie wenn ein Soldat sagt: „Unser Land hat eine große starke Armee. Wir haben die fortschrittlichsten Panzer und Flugzeuge der Welt. Warum sollte ich mich damit plagen, einen Helm zu tragen oder zu lernen, ein Gewehr abzufeuern? Ich bleibe auf der Basis, während die Panzer und Flugzeuge den Krieg führen." Wenn sich die Truppen der Feinde zeigen, rate einmal, welcher Soldat als Erster getroffen wird!

Gott, unser „Befehlshaber", hat alles, was wir brauchen, vorgesehen, um den Kampf gegen die bösen Mächte der Dunkelheit zu gewinnen. Aber Er sagt: „Ich habe einen Gewinnplan vorbereitet und wirksame Waffen vorbereitet. Doch wenn du deinen Teil nicht erledigst, indem du deine Pflicht aktiv ausführst, wirst du wahrscheinlich im Kampfe fallen." Du kannst von Gott nicht erwarten, dass er dich vor dämonischen Einflüssen bewahrt, wenn du keine aktive Rolle in Seiner vorbereiteten Strategie einnimmst.

Für den Kampf ausgerüstet

Die Rüstung, die Gott für uns vorgesehen und sie zu tragen angewiesen hat, ist unser Hauptschutz gegen den Feind. Paulus schrieb:

> „So steht nun fest, eure Lenden umgürtet mit Wahrheit, und angetan mit dem Brustpanzer der Gerechtigkeit, und die Füße gestiefelt mit Bereitwilligkeit, für das Evangelium des Friedens einzutreten. Vor allem aber ergreift den Schild des Glaubens, mit dem ihr alle feurigen Pfeile des Bösen auslöschen könnt. Und nehmt den Helm des Heils und das Schwert des Geistes, welches das Wort Gottes ist" (Epheser 6:14-17).

Wenn wir die Rüstung Gottes anziehen, ziehen wir in Wirklichkeit Christus an (Römer 13:12-14). Und wenn wir Christus anziehen, stellen wir uns unter Seinen Schutz, wo das Böse uns nicht anrühren kann (1. Johannes 5:18).

Die Rüstung, die du schon anhast

Aus Epheser 6:14,15 geht hervor, dass wir schon drei Teile der Rüstung anhaben: den Gürtel, das Brustschild und die Schuhe. Diese Teile der Rüstung repräsentieren den Schutz, der uns gegeben wurde, als wir Christus annahmen. Uns wurde nicht befohlen, diese Teile anzuziehen, sondern fest in ihnen zu bleiben.

Der Gürtel der Wahrheit: Jesus sagte: „Ich bin... die Wahrheit" (Johannes 14:6). Und weil Christus in uns ist, ist die Wahrheit in uns. Trotzdem ist es nicht leicht, sich immer für die Wahrheit zu entscheiden. Da Satans Hauptwaffe die Lüge ist, steht unser Gürtel der Wahrheit (welcher die anderen Teile der Körperrüstung zusammenhält) unter ständigem Beschuss. Wenn Satan uns auf dem Gebiet der Wahrheit unbrauchbar macht, werden wir für weitere Angriffe ein leichtes Ziel sein.

Wir stehen fest in der Wahrheit, indem wir alles, was wir tun, mit der Wahrheit des Wortes Gottes in Verbindung bringen. Wenn dir ein Gedanke in den Sinn kommt, der nicht mit Gottes Wahrheit übereinstimmt, wirf ihn hinaus. Wenn eine Gelegenheit kommt, etwas zu sagen oder zu tun, was im Konflikt mit der Wahrheit steht oder einen Kompromiss mit ihr bedeutet, meide sie. Gewöhne dir eine einfache Verhaltensregel an: Wenn es Wahrheit ist, bin ich dabei, wenn es nicht die Wahrheit ist, rechnet nicht mit mir.

Der Brustpanzer der Gerechtigkeit: Wenn wir Christus annehmen, wird uns vergeben, wir sind gerechtfertigt und haben teil an Gottes göttlicher Natur (2. Petrus 1:4). Es ist nicht unsere Gerechtigkeit, sondern diejenige Christi (1. Korinther1:30; Philipper 2:8,9). Wenn Satan auf dich seine Pfeile abschießt und sagt: „Du bist nicht gut genug, um ein Christ zu sein", kannst du mit Paulus erwidern: „Wer will gegen die Auserwählten Gottes Anklage erheben? Gott [ist es doch], der rechtfertigt" (Römer 8:33). Deine Stellung in Christus ist dein Schutz gegen Satans Anschuldigungen, dass du nichts als ein wertloser Sünder seist.

Auch wenn wir über unsere Stellung der Gerechtigkeit in Christus glücklich sind, wissen wir, dass wir manchmal etwas denken, sagen oder tun, was wir nicht sollten. Wir sind Heilige, die sündigen. Um in der Gerechtigkeit fest zu stehen, müssen wir verstehen und tun, was das Wort Gottes über Buße sagt.

Gottes Heilmittel für Sünde ist in 1. Johannes 1:9 beschrieben: „Wenn wir aber unsere Sünde bekennen, so ist er treu und gerecht, dass er uns reinigt von aller Ungerechtigkeit." Ein Bekenntnis unterscheidet sich von einem „Tut mir leid" oder der Bitte um Vergebung. Zu bekennen bedeutet, mit Gott übereinzustimmen.

Stell dir vor, dein Vater hat dich, als du jünger warst, dabei erwischt, wie du ein Auto mit Steinen beworfen hast. Er sagt: „Du hast ein Auto mit Steinen beworfen und es war falsch." Wenn du erwiderst:„Es tut mir leid, Vater", hast du die Tat bekannt? Nicht wirklich. Du kannst auch sagen: „Bitte vergib mir, Vater", aber hast du es jetzt bekannt? Nein. Du hast solange nicht bekannt, wie du nicht mit deinem Vater übereinstimmst und sagst: „Ich bewarf das Auto mit Steinen. Das war nicht richtig."

Wenn wir sündigen, können wir uns schuldig fühlen; aber sich schuldig fühlen oder sogar Gott zu sagen, dass es uns leid tut, ist kein Bekenntnis. Wir bekennen unsere Sünde, wenn wir das sagen, was Gott darüber sagt: „Ich habe an das Mädchen (oder den Jungen) voller Begierde gedacht und das ist Sünde"; „Ich wurde wütend und schrie meinen Bruder heute morgen an und das war falsch"; „Stolz motivierte mich, die Stelle als Schülerberater anzunehmen, und Stolz hat in meinem Leben nichts zu suchen."

Satan will dir das Bekenntnis so schwer wie möglich machen. Er wird versuchen, dich zu überzeugen, dass es zu spät sei für ein Bekenntnis, dass Gott deinen Namen schon aus des Lammes Buch des Lebens gestrichen habe. Das ist wieder eine seiner großen Lügen. Du bist in Christus; dir ist bereits vergeben worden. Du bist gerechtfertigt in Christus (2. Korinther 5:21), und Er wird dich nie verlassen. Deine Beziehung mit Gott steht nicht auf dem Spiel, wenn du sündigst, wohl aber dein täglicher Sieg. Dein Bekenntnis der Sünde macht dir den Weg frei, jeden Tag ein gerechtes Leben zu leben.

Die Stiefel des Friedens: Wenn wir Christus annehmen, sind wir eins mit dem Prinzen des Friedens. Wir haben jetzt Frieden *mit* Gott (Römer 5:1); aber der Friede *in* Christus muss auch in unseren Herzen regieren. Das ist nur möglich, wenn wir unser Herz täglich mit Gottes Wort füllen (Kolosser 3:15,16).

Die Stiefel des Friedens werden zu einem Schutz gegen die vielen Ränke des Teufels, wenn du ein Friedensstifter unter den Gläubigern bist (Römer 14:19). Friedensstifter bringen Menschen zusammen, indem sie Gemeinschaft fördern und zerstrittene Christen zusammenbringen. Bewahre die christliche Einheit, indem du in deinen Beziehungen zum Friedensstifter wirst (Matthäus 5:9; Epheser 4:3).

Der Rest der Rüstung

Paulus erwähnt weitere Teile der Rüstung, die wir anziehen müssen, um uns vor den Angriffen Satans zu schützen: das Schild des Glaubens, den Helm der Rettung und das Schwert des Geistes, welches das Wort Gottes ist. Die ersten drei Teile der Rüstung sind das Ergebnis unserer Stellung in Christus; die letzen drei helfen uns, die Schlacht zu gewinnen.

Der Schild des Glaubens: Glaube ist einfach das, was du über Gott und sein Wort glaubst. Je mehr du Gott und sein Wort kennst, desto mehr Glauben wirst du haben. Je weniger du weißt, desto kleiner wird dein Schild des Glaubens sein und desto einfacher ist es für einen von Satans feurigen Pfeilen, dich zu treffen. Wenn du möchtest, dass dein Schild des Glaubens wächst und dir größeren Schutz vor Satan gewährt, musst du in deiner Kenntnis über Gott und Sein Wort wachsen (Römer 10:17).

Diese flammenden Pfeile Satans sind nichts anderes als schwelende Lügen, brennende Beschuldigungen und feurige Versuchungen, die unsere Sinne bombardieren. Wenn dir ein täuschender Gedanke, eine Anschuldigung oder eine Versuchung in den Sinn kommt, begegne alledem direkt mit der Wahrheit über Gott und Sein Wort. Wie hat Jesus Satans Versuchungen abgewehrt? Indem Er sich selber mit Aussagen aus dem Wort Gottes abschirmte. Jedesmal wenn du einen Bibelvers auswendig lernst, einer Predigt zuhörst oder an einem Bibelstudium in deiner Jugendgruppe teilnimmst, wächst dein Wissen über Gott und dein Schild des Glaubens wird größer. Wir sind nicht berufen, die Dunkelheit zu vertreiben; wir sind berufen, uns dem Licht zuzuwenden. Du überwindest eine Lüge, indem du dich für die Wahrheit entscheidest.

Der Helm des Heils: Wenn dein Schild des Glaubens etwas undicht und dein täglicher Sieg schwer zu erlangen ist, sei zuversichtlich, dass der Helm der Erlösung dir den ewigen Sieg garantiert. Der Helm bedeckt auch den wichtigsten Teil deines Körpers: deinen Verstand, wo sich entscheidet, ob der geistliche Kampf gewonnen oder verloren wird. Wenn du täglich mit der Welt, dem Fleisch und dem Teufel kämpfst, bleibe standhaft und sei dir sicher, dass deine Erlösung nicht mit deinen Erfolgen und Versäumnissen kommt und geht. Du bist ein Kind Gottes und nichts kann dich von der Liebe Christi trennen (Römer 8:38,39).

Das Schwert des Geistes: Das Wort Gottes ist die einzige Verteidigungswaffe, die aufgezählt wird. In diesem Vers scheint Paulus sich auf das gesprochene Wort Gottes zu beziehen. Wir sollen uns selber gegen den Bösen verteidigen, indem wir Gottes Wahrheit laut aussprechen.

Warum ist es so wichtig, Gottes Wort auszusprechen - zusätzlich zu dem, was wir glauben und denken? Weil Satan nicht genau weiß, was wir denken. Er ist ein erschaffenes Wesen; er kann unsere Gedanken nicht lesen, wie Gott es kann. Wenn wir Satan nur in unseren Gedanken befehlen, uns zu verlassen, wird er es wahrscheinlich nicht tun, weil er uns nicht hören kann. *Wir müssen den direkten Angriffen durch lautes Aussprechen widerstehen.*

Viele Jugendliche, denen wir durch unsere „Stomping out the Darkness“*- Konferenzen geholfen haben, haben eine Erfahrung gemeinsam. Sie alle bestätigen, dass sie aus keinem erklärbaren Grund mitten in der Nacht ängstlich aufgewacht sind. Es war eine Angst, die ihnen eine Gänsehaut verursachte, und sie wussten, dass es ein Angriff vom Teufel war. Weil sie erfahren hatten, wer sie in Christus sind, und über die Natur von Satans Angriffen Bescheid wussten, wendeten sie einfach die beiden Schritte an, die

Jakobus vorschlägt: „So unterwerft euch nun Gott! Widersteht dem Teufel, so flieht er von euch“ (4:7). Sie konnten mit völliger Ruhe zum Schlaf zurückkehren.

Sogar meine (Dave's) drei Jahre alte Tochter Dani lernte es, den Feind in die Flucht zu schlagen, indem sie die Autorität des Wortes Gottes laut aussprach. Nachdem meine Frau Grace und ich bei „Freiheit in Christus“ zu arbeiten begonnen hatten, spürte Dani nachts eine böse Anwesenheit in ihrem Zimmer - ein Wesen, das sie „hässliche Sonne“ nannte, mit vier anderen, die sie „Affen“ nannte. Sie wusste, dass sie schlecht waren, und sie hatte Angst wegen ihrer Anwesenheit.

Eines Nachts hörten wir sie weinen. Als wir in ihr Zimmer kamen, sagte sie, dass jene Wesen da waren. Sie war so verängstigt, dass sie sich buchstäblich in Grace's Pyjama zu verstecken versuchte. Wir leiteten Dani in einem Gebet an, und wenngleich sie verängstigt war, wiederholte sie die einfachen Worte: „Durch die Macht und das Blut Jesu sollen alle Bösen verschwinden.“

Danach schaute Dani auf, lächelte und sagte mit völliger Ruhe: „Sie sind weg.“ Sie kletterte unter ihre Decke und war in wenigen Minuten eingeschlafen.

Alter und körperliche Stärke haben nichts mit dem Erfolg im geistlichen Kampf zu tun (2. Korinther 10:4); es ist des Herrn Stärke, welche die bösen Geister in die Flucht schlägt. In dem gesprochenen Wort liegt die Macht.

* Frei übersetzt: *„Die Dunkelheit zerschlagen“*

Die schützende Macht des Gebets

Ein junges Mädchen, das ich (Dave) kannte, erlebte Gottes mächtiges Wirken durch das Gebet. Julies Eltern waren seit mehr als zehn Jahren geschieden und ihre Mutter war sehr in der New Age-Bewegung engagiert. Solange sie zurückdenken konnte, hatten ihre Eltern nie ein freundliches Wort füreinander und es brach ihr Herz. Julie's Mutter machte sie ständig fertig, indem sie ihr vorhielt, dass sie zu dick sei und dass sie sie deswegen nicht lieben könne. Sie durfte ihre eigene Mutter nicht einmal „Mama" nennen. Sie musste sie bei ihrem Vornamen anreden. Julie wünschte sich verzweifelt, von ihrer Mutter geliebt und akzeptiert zu werden, und sie wünschte sich, dass ihre Eltern freundlich zueinander sein mögen.

Die Situation war so schlimm, dass Julie sogar Angst hatte, darüber zu beten. Sie dachte, dass es nicht recht sei, Gott um etwas so Schwieriges zu bitten. Ich ermutigte sie, dass für Gott nichts zu schwer oder unmöglich ist. Wir beteten für ihre Mutter, dass ihr Sinn ruhig werden möge, damit Gott zu ihr reden könne und sie nicht weiter ihre Tochter zu entmutigen versuchen möge.

Einige Tage nach unserem gemeinsamen Gebet erhielt ich einen Anruf von Julie. Sie war so begeistert, dass sie sich kaum beruhigen konnte. „Gebete wirken! Gebete helfen wirklich!" rief sie aus. „Meine Mutter sprach vor kurzem mit meinem Vater! Und sie waren freundlich zueinander. Danach sprach sie mit mir und sie sagte, sie rufe mich nur an, um mich wissen zu lassen, wie stolz sie sei, dass ich ihre Tochter bin, und dass sie mich liebe. Ist Gott nicht wunderbar? Gebete sind mächtig!"

Eine der mächtigsten Bekehrungen, die ich (Neil) miterlebt habe, geschah mit einem Mann, der ein Hohepriester der Satanisten war. Sechs Monate, nachdem er befreit worden war, gab er ein Zeugnis in unserer Gemeinde. Nachdem er das Zeugnis beendet hatte, fragte ich ihn:

„Aus deinen Erfahrungen von ‚der anderen Seite', was ist der beste Schutz eines Christen gegen dämonischen Einfluss?"

„Gebet", antwortete er energisch. „Und wenn du betest, meine es auch so. Inbrünstige Gebete blockieren Satans Aktivitäten wie nichts anderes."

Wir werden die Auswirkungen unserer Gebete nie vollständig erfahren. Aber wir wissen, dass unsere Gebete ein Teil von Gottes Strategie sind, um Sein Königreich aufzubauen. Nachdem Paulus uns belehrt hat, die Rüstung anzuziehen, die Gott für uns vorgesehen hat, schrieb er: „Mit allem Gebet und Flehen aber betet jederzeit im Geist, und wacht zu diesem Zweck in aller Ausdauer und Fürbitte für alle Heiligen" (Epheser 6:18).

Was ist Gebet? Es ist eine Kommunikation mit Gott. Gott weiß, was wir in unserem Kampf mit den Mächten der Dunkelheit brauchen, und Er ist noch schneller bereit, unseren Nöten zu begegnen, als wir bereit sind zu bitten. Gott zu bitten zeigt unsere Abhängigkeit von Ihm.

In Demut beten wir: „Du bist der Herr, nicht ich. Du weißt, was das Beste ist; ich nicht. Ich sage dir nicht, was Du tun sollst; ich bitte Dich. Ich erkläre meine Abhängigkeit von Dir." Solche Gebete öffnen den Weg, damit Gott durch uns handeln kann.

Beten für eine geistliche Sicht

Es gibt einige besondere Nöte, über denen wir in dem geistlichen Kampf beten sollten. Eine Zielscheibe unserer Gebete ist die Blindheit, die Satan den Ungläubigen gegeben hat (2. Korinther 4:3,4). Menschen können nicht zu Christus kommen, solange ihre geistlichen Augen nicht geöffnet sind.

Im Bekämpfen der geistlichen Blindheit ist Gebet die Hauptwaffe. Der Apostel Johannes schrieb: „Und das ist die Freimütigkeit, die wir ihm gegenüber haben, dass er uns hört, wenn wir seinem Willen gemäß um etwas bitten.

Und wenn wir wissen, dass er uns hört, um was wir auch bitten, so wissen wir, dass wir das Erbetene haben, das wir von ihm erbeten haben" (1. Johannes 5:14,15). Danach forderte er die Gläubigen auf, das Gelernte sofort anzuwenden, indem sie Gott bitten, den Ungläubigen Leben zu bringen (Vers 16). Unsere Strategie, um andere zu Christus zu bringen, muss die Bitte einschließen, dass Gottes Licht die Blindheit, die durch Satan verursacht wurde, überwinden möge.

Wir sollen so beten, wie Paulus es in Epheser 1:18,19 tat, damit die Augen der Gläubigen geöffnet werden, um unsere geistliche Macht, Autorität und den Schutz in Christus zu verstehen. So lange wie Satan uns im Dunkeln über unsere Stellung und Autorität in Christus hält, werden unser Wachstum, Zeugnis und Dienst als Christen sehr eingeschränkt sein. Wir müssen ständig füreinander beten, dass Satans Nebelvorhang der Lügen weggeblasen werde und unsere Sicht in die geistliche Welt glasklar sein möge.

Den starken Mann binden

Eine andere Zielscheibe unseres Gebetes ist der „starke Mann", von dem Jesus in Matthäus 12:29 sprach. Sich auf Satan und seine Dämonen beziehend, sagte Jesus: „Oder wie kann jemand in das Haus des Starken hineingehen und seinen Hausrat rauben, wenn er nicht zuerst den Starken bindet?" Er sagte damit, dass du Menschen solange nicht aus den Ketten der geistlichen Blindheit oder des dämonischen Einflusses retten kannst, wie du nicht zuerst ihre Unterdrücker überwältigst. Satans Macht ist bereits gebrochen, aber er wird solange nicht gehen, bis wir unsere Autorität in Christus ausüben.

Wenn wir gegen den starken Mann beten, nehmen wir etwas, was rechtmäßig bereits Gott gehört, und halten es fest, bis Satan locker lässt. Er wird diese Menschen solange festhalten, bis wir ihre Freilassung aufgrund unserer Autorität in Christus fordern. Wenn Satan einmal durch unsere Gebete gebunden ist, muss er seine Beute loslassen.

Vor einigen Jahren unterstrich ein persönliches Erlebnis mir (Neil) die Macht des Gebetes im Umgang mit Menschen, die im Griff des starken Mannes sind. Ein Mann, der Bill hieß, kam eines Sonntagnachmittags zu mir ins Büro. Ich kannte ihn kaum und hatte wenig Zeit zum Reden. Aber ich machte mir Sorgen um ihn und so begann ich: „Ich bin froh, dass du hier bist, Bill. Kann ich dir eine persönliche Frage stellen?“ Bill nickte. „Hast du jemals Christus als deinen persönlichen Herrn und Erretter angenommen?“

„Nein.“

„Würdest du es gerne?“

„Ich weiß nicht, Neil“, antwortete Bill mit einem betrübten Ausdruck.

Ich holte einen Heilsplan heraus und las ihn mit ihm zusammen. „Verstehst du das, Bill?“

„Ja.“

„Würdest du jetzt gerne eine Entscheidung für Christus treffen?"

„Ja.“

„Ich bete ein einfaches Gebet der Übergabe und du sprichst es mir nach, okay?“

„Okay.“

„Herr Jesus, ich brauche dich“, fing ich an.

Bill fing an zu wiederholen: „Her-r-r...“ Danach verschloss er sich ganz. Ich bemerkte, dass ich das Terrain des starken Mannes, Satan, betreten hatte und dieser Bill nicht gehen lassen würde.

„Bill, hier findet ein Kampf um dich statt“, sagte ich. „Ich werde einige Bibelverse lesen und laut für dich beten. Ich werde den Feind binden und ihm widerstehen. Sobald du kannst, sag Jesus einfach, was du glaubst.“

Seine Augen teilten mir mit, dass der Kampf in vollem Gange war.

Ich begann die Bibelverse zu lesen und laut jedes Gebet zu beten, an das ich mich erinnern konnte, um Satan zu binden und Bill zu befreien. Nach einigen Minuten des Gebets und der Bibelverse stöhnte Bill plötzlich: „Herr Jesus, ich brauche dich." Danach fiel er zurück auf seinen Stuhl, als ob er zehn Runden mit einem Schwergewicht-Weltmeister hinter sich hätte. Er schaute mich mit tränenerfüllten Augen an und sagte: „Ich bin frei." Ich hatte bei ihm das Wort „Freiheit" nie benutzt; das war sein Ausdruck. Aber er war frei und er wusste es.

Gott hat dich mit allem ausgerüstet, um den Angriff des Teufels in deinem Leben zurückzuweisen. Und er hat dich auch ausgerüstet und bevollmächtigt, eine „Such- und Rettungsaktion" im Leben derer durchzuführen, die im Griff des starken Mannes sind. Bleibe fest in der Rüstung, die Gott dir gegeben hat, und mach dich in der Autorität Christi auf, das Haus des starken Mannes für Gott auszurauben.

Anleitung zum Studium

Schlage nach:

Epheser 6:10-18

Denke nach:

1. Viele junge Christen haben oft mehr Probleme in ihrem Leben, nachdem sie Christen wurden, als zuvor. Stimmst du damit überein?
2. Welche der drei Teile der Rüstung Gottes benötigst du, um dich auf deine geistlichen Konflikte daheim, in der Schule und unter Freunden zu konzentrieren?
3. Hast du mitten in einem geistlichen Problem je deine Erlösung angezweifelt? Warum ist es so wichtig zu verstehen, dass deine Erlösung ein ewiger Besitz ist?
4. Was sind die zwei Gebiete des Gebets, über die in diesem Kapitel gesprochen wurde? Hast du jemals für jemanden wegen dieser Gebiete gebetet? Was waren die Ergebnisse?

Wende an:

Entschließ dich, die Rüstung Gottes einzusetzen, nachdem du Epheser 6:10-18 gelesen hast. Bete laut, wenn du jedes Teil überprüfst, das du bereits anhast, und wenn du jedes der anderen Teile anziehst. Bitte Gott, dir Menschen zu zeigen, die in ihrem Unglauben blind sind. Mache dir eine Namensliste, wenn sie dir in den Sinn kommen, und bete jeden Tag für ihre Erlösung.

Teil 2
Bleibe standhaft!

7. Kampf gegen das Böse

Wir leben in einer Welt, die unter der Herrschaft des Bösen ist. Ursprünglich hat Gott Adam und sein Geschlecht erschaffen, um über die Schöpfung zu herrschen. Aber Adam hat seine Position der Autorität durch die Sünde verloren und Satan wurde der rebellische Besitzer der Autorität. Jesus nannte ihn den „Herrscher dieser Welt" (Johannes 12:31; 14:30; 16:11).

Satan herrschte von Adam an bis zum Kreuz. Der Tod, die Auferstehung und die Himmelfahrt Christi verschafften Jesus die endgültige Autorität auf ewig (Matthäus 28:18). Diese Autorität ist in dem großen Auftrag allen Gläubigen gegeben, damit wir weiterhin die Werke des Bösen nicht tun (1. Johannes 3:8).

Leben im Revier des Bösen

Als wir geboren wurden, waren wir geistlich tot, Sklaven des Herrschers dieser Welt. Aber als wir Christus annahmen, hat Gott „uns errettet aus der Herrschaft der Finsternis und hat uns versetzt in das Reich des Sohnes seiner Liebe" (Kolosser 1:13). Wir sind jetzt Bürger eines anderen Reiches. Satan ist immer noch der Herrscher dieser Welt, aber er ist nicht mehr *unser* Herrscher, weil Jesus unser Herr ist.

Doch solange wir auf diesem Planeten Erde sind, leben wir in Satans Revier. Er versucht uns zu täuschen, indem er uns glauben machen will, dass wir immer noch unter seiner Autorität seien, und er versucht unser Leben zu beherrschen. Wer kann uns vor diesem bösen Tyrannen beschützen? Nur Christus. Christus hat nicht nur einen Schutz für uns vorgesehen, sondern in Ihm haben wir auch Autorität über das Königreich der Dunkelheit. Darüber hinaus lebt der Heilige Geist in uns. Er ist der

Geist der Wahrheit und Er will uns in alle Wahrheit leiten (Johannes 14:17; 16:13).

Wie verletzbar sind wir?

Wir sind in Christus sicher und wir haben eine vollständige Ausrüstung, die wir einsetzen können. Doch für Satans Anklagen, Versuchungen und Täuschungen sind wir immer noch verletzbar (siehe Bild 7a). Wir wissen es, weil Gott uns befohlen hat, Seine Rüstung anzuziehen - und warum sollten wir eine Rüstung brauchen, außer wenn Satan uns ohne diese angreifen könnte?

Wahrscheinlich wird jeder Gläubige auf irgendeine Art und Weise vom Teufel beeinflusst. Er erhält Kontrolle über uns, wenn wir seinen Lügen glauben. Wir haben viele junge Christen kennen gelernt, die wegen Satans Angriffen fast aufgegeben hatten.

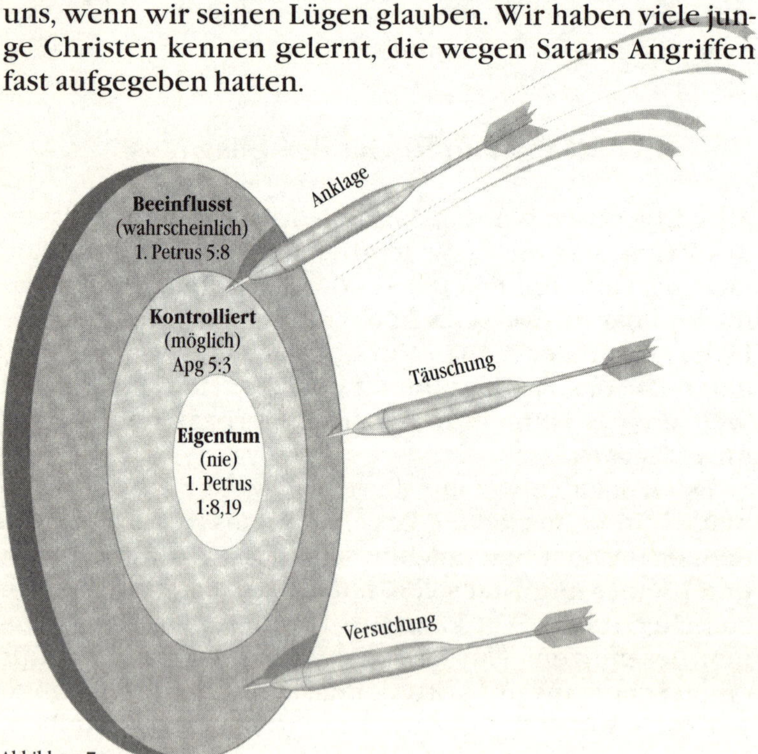

Abbildung 7a

Sie sind so stark unterdrückt, dass sie scheinbar keine richtigen Entscheidungen treffen und ein verantwortungsbewusstes Leben führen können. Sogar wenn sie Entscheidungen treffen *können, denken sie,* dass sie es nicht können, und so tun sie es nicht.

Dennoch steht unser *Besitz* nie auf dem Spiel. Wir gehören für immer zu Gott und der Böse kann an unserer Stellung in Christus nichts ändern. Wir sind immer „vom Heiligen Geist besessen." Aber solange wir in unseren natürlichen Körpern in Satans Revier leben, sind wir Zielscheiben für Satans feurige Pfeile. Das ist die Realität. Wir können unseren Kopf nicht wie ein Strauß in den Sand stecken, denn wenn wir es tun, lassen wir eine unglaublich verletzliche Zielscheibe offen.

Die existierenden Mächte

Die meisten Christen sind damit einverstanden, dass Satan ein lebendiges Wesen ist, der für das Böse in der Welt verantwortlich ist. Aber wenn man über Dämonen, die in der Welt lebendig und aktiv sind, zu sprechen anfängt, dann widersprechen viele Christen: „Hör auf damit. Ich glaube an den Teufel, aber ich glaube nicht an diese Sache mit den Dämonen."

Denke einmal nach: Wie führt Satan seine weltweite Arbeit des Bösen und des Betruges aus? Er ist ein erschaffenes Wesen. Er ist nicht allwissend oder allmächtig. Er kann nicht überall auf der Welt sein, um zur gleichen Zeit Millionen von Menschen zu versuchen und zu betrügen. Er tut es durch eine Armee von geistlichen Wesen (Dämonen, böse Geister, gefallene Engel usw.), die seinen Plan der Rebellion in der ganzen Welt ausführen.

Die wahrscheinlich beste Beschreibung der bösen geistlichen Armee, die Gottes Volk belästigt, finden wir in Epheser 6:12: „Denn unser Kampf richtet sich nicht gegen

Fleisch und Blut, sondern gegen die Herrschaften, gegen die Gewalten, gegen die Weltbeherrscher der Finsternis dieser Weltzeit, gegen die geistlichen [Mächte] der Bosheit in den himmlischen [Bereichen].“ Aus dem Kontext von Epheser 6:12 wird deutlich, dass Herrscher, Mächte und Gewalten, die gegen uns kämpfen, geistliche Wesen in einer geistlichen Welt sind.

Wir sind unzählige Male eine Zielscheibe für Dämonen gewesen. Trotzdem ist es keine beängstigende Erfahrung und sollte es auch für dich nicht sein. Johannes erklärt: „Der in euch ist größer als der in der Welt“ (1. Johannes 4:4). Du hast die Autorität über Satans Aktivität und du hast die Rüstung Gottes, die dich beschützt. Wenn Satan dich angreift, musst du „stark in dem Herrn und in der Macht seiner Stärke“ (Epheser 6:10) sein.

Begib dich bewusst in Gottes Hände und widerstehe dem Teufel, indem du das Wort Gottes aussprichst. Du bist für Satans Pfeile nur dann offen, wenn du im Schauen statt im Glauben wandelst oder im Fleisch statt im Geist.

Was sollen wir wegen Satans Hierarchie der dämonischen Mächte tun? Nichts! Wir sollen nicht dämonenzentriert leben; wir sollen Gott und Seinen Dienst in den Mittelpunkt stellen. Wir sollen unsere Augen auf Jesus richten, die frohe Botschaft verkündigen, einander lieben und Gottes Botschafter in unserer gefallenen Welt sein.

Die Persönlichkeit der Dämonen

Die Bibel versucht nicht die Existenz von Dämonen zu beweisen, genauso wenig wie sie versucht, Gott zu beweisen. Sie berichtet über deren Aktivitäten, als ob die Leser ihre Existenz einfach akzeptieren. Auch die Leiter der ersten Gemeinden hatten keine Probleme mit der Realität und Persönlichkeit der Dämonen (das heißt, die

Existenz der Dämonen als persönliche Wesen). Lukas 11:24-26 gibt uns einen hilfreichen Einblick in den Charakter der bösen Geister. Nachdem Jesus einen bösen Geist ausgetrieben hatte, der einen Mann stumm machte, beschuldigten Seine Feinde Ihn, dass Er Dämonen durch die Macht von „Beelzebub, den Obersten der Dämonen" (Lukas 11:15) austreibe. Während der folgenden Diskussion über Dämonen sagte Jesus:

> „Wenn der unreine Geist von dem Menschen ausgefahren ist, so durchzieht er wasserlose Gegenden und sucht Ruhe. Und da er sie nicht findet, spricht er: Ich will zurückkehren in mein Haus, aus dem ich weggegangen bin. Und wenn er kommt, findet er es gesäubert und geschmückt. Dann geht er hin und nimmt sieben andere Geister mit sich, die bösartiger sind als er selbst, und sie ziehen ein und wohnen dort, und es wird der letzte Zustand dieses Menschen schlimmer als der erste" (Verse 24-26).

Aus diesem Abschnitt können wir einiges über Dämonen lernen.

1. Dämonen können innerhalb und außerhalb von Menschen wohnen. Dämonen möchten in einem Lebewesen wohnen. Eine Gruppe von Dämonen bat Jesus einmal, sie in eine Herde von Schweinen zu schicken (Markus 5:12). Scheinbar leben einige Geister in gewissen Gegenden, die für Satans Zwecke gebraucht worden sind. Satan und die Dämonen sind Geister. Um in einer physischen Welt zu herrschen, brauchen sie bereitwillige Personen, die ihre Befehle ausführen. Betrügerische Menschen dienen in Wirklichkeit Satan. Gott ist auch Geist (Johannes 4:24), und er erfüllt Seinen Willen auf der Erde, indem Er durch die Gemeinde, Sein Volk, wirkt.

2. Dämonen sind fähig, nach Belieben zu reisen. Als geistliche Wesen sind Dämonen nicht den Grenzen der natürlichen Welt untergeordnet. Die Wände deiner Kirche können den dämonischen Einfluss nicht zurückhalten; nur Gebet und geistliche Autorität können es tun.

3. Dämonen sind fähig zu kommunizieren. Aus Lukas 11 geht hervor, dass böse Geister miteinander kommunizieren können. Sie können genauso durch eine Person zu Menschen sprechen, wie sie es durch den besessenen Mann in Markus 5:1-20 taten.

4. Jeder Dämon hat eine eigene Identität. Achte auf die Personalpronomen in Lukas 11: „Ich will zurückkehren in mein Haus, aus dem ich weggegangen bin" (Vers 24). Wir haben es mit denkenden Persönlichkeiten zu tun, nicht bloß mit einer Macht. Deswegen können weltliche Methoden der Forschung die Existenz der bösen Geister nicht offenbaren. Nur die Bibel ist unsere Quelle über ihre Realität und Persönlichkeit.

5. Dämonen sind fähig, sich zu erinnern und Pläne zu machen. Die Tatsache, dass Dämonen einen Platz verlassen, zurückkommen, sich an Vergangenes erinnern und mit anderen zurückzukehren planen können, zeigt ihre Fähigkeit zu denken und zu planen.

6. Dämonen sind fähig, Situationen zu bewerten und Entscheidungen zu treffen. Die Tatsache, dass der Dämon seine menschliche Zielscheibe „gesäubert und geschmückt" (Vers 25) vorfindet, zeigt, dass der Dämon sein gewünschtes Opfer bewerten kann. Dämonen erhalten Zugang zu unserem Leben durch unsere Schwachstellen.

7. Dämonen sind fähig, ihre Mächte zu vereinigen. In Lukas 11 schloss sich ein Geist mit sieben anderen zusammen und verschlimmerte die Lage des Opfers. In Markus 5 rotteten sich einige Dämonen in einem Mann zusammen, so dass er sich selber „Legion" (Vers 9) nannte, was auf eine große Einheit von Soldaten anspielt.

8. Dämonen variieren im Grad der Bosheit. Der erste Dämon in Lukas 11 brachte sieben andere Geister mit, „die bösartiger sind als er selbst" (Vers 26). Jesus deutete einen

Unterschied in der Bosheit der Geister an, als Er zu einem von ihnen sagte: „Diese Art kann durch nichts ausfahren, außer durch Gebet und Fasten“ (Markus 9:29). Die Unterschiede in der Macht und Bosheit entsprechen den Ebenen, die Paulus in Epheser 6:12 aufzählt.

Solange du dich an Gottes Wahrheit hältst, brauchst du dich vor Satan und seinen Dämonen nicht zu fürchten. Wenn du im Licht wandelst, brauchst du keine Angst vor der Dunkelheit zu haben.

Die Beschäftigung mit dem Bösen um uns herum

Wie mischen sich diese bösen Geister in unser Leben? Hier ein einfaches Beispiel. Stell dir vor, du stehst an dem einen Ende einer langen, engen Straße mit zweistöckigen Häusern auf beiden Seiten. Am anderen Ende der Straße steht Jesus Christus. Dein christliches Leben ist ein Prozess, diese lange Straße des Wachstums in Christus entlang zu gehen. Auf der Straße gibt es absolut nichts, was dich davon abhalten kann Jesus zu erreichen. Nachdem du Christus empfangen hast, richtest du deine Augen auf Ihn und fängst an zu gehen.

Aber da diese Welt immer noch unter der Kontrolle Satans ist, sind die Reihen der Häuser auf beiden Seiten der Straße mit Wesen erfüllt, die dich von deinem Ziel abhalten möchten. Sie haben keine Macht oder Autorität, deinen Weg zu blockieren oder auch nur deinen Gang zu verlangsamen. Deswegen lehnen sie sich aus den Fenstern und rufen dich in der Hoffnung, deine Aufmerksamkeit vom Ziel abzuwenden und deinen Wachstumsprozeß zu unterbrechen.

Sie versuchen dich abzulenken, indem sie ausrufen: „Hey, schau mal hier rüber! Ich habe etwas, was du dir wünschst. Es schmeckt gut, fühlt sich gut an und es macht viel mehr Spaß als dein langweiliger Gang die Straße runter. Komm herein und schau es dir an."

Das ist Versuchung - deinem Verstand wird vorgeschlagen, dir selber statt Gott zu dienen. Wir werden in Kapitel 9 mehr über die Versuchung sprechen.

Indem du weiter Christus entgegengehst, wirst du auch solche Gedanken haben wie: „Ich bin doof. Ich bin hässlich. Ich werde Gott nie etwas bedeuten." Satans Dämonen sind Meister der Anklage, besonders wenn sie dich durch Versuchungen abgelenkt haben. In der einen Minute sagen sie: „Versuch dieses; es ist nichts Falsches daran." Nachdem du der Versuchung nachgegeben hast, verspotten sie dich: „Schau mal, was du gemacht hast! Wie kannst du dich Christ nennen, wenn du dich so benimmst?" Anklage ist eine von Satans Hauptwaffen, mit denen er uns von unserem Ziel abzuhalten versucht. Wir werden über seine Strategie der Anklage in Kapitel 10 sprechen.

Andere Botschaften, mit denen du auf dieser Straße konfrontiert wirst, lauten so ähnlich wie: „Du brauchst heute nicht zur Kirche zu gehen. Es ist nicht wichtig, jeden Tag in der Bibel zu lesen und zu beten. Einiges von den New Age-Gedanken sind doch nicht so schlecht." Das ist Täuschung, und es ist die mächtigste und am meisten entmutigende Waffe Satans.

Der Teufel wird diese Botschaften oft als unsere Gedanken ausgeben: „*Ich* brauche heute nicht in die Kirche zu gehen, zu beten oder die Bibel zu lesen" und so weiter. Satans weiß, dass er uns leichter überreden kann, wenn wir denken, es seien unsere Gedanken an Stelle seiner. Wir werden Satans Taktik der Täuschung im Kapitel 11 besprechen.

Was ist das Ziel des Feindes, wenn er seine Dämonen aus den Fenstern und Türen entlang deines Weges dich verhöhnen, verspotten, fortlocken und verunsichern lässt? Er möchte, dass du langsamer wirst, stehenbleibst, dich hinsetzst und, wenn möglich, deinen Weg Christus entgegen, aufgibst. Er möchte dich beeinflussen, damit du deine Fähigkeit zu glauben und Gott zu dienen anzweifelst. Vergiss nicht: er hat überhaupt keine Macht oder Autorität, um dich vom stetigen Vorwärtsgehen auf deinem Weg mit Christus abzuhalten. Und er kann dich nie wieder besitzen, weil du durch Jesus Christus erlöst bist und für immer in Ihm lebst (1. Petrus 1:18, 19).

Aber wenn er dich dazu bringen kann, auf die Gedanken zu hören, die er deinem Verstand eingibt, kann er dich beeinflussen. Und wenn du ihm erlaubst, dich lange genug durch Versuchungen, Anklagen und Täuschungen zu beeinflussen, kann er deinen Wachstum stoppen. Wir werden im Kapitel 12 mehr darüber sprechen, wie der Teufel einen Christen beeinflussen kann.

Ebenen der Gebundenheit

Es gibt verschiedene Ebenen der geistlichen Freiheit und Gebundenheit. Einerseits ist da der Apostel Paulus, dessen christliches Leben und Dienst ein großes Vorbild waren trotz seines Kampfes mit Sünde und Satan (Römer 7:15-25; 2. Korinther 12:7-9). Andererseits ist da ein Mann, Legion genannt, der vollkommen von Dämonen kontrolliert wurde (Markus 5:1-20).

Keiner verliert über Nacht seine Kontrolle an Satan; es ist ein wachsender Prozess des Getäuschtwerdens und des Gewährens seines hinterlistigen Einflusses.

Von dem her, was wir gesehen haben, sind nicht mehr als 15 Prozent der christlichen Jugendlichen vollkommen frei von Satans Fesseln. Das sind die Jugendlichen, die konsequent ein geisterfülltes Leben führen und Frucht bringen. Die anderen kämpfen auf einer der drei Ebenen des geistlichen Konfliktes.

Erstens kann ein Gläubiger äußerlich ein fast normales christliches Leben führen, während er innerlich mit einem ständigen Strom von sündigen Gedanken zu kämpfen hat: Begierde, Neid, Habsucht, Hass, Gleichgültigkeit und so weiter. Diese Person hat fast keine Stille Zeit. Gebet ist für sie ein frustrierendes Erlebnis und gewöhnlich kommt sie mit der Familie und Freunden nicht zurecht.

Die meisten Christen in diesem Zustand haben keine Ahnung, dass sie sich inmitten eines geistlichen Konfliktes befinden. Sie würden nicht sagen, dass sie Stimmen hören, aber sie würden schnell zugeben, dass sie Probleme haben ihre Gedanken zu kontrollieren. Statt zu erkennen, dass ihr Verstand von den feurigen Pfeilen des Feindes angegriffen wird, glauben sie, dass diese Probleme ihre eigene Schuld seien. *Wenn diese Gedanken meine eigenen sind, was für eine Person bin ich?* fragen sie sich. Sie verurteilen sich selber, während der Feind sie weiter angreift. Es gibt eine große Anzahl von Christen, die auf dieser Ebene des geistlichen Konfliktes leben.

Die zweite Ebene des Konfliktes zeigt sich bei den Gläubigen, die einen Unterschied zwischen ihren eigenen Gedanken und fremden bösen „Stimmen" sehen, welche sie überwältigen. *Was denke ich?* fragen sie sich alarmiert, wenn sündige Ideen, Gedanken und Phantasien ihren Verstand überfluten. Sie erleben keinen Sieg und haben so sehr Angst, verrückt zu werden, dass sie ihre Probleme mit keinem teilen.

Gleichwohl versagt die Mehrheit der Christen auf dieser Ebene auch darin, ihren Kampf als einen geistlichen Konflikt zu sehen. Sie suchen Rat und versuchen ihre Gedanken zu kontrollieren, aber sie erleben wenig oder keine Besserung. Die meisten dieser Menschen sind depressiv, ängstlich, paranoid, verbittert oder wütend und können Essstörungen haben und abhängig von Alkohol, Drogen und anderem sein.

Auf der dritten Ebene des Konfliktes hat die Person jede Kontrolle verloren. Innere Stimmen sagen ihr, was sie denken, sagen und tun soll. Diese Menschen bleiben zu Hause, wandern mit eingebildeten Personen sprechend auf den Straßen umher oder besetzen Betten in Nervenheilanstalten oder Rehakliniken. Es ist traurig, aber eine kleine, aber bedeutende, Anzahl von Christen werden auf dieser Ebene zu Opfern der Täuschung und Kontrolle.

Sage einfach Nein

Es gibt drei Arten, wie wir auf die Versuchungen, Anklagen und Täuschungen reagieren können, womit die Dämonen uns in unserem täglichen Wandel mit Christus konfrontieren, und zwei davon sind falsch.

Erstens: die am meisten besiegten jungen Menschen sind diejenigen, die auf die dämonischen Gedanken hören und ihnen glauben. Ein böser Geist flüstert ihnen zu: „Du betest, liest die Bibel und gibst dein Zeugnis nicht so, wie du es tun musst. Wie kann Gott dich lieben?" Das ist eine riesengroße Lüge, denn Gottes Liebe ist bedingungslos. Aber sie fangen dann an, über ihr Versagen nachzudenken, und erklären sich damit einverstanden, dass sie aus Gottes Sicht wahrscheinlich nicht sehr liebenswert seien. Sehr schnell sitzen sie mitten auf der Straße und gehen nirgendwohin.

Diese Christen sind vollkommen besiegt, einfach weil sie getäuscht wurden zu glauben, dass Gott sie nicht liebe, dass sie nie siegreiche Christen sein würden oder dass sie hilflose Opfer ihrer Vergangenheit seien. Es gibt keinen Grund, warum sie nicht sofort aufstehen und weitergehen können, aber sie glauben einer Lüge, deswegen gehen sie nirgendwohin.

Die zweite Erwiderung ist genauso wertlos. Wir versuchen mit den Dämonen zu diskutieren: „Ich bin nicht doof oder hässlich. Ich bin ein siegreicher Christ." Wir sind stolz, dass wir ihren Worten nicht glauben, aber sie sagen uns immer noch, was wir denken und tun sollen. Wir stehen mitten auf der Straße und schreien sie an, während wir weitergehen sollten.

Aber es macht keinen Unterschied, ob diese lügenhaften Gedanken von den Dämonen, vom Fleisch oder von der Welt kommen. Wir gehorchen Christus und ordnen Ihm *jeden* Gedanken unter. Gott hat uns nicht gebeten, die Dunkelheit zu beseitigen - Er bittet uns, uns dem Licht zuzuwenden.

Ich (Neil) half einmal einer jungen Frau, die auf ihrem Weg stehen geblieben war, indem sie versucht hatte, die negativen dämonischen Gedanken zu bekämpfen. Nachdem sie fähig war, ihre Konflikte zu lösen, und ihre Freiheit in Christus gewonnen hatte, schrieb sie mir folgenden Brief:

> „Was ich in der letzen Woche entdeckte, ist dieses Gefühl von Kontrolle. Als ob mein Verstand mir gehört. Ich saß nicht herum und hatte diese angespannten Phasen der Gedanken und des Nachdenkens, dass heißt der Selbstgespräche. Mein Verstand war einfach still. Es ist tatsächlich ein seltsames Gefühl. Meine Gefühle sind stabil. Ich fühlte mich in dieser Woche kein einziges Mal depressiv.
> Zum ersten Mal glaube ich wirklich zu verstehen, was es bedeutet, ein Christ zu sein, wer Christus ist und wer ich in Ihm bin. Ich fühle mich fähig, anderen Menschen zu helfen und mit mir selber richtig umzugehen. Ich vermute, ich beschreibe, wie es ist, wenn man Frieden hat. Ich fühle diese stille, sanfte Freude in meinem Herzen. Danke, das du mir deine Hoffnung geliehen hast - ich glaube, ich habe jetzt meine eigene in Christus."

Diese Frau wählte die dritte Art der Erwiderung auf dämonische Gedanken, was bedeutet: Wir überwinden die Welt, das Fleisch und den Teufel, indem wir uns *für die Wahrheit entscheiden.* Wir sollen den bösen Geistern nicht glauben, aber auch nicht mit ihnen sprechen. Stattdessen sollen wir sie ignorieren. Wir sind mit Gottes Rüstung bewaffnet; böse Mächte können uns nicht anrühren, solange wir unseren Schutz behalten. Mit jedem Pfeil der Versuchung, Anklage oder Täuschung, den sie auf uns abschießen, müssen wir einfach den Schild des Glaubens hinhalten, den Angriff abwenden und weitergehen (Kolosser 2:6). Nimm jeden Gedanken gefangen unter den Gehorsam Christi. Entscheide dich im Angesicht jeder Lüge für die Wahrheit. Wenn du es tust, werden deine Reife und Freiheit mit jedem Schritt wachsen.

Anleitung zum Studium

Schlage nach:

Epheser 6:12; Lukas 11:24-26

Denke nach:

1. Auf welche Art und Weise stellen sich Jugendliche Satan und seine Dämonen vor? Glauben die meisten Jugendlichen, dass es Satan und Dämonen gibt? Was glaubst du?
2. Können böse Geister Gedanken der Versuchung in unseren Verstand bringen? Auf welche Art und Weise werden wir versucht oder davon abgehalten, Christus nachzufolgen?
3. Was sind einige der täuschenden oder anklagenden Gedanken, die Satan oft gegen uns gebraucht? Welche Täuschungen hat er in deinen Verstand plaziert?
4. Ist es Satan möglich, die Kontrolle über einen Gläubigen zu bekommen? Wie können wir Satans Einfluss in unserem Leben aufhalten?

Wende an:

Nirgendwo in der Bibel wird uns gesagt, dass wir uns vor den bösen Geistern fürchten sollen. Bete und nimm den Schutz und die Autorität, die du in Christus hast, in Anspruch. Danke Gott, dass Satan und seine bösen Nachfolger durch den Tod, das Begräbnis und die Auferstehung Christi besiegt worden sind. Bete jeden Tag laut: „Durch die Macht und das Blut des Herrn Jesus Christus befehle ich jedem und allem Bösen, meine Gegenwart zu verlassen."

8. Die Verlockung des Wissens und der Macht

Wodurch geraten Jugendliche in den Treibsand der Kontrolle Satans? Welches sind die Fallen, die Satan ausgelegt hat, um uns von der Freiheit in Christus abzuhalten?

Eine seiner größten Fallen ist sein Ausnutzen des menschlichen Verlangens nach geistlichem Wissen und Macht. Wir sehnen uns nach einem geheimen Wissen, das einer gewöhnlichen Person normalerweise nicht zur Verfügung steht. Wir möchten eine Macht erleben, die in ihrem Ursprung geistlich und übernatürlich ist. Satan weiß das. Deswegen versprechen die meisten okkulten Gruppen geheime oder ausgewählte Information oder Macht, der viele Menschen nicht widerstehen können.

In gewisser Hinsicht ist uns das Verlangen nach Wissen und Macht von Gott gegeben. Aber es soll durch das Wissen und die Macht, die von *Gott* kommen, erfüllt werden. Satan ist jedoch damit beschäftigt, seine Fälschung des Wissens und der Macht Gottes als seine Sache auszugeben. Wenn er dich von seiner Version der Macht und des Wissens überzeugt, hat er eine offene Tür in dein Leben.

Die Verlockung Satans durch Wissen und Macht ist nichts Neues. Das Volk Gottes wurde davor in frühesten Zeiten gewarnt. Bevor die Nation Israel das Land Kanaan betreten konnte, befahl Mose ihnen:

> „Wenn du in das Land kommst, das der Herr, dein Gott, dir geben wird, so sollst du nicht lernen tun nach den Greueln jener Heiden. Es soll niemand unter dir gefunden werden, der seinen Sohn oder seine Tochter durchs Feuer gehen lasse, oder ein Wahrsager, oder ein Wolkendeuter oder ein Schlangenbeschwörer, oder ein Zauberer, oder ein Bannsprecher oder ein Medium, oder einer, der einen Wahrsagergeist hat, oder jemand,

der die Toten befragt. Denn wer solches tut, ist dem Herrn ein Greuel, und um solcher Greuel willen treibt der Herr, dein Gott, sie vor dir aus. Du aber sollst dich gänzlich halten an den Herrn, deinen Gott.“ (5. Mose 18:9-13).

Dieser Befehl gilt für uns genauso wie für die Israeliten unter Moses' Führung. Wir leben in einem zeitgenössischen Kanaan, wo es gesellschaftlich akzeptiert ist, Spiritisten, Medien, Handleser, Parapsychologen und Horoskope um Leitung und esoterisches Wissen um Rat zu fragen. Leider findet man es auch unter Christen. Während einer unsere Schülerumfragen befragten wir 1.725 Teenager, die behaupteten, Christen zu sein, über ihre Beschäftigung mit dem Okkulten und entdeckten folgendes:*

Fast 50 Prozent der christlichen Teenager waren auf irgendeine Art und Weise darin verstrickt. Einige der Kinder diskutierten: „Aber diese Sachen funktionieren wirklich. Mein Horoskop trifft fast immer zu.“ Die Frage ist nicht, ob es funktioniert oder nicht, sondern ob es richtig oder falsch ist. Nach Gott ist es *nicht* richtig und wir sollten damit nicht herumalbern.

Die dunkelste Seite von Satans Versionen über spiritistisches Wissen und Macht, die Mose erwähnte – Tieropfer, Zauberei, Wahrsagerei – , blüht in unserer Kultur, wenn auch nicht öffentlich. Es ist für einige immer noch schwer zu glauben, dass Junge und Alte gleichermaßen Satan anbeten. Aber Polizeistationen versuchen es euren Eltern deutlich zu machen: „Wacht auf! Eure Kinder haben nicht nur Probleme mit Drogen und verbotenen Sex. Sie stecken im *Satanismus.* Wir haben das Blut und die verstümmelten Tiere gesehen.“

*Neil Anderson und Steve Russo, Die Verführung unserer Kinder

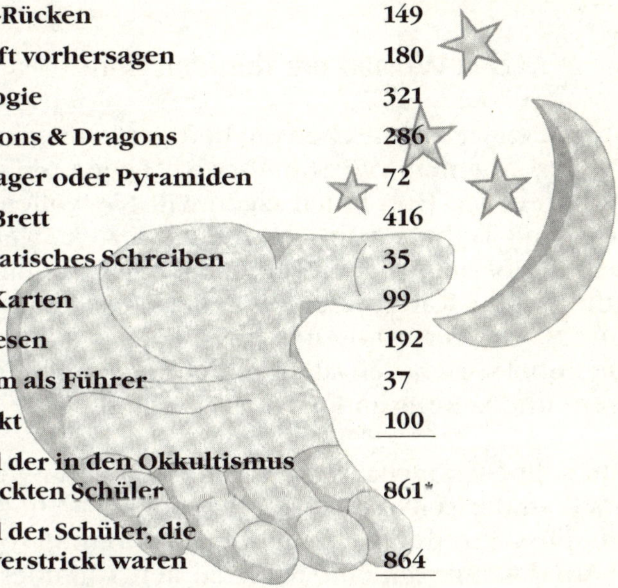

Okkulte Aktivität	**Anzahl der verstrickten Schüler**
Horoskop	**44**
Tische-Rücken	**149**
Zukunft vorhersagen	**180**
Astrologie	**321**
Dungeons & Dragons	**286**
Wahrsager oder Pyramiden	**72**
Ouija-Brett	**416**
Automatisches Schreiben	**35**
Tarot-Karten	**99**
Handlesen	**192**
Medium als Führer	**37**
Blutpakt	**100**
Anzahl der in den Okkultismus verstrickten Schüler	**861***
Anzahl der Schüler, die nicht verstrickt waren	**864**
Gesamtanzahl der befragten Schüler	**1725**

* Anmerkung: Die Anzahl der Beteiligung pro Aktivität ist auf mehr als 861 zusammengezählt, wegen der mehrfachen Verstrickungen einiger Schüler ins Okkulte.

Bild 8a

Es ist so schlimm geworden, dass eines der Tierheime in unserer Gegend keine schwarzen Hunde oder Katzen mehr freilässt aus Angst, dass sie Opfer des satanischen Missbrauchs werden könnten.

Jede der unvorstellbaren Handlungen, vor denen Mose das Volk Israel warnte, sich darauf einzulassen - von Horoskopen bis zu Tier- und Menschenopfern - , ist heute in unserer Kultur vorhanden und wird ausgelebt. Und der Ursprung ist die Täuschung Satans.

Das Wissen der dunklen Seite

Heute haben viele Menschen ein heftiges Verlangen nach extra „verborgenem" Wissen über das Leben. Sie wollen nicht hören, was Gott ihnen sagen will. Sie wollen Information und Leitung von jemandem, der es „*weiß*": jemand mit übernatürlichen Fähigkeiten, ein Medium, ein Handleser, ein Kartenleser oder der Geist eines toten Freundes oder Verwandten.

Die Bibel spricht sehr deutlich über das Suchen nach Wissens und Leitung anderswo als bei Gott:

> „Ihr sollt euch nicht an die Totenbeschwörer wenden, noch an die Zeichendeuter; ihr sollt sie nicht fragen, auf dass ihr durch sie nicht verunreinigt werdet; ... Auch wenn sich eine Seele zu den Totenbeschwörern und Zeichendeutern wendet und ihnen nachbuhlt, so will ich mein Angesicht wider diese Seele richten und sie aus der Mitte ihres Volkes ausrotten... Wenn in einem Mann oder einem Weib ein Totenbeschwörer- oder Wahrsagergeist steckt, so sollen sie unbedingt sterben. Man soll sie steinigen, ihr Blut sei auf ihnen" (3. Mose 19:31; 20:6,27).

Wir sind in unserem Land so weit, wie es nur geht, davon entfernt, diesem Befehl gehorsam zu sein. Wir haben Menschen, die im Fernsehen oder im Radio wahrsagen und berühmt werden. Ein Zeitungsbericht gab an, dass in Los Angeles mehr Frauen zu einem Spiritisten gehen würden als zu einem professionellen Therapeuten. Du kannst in jeder Stadt unseres Landes einen spiritistischen

Markt finden und eine persönliche übersinnliche „Deutung" erhalten. Der Deuter ist entweder ein Betrüger oder ein übersinnliches Medium, das sich in Trance versetzt und scheinbar für dich Anweisungen aus der übersinnlichen Welt erhält. Weit davon entfernt, ein schwarzer Flecken auf unserer Gesellschaft zu sein, werden diese Menschen für ihre „Fachkenntnis" oft so hoch verehrt wie Ärzte oder Geistliche.

Medien - unecht und echt

Woher erhalten Medien und Spiritisten ihre „erstaunliche" Information und Einsicht? Einige von ihnen werden von Dämonen beeinflusst; aber vieles von dem, was man spiritistisch oder eine übersinnliche Handlung nennt, ist nichts anderes als ein cleverer menschlicher Trick. Diese sogenannten Spiritisten geben, was man „kalte Deutungen" nennt. Du gehst zu ihnen, um eine Anweisung oder Führung zu bekommen, und sie stellen dir ein paar einfache Fragen. Sich auf die Antworten begründend, machen sie einige allgemeine Beobachtungen, die wahrscheinlich auf jeden Menschen in der gleichen Situation zutreffen könnten. Du aber bist so beeindruckt von der Richtigkeit ihrer „Offenbarungen", dass du anfängst, ihnen alle möglichen kleinen Details zu erzählen, die sie dann in ihre „Deutung" einarbeiten können. Das ist nicht dämonisch; es ist nur ein mentaler und verbaler magischer Trick.

Die Medien und Spiritisten, vor denen Gott in 3. Mose warnt, waren keine Betrüger, sondern Menschen, die das Wissen besaßen, welches sie nicht allein durch kluge Beobachtung erworben hatten, und es weitergaben. Solche Menschen haben sich dem Wirken der übersinnlichen Welt geöffnet und wurden zu Übermittlern des Wissens von Satan. Der Betrüger mit seiner „kalten Deutung" ist nur an deinem Geld interessiert. Aber das falsche Wissen und die Leitung, die durch ein Medium von Satan kommt, will dich deines geistlichen Sieges und der Freiheit berauben.

In diesen betrügerischen/übersinnlichen Handlungen steckt viel Geld und die Zauberer kassieren es ein. Viele Menschen sehnen sich danach, etwas mehr über ihr Leben und ihre Zukunft zu erfahren, und sie zahlen gut, wenn sie glauben, dass jemand ihnen die Geheiminformation gibt, die sie wünschen.

Der Nachteil des Suchens der dunklen Seite

Das Alte Testament zeigt viele Beispiele von Königen, falschen Propheten und Medien, die das Volk Israel in die Rebellion gegen Gott führten. Einer der bekanntesten Fälle war Israels erster König. Saul machte einen guten Anfang, indem er nach Gottes Führung fragte, und er wurde von Samuel zum König Israels erwählt (1. Samuel 10). Und er diente gut - bis zu seiner Rebellion gegen Gottes Willen (1. Samuel 15), eine Sünde, die Gott mit Zauberei gleichsetzt (Vers 23).

Warum sündigte Saul und lehnte das Wort Gottes ab? Weil er sich vor den Menschen mehr fürchtete als vor Gott - ein Problem, mit dem viele Menschen heute zu kämpfen haben. Das Problem der Rebellion ist das schlimmste Problem in der Welt.

Auch wenn Saul seine Sünde leid tat (oder mindestens, dass er erwischt wurde), keine Anzeichen deuten darauf hin, dass er sich wirklich von seinen sündigen Wegen abwandte. Wie so viele Menschen, die Gott ungehorsam sind, versuchte er seine Fehler zu korrigieren. Aber es war zu spät und „der Geist des *Herrn* wich von Saul, und ein böser Geist von dem *Herrn* [gesandt] schreckte ihn" (1. Samuel 16:14).

Aus zwei Gründen ist dieses ein schwerer Abschnitt. Erstens sagt es scheinbar aus, dass ein Mensch den Heiligen Geist durch den Ungehorsam verlieren kann. Aber wir müssen wissen, dass der Heilige Geist im Alten Testament nur auf bestimmte Menschen zu bestimmten Zeiten für bestimmte Aufgaben kam. Diese einzigartige Ausrüstung ist nicht zu verwechseln mit der persönlichen Beziehung mit Gott durch den Geist, die wir als seine Kinder heute genießen dürfen.

Seit dem Kreuz wird die Gemeinde durch die innewohnende Anwesenheit des Heiligen Geistes identifiziert (Epheser 1:13,14). Jesus hat versprochen, dass uns keiner aus seiner Hand reißen kann (Johannes 10:28), und Paulus versichert, dass nichts - nicht einmal Ungehorsam - uns von der Liebe Gottes trennen kann (Römer 8:35-39). Wir sind in Christus sicher und der Geist Christi wohnt in uns durch den Glauben an das Werk Christi am Kreuz. Der Heilige Geist kommt und geht nicht als Antwort auf unseren Gehorsam oder Ungehorsam.

Das zweite Problem, welches uns Sorgen bereitet, ist der Gedanke, dass ein böser Geist von Gott kommen kann. Aber wir dürfen nicht vergessen, dass Gott der Höchste ist und dass Er Satan und seine Dämonen benutzen kann als ein Mittel, Sein Volk zu erziehen, wie Er es mit Saul getan hatte. Das ist nichts anderes, als wenn Gott eine gottlose Nation wie Assyrien als eine „Rute meines Zorns" benutzt, um Sein Volk zu erziehen (Jesaja 10:5,6). Gott ist Gott und Er kann, wenn er will, Dämonen benutzen, um Seinen Willen zu erfüllen.

Sogar der Gemeinde ist es erlaubt, ein unmoralisches Mitglied „dem Satan zu übergeben zum Verderben des Fleisches, damit der Geist gerettet werde am Tag des Herrn Jesus" (1. Korinther 5:5). Warum? Damit die Welt und ihr Herrscher, der Teufel, dieser Person einiges antun kann, um eine echte Veränderung zu bewirken.

Immer wenn der böse Geist auf Saul kam, spielte David die Harfe und der böse Geist verließ Saul (1. Samuel 16:23). Wie beschränkt sind wir manchmal, wenn es um das Verständnis der biblischen Bedeutung der Musik im geistlichen Bereich geht! Während der Herrschaft Davids waren über 4.000 Musiker im Tempel beauftragt, Tag und Nacht zu singen (1. Chronik 9:33; 23:5). Ein Zeichen geisterfüllter Christen ist es, zu singen und in ihren Herzen Musik für den Herrn zu machen und einander mit Psalmen, Hymnen und geistlichen Liedern zu ermutigen (Epheser 5:18-20).

Auf der anderen Seite der Wahrheit finden wir die zerstörerische Macht von manch weltlicher Musik. Der Satanist, den ich (Neil) zu Christus führte, zeigte mir unzählige Symbole auf populären Alben, die auf Verbindungen zum Satanismus hinweisen. Er erzählte mir, dass über 85 Prozent der heutigen „Heavy Metal"- und „Punk"-Musikgruppen Satanisten „gehören". Sie haben sich unwissentlich dem Satanismus verkauft im Austausch gegen Berühmtheit und Vermögen. Einige dieser Künstler praktizieren in Wirklichkeit Satanismus, aber die meisten sind hoffnungslos verloren und führen andere in die Irre durch die gottlose Botschaft in ihrer Musik.

Nachdem Samuel, der Prophet, gestorben war, führte Saul's verdrehter Wunsch nach übersinnlichem Wissen ihn zu der Hexe von Endor, um Führung von diesem Medium zu erhalten. In Verkleidung überredete Saul sie, den Geist des toten Samuel zu rufen (1. Samuel 28:8-19). Doch der Plan ging ins Auge, als Gott es Samuel erlaubte, zurückzukehren, was die Hexe erschreckte. Samuel's Botschaft für Saul war nichts anderes als schlechte Nachrichten. Er sagte, dass die Philister Israel besiegen würden und dass Saul und seine Söhne getötet würden (Vers 19). Es geschah genauso, wie Samuel es gesagt hatte.

Gott verbietet ausdrücklich die Kommunikation mit den Toten (Jesaja 8:19,20), und das Gleichnis vom reichen Mann und Lazarus lehrt die Unmöglichkeit, heutzutage mit den Toten zu kommunizieren (Lukas 16:19-31). Wenn eine übersinnlich begabte Person behauptet, mit Toten kommuniziert zu haben, glaube es nicht. Wenn ein Psychologe behauptet, seinen Patienten durch Hypnose in ein früheres Leben zurückversetzt zu haben, glaube es nicht. Wenn ein New Age-Medium berichtet, dass es eine Person aus der Vergangenheit in die Gegenwart gelenkt habe, erkenne, dass es nichts anderes ist als das Werk von Dämonen oder ein Trick eines Betrügers.

Ein alter Gedanke in neuen Kleidern

Der Durst nach Wissen und Macht hat viele Jugendliche verlockt, durch solche okkulte Praktiken wie Wahrsagen, Tarotkarten, Handlesen, Ouija Brett, Astrologie, magische Amulette und automatisches Schreiben Führung bei Medien und Spiritisten zu suchen.

„Ist denn kein Gott in Israel, dass ihr hingehet, Baal-Sebub, den Gott zu Ekron, zu befragen?" klagte Elija (2. Könige 1:3). Junge Menschen um uns herum ignorieren Gott, der versprochen hat, sie zu lieben und zu führen, und suchen stattdessen Licht und Frieden im Königreich der Finsternis.

Lass dich nicht von der Aussicht auf Wissen und Macht hinreißen, was so viele Jugendliche in unserer Gesellschaft von Gott fortlockt. Diejenigen, die Wissen und Macht auf der dunklen Seite suchen, werden das Werk des Herrn sehr stören, indem sie viele täuschen durch die falschen Mächte, die sie anwenden. Andere Menschen werden so sehr nach Macht verlangen, dass sie sogar ihre eigene Kinder Dämonen opfern werden (Psalm 106:36-38). Wir können es direkt aus unserer Beratungserfahrung bestätigen, dass diese Dinge heute tatsächlich stattfinden.

Lass diese traurigen Worte aus der Bibel uns daran erinnern, dass sogar Gläubige durch den Feind von Gottes Wissen und Macht fortgelockt werden können. Und lass sie uns ermutigen, Macht und Wissen allein bei Gott zu suchen.

> „Da aber Jeschurun fett ward, schlug er aus. Du bist fett, dick und feist geworden! Und er ließ fahren den Gott, der ihn gemacht, und verwarf den Fels seines Heils. Sie erregten seine Eifersucht durch fremde Götter; durch

Greuel erzürnten sie ihn. Sie opferten den Götzen, die nicht Gott sind, Göttern, die sie nicht kannten; neuen Göttern, die aus der Nähe gekommen waren, die eure Väter nicht gefürchtet haben. Den Fels, der dich gezeugt hat, ließest du außer acht; und du vergaßest des Gottes, der dich gemacht hat" (5. Mose 32:15-18).

Anleitung zum Studium

Schlage nach:

5. Mose 18:9-13; 1. Samuel 15:23

Denke nach:

1. Warum sollten wir darauf achten, nicht mit Medien oder Spiritisten zu tun zu haben? Was wären einige der möglichen Nebeneffekte, wenn jemand sich dieser Art von okkulten Aktivitäten öffnete?
2. Warum wird Rebellion mit der Sünde von Wahrsagerei oder Hexerei gleichgesetzt? Welche Beziehung hat Rebellion zur Überheblichkeit?
3. Wie wurde die Musik im Alten Testament benutzt, um Gott anzubeten? Warum müssen wir die Musik, die wir hören, sorgfältig aussuchen?
4. Welche Art von New Age-Lehre oder -Handlungen siehst du in deiner Schule? Im Fernsehen? In deinem Ort? Wie kannst du es vermeiden, in New Age-Denken in unserer heutigen Welt hineingezogen zu werden?

Wende an:

Eine der großen Gefahren, mit denen wir heute konfrontiert werden, ist unsere Neugier über New Age und die okkulten Praktiken. Gott warnt uns, auf die Verlockung des Wissens und der Macht Satans achtzugeben. Bete und bitte Gott, dir zu helfen, deine Begierde nach verborgenem Wissen oder Macht zu besiegen. Bitte Gott, deinem Verstand die Praktiken zu offenbaren, in die du verwickelt gewesen bist, damit du sie bekennen und bereuen kannst.

9. Versucht sein, es auf deine Art zu tun

Ich (Dave) erinnere mich an eine meiner ersten Erfahrungen mit der Versuchung. Eines Tages sprangen zwei meiner Freunde und ich als kleine Jungs auf unsere Fahrräder, um zum Geschäft zu fahren. Es war eine lange Fahrt und so hatten wir viel Zeit zum Reden. Als erstes besprachen wir, was wir kaufen wollten: Packungen mit Zündkapseln für Waffen. Aber als wir uns dem Geschäft näherten, nahm das Gespräch eine böse Wende. Wir fingen an zu diskutieren, wie einfach es wäre, diese Zündkapseln zu stehlen. Die Idee, etwas umsonst zu bekommen, war sehr verlockend und so beschlossen wir, es zu tun.

Wir betraten das Geschäft und gingen direkt in die Spielzeugabteilung. Ich war sowohl fasziniert als auch ängstlich über den Diebstahl, als jeder meiner Freunde sich eine Packung Zündkapseln einsteckte. Auf einmal war ich dran und sie traten beiseite, damit ich mir den Preis ansehen konnte.

Mein Herz schlug so schnell, dass ich dachte, es würde in meiner Brust explodieren. Ich wußte, dass der Diebstahl der Zündkapseln falsch war, aber ich wollte nicht als ein Schwächling abgestempelt werden. So streckte ich meine Hand nach ihnen aus ... und hielt dann inne. Ich erinnerte mich an die versteckten Kameras. Ich schaute auf zu einer großen glänzenden Kugel unter dem Dach, die aus Einwegglas gemacht war. In dieser Kugel befand sich eine Kamera. Mein Schwager arbeitete in diesem Geschäft und hatte mir alles über das Kamerasystem erzählt. Es war verrückt, etwas zu stehlen; wir wurden beobachtet!

Verlegen sagte ich meinen Freunden, dass ich es nicht tun würde. Sie schimpften auf mich und nannten mich einen Feigling, und dann strebten wir dem Ausgang zu. Zwei Männer vom Sicherheitsdienst des Geschäfts versperrten uns plötzlich den Weg. „Wo sind die Zündkapseln, Jungs?" fragten sie, uns wütend anstarrend.

„Was für Zündkapseln?" erwiderten meine beiden Freunde gleichzeitig, ihre Unschuld vortäuschend.

„Kommt, Jungs, wir sahen euch sie nehmen", schimpfte der Sicherheitsmann.

Meine beiden Freunde brachen zusammen und heulten wie Babys. Ich versuchte meine Erleichterung zu verstecken, dass ich in letzer Minute gekniffen hatte. Diesmal hatte ich, dank Gottes Gnade und der versteckten Kamera, der Versuchung widerstanden.

In diesem Kapitel möchten wir über Versuchungen sprechen, damit du sie leicht erkennen und Satans Einladung, die Dinge auf deine Art zu erledigen, schnell widerstehen kannst.

Was ist Versuchung?

Versuchung ist, verführt zu werden, ernstliche Bedürfnisse durch die Welt, das Fleisch und den Teufel anstelle von Christus erfüllen zu lassen (Philipper 4:19). Jede Versuchung ist eine Einladung, die Dinge auf deine Weise zu erledigen und nicht auf Gottes Weise.

Die meisten von uns werden nicht versucht, offensichtliche Sünden wie Raubüberfall, Mord oder Vergewaltigung zu begehen. Satan ist dafür viel zu schlau und hinterlistig. Er weiß, dass wir das offensichtlich Falsche erkennen und uns weigern werden, es auszuführen. Stattdessen liebt er es, uns zu versuchen, etwas Gutes über die Grenzlinie von Gottes Willen zu ziehen, bis es zur Sünde wird.

Paulus schrieb: „Alles ist mir erlaubt – aber nicht alles ist nützlich! Alles ist mir erlaubt - aber ich will mich von nichts beherrschen lassen"(1. Korinther 6:12). Paulus sah nur grünes Licht in jeder Richtung des christlichen Lebens. Alles ist gut und rechtmäßig für uns, weil wir frei von Sünde sind und nicht länger unter dem Urteil des Gesetzes leben. Aber Paulus wusste, dass wir, wenn wir 100 Kilometer pro Stunde in die eine oder andere dieser guten und rechtmäßigen Richtungen laufen, vermutlich an dem roten Licht des Willens Gottes vorbeilaufen werden, und das ist Sünde.

Die folgenden Behauptungen zeigen die sündigen Ergebnisse in vielen Gebieten, auf denen wir versucht werden, die guten Dinge, die Gott geschaffen hat, über die Grenzlinie des Willens Gottes hinaus zu dehnen:

- Körperliche Erholung wird zur Faulheit
- Stille wird zu einer Ausrede, um nicht mit anderen zu sprechen
- Die Fähigkeit, Geld zu verdienen, wird zur Habsucht
- Der Lebensgenuss wird zu übermäßigem Feiern, Trinken und so weiter
- Körperliche Freude wird zur Begierde
- Das Interesse am Besitz anderer wird zum Begehren
- Freude am Essen wird zur Gefräßigkeit
- Achtgeben auf sich selbst wird zum Egoismus
- Die Unterhaltung mit anderen wird zur Lästerung
- Ärger wird zu Zorn und schlechtem Temperament
- Urteil wird zur Kritik
- Gleichgeschlechtliche Freundschaft wird zur Homosexualität
- Freundschaft mit dem anderen Geschlecht wird unmoralisch
- Großzügigkeit wird zur Verschwendung
- Vorsicht und Sorgfalt werden zur Angst

Manche Christen verwechseln Versuchung mit Sünde. Versuchung ist nicht das Gleiche wie Sünde. Sogar Jesus wurde „in allem versucht... wie wir." Aber am Ende sagt der Vers: „doch ohne Sünde" (Hebräer 4:15).Solange wir in der Welt sind, sind wir genauso wie Jesus Versuchungen ausgesetzt. Aber Er sündigte nicht und wir müssen auch nicht sündigen (1. Korinther 10:13). Versuchung ist, als wenn man Satans Gesicht durch das Fenster sieht; Sünde ist wie Aufschließen und Öffnen der Tür, dadurch Satan das Hereinkommen ermöglichend. Vergiss nicht, dass Gottes Grenzlinie nicht einschränkend, sondern beschützend ist.

Mittel der Versuchung

Du wirst besser vorbereitet sein, der Versuchung in deinem Leben zu widerstehen, wenn du erkennst, dass es nach der Schrift nur drei Mittel gibt, durch welche Satan dich dazu verführen will, außerhalb des Willens Gottes zu handeln. In 1. Johannes 2:15-17 werden sie erwähnt:

> „Habt nicht lieb die Welt, noch was in der Welt ist! Wenn jemand die Welt lieb hat, so ist die Liebe des Vaters nicht in ihm. Denn alles, was in der Welt ist, die Begierde des Fleisches, die Begierde der Augen und der Hochmut des Lebens, ist nicht aus dem Vater, sondern aus der Welt. Und die Welt vergeht und ihre Begierden; wer aber den Willen Gottes tut, der bleibt in Ewigkeit."

Diese drei Mittel der Versuchung sind die *Begierde des Fleisches*, die *Begierde der Augen* und der *Hochmut des Lebens*. Die Lust des Fleisches verführt uns, unseren körperlichen Appetit (Essen, Sex, Komfort und so weiter) auf eine sündige weltliche Art zu stillen. Die Begierde der

Augen versucht uns dazu, das zu tun, von dem wir denken, dass es das Beste sei, statt auf die Bibel zu hören. Die Habsucht des Lebens verleitet uns, jede Aufmerksamkeit und Ehre für uns in Anspruch zu nehmen.

Satan versuchte beide, Adam und Jesus, mit jedem dieser Mittel. Adam versagte vollkommen und wir leiden heute noch unter dem Ergebnis seines Versagens und Falls. Aber Jesus Christus begegnete der dreiteiligen Versuchung Satans frontal und triumphierte erfolgreich. In Ihm haben wir ein Beispiel und die Macht, jede Versuchung, mit der Satan uns konfrontiert, zu besiegen.

Die Begierde des Fleisches

Satan näherte sich Eva zuerst durch das Mittel der Begierde des Fleisches. Er pflanzte in ihre Gedanken Zweifel über die Früchte des Baumes, als er sagte: „Hat Gott wirklich gesagt, ihr dürft nicht essen von jedem Baum im Garten?“ (1. Mose 3:1). In Wirklichkeit hatte Gott nicht gesagt „von jedem Baum“, nur von dem einen Baum. Satan verdreht das Wort Gottes. Eva antwortete: „Von der Frucht des Baumes hat Gott gesagt: Esset nicht davon und rührt sie auch nicht an“ (Vers 3). Eva verdrehte auch das Wort Gottes, indem sie hinzufügte: „und rührt sie auch nicht an.“ Aber Satan hatte ihren Appetit auf die verbotene Frucht erweckt und sie „sah, dass von dem Baume gut zu essen wäre“ (Vers 6), und sie aß etwas davon. Der Begierde des Fleisches nachzugeben trug zum Fall von Adam und Eva bei.

Satan forderte Jesus auch durch das Mittel der Begierde des Fleisches heraus. Unser Herr fastete (aß nichts) 40 Tage lang, als Satan Ihn durch die Schwachstelle seines Hungers versuchte: „Wenn du Gottes Sohn bist, so sprich, dass diese Steine Brot werden!“ (Matthäus 4:3).

Satan weiß nicht alles, aber er ist auch nicht blind. Er wusste, dass Jesus hungrig war, indem er beobachtet hatte, wie Jesus 40 Tage lang nichts gegessen hatte. Er beobachtet uns auch, indem er nach weichen Punkten und Schwächen in unserem körperlichen Hunger nach Essen, Erholung, Komfort und Sex Ausschau hält. Versuchung ist dann am stärksten, wenn wir besonders hungrig, müde oder einsam sind.

Die Versuchung der Begierde des Fleisches ist vorgesehen, um uns vom Willen Gottes abzubringen, um uns selbst zufrieden zu stellen (Galater 5:16,17). Es ist nichts Sündiges am Essen. Essen ist ein körperliches Bedürfnis und Gott hat Essen erschaffen, damit wir dieses Bedürfnis stillen können. Aber von der einen Frucht im Garten sagte Gott zu Adam und Eva: „Du sollst nicht essen." Indem sie dennoch aßen, handelten Adam und Eva gegen Gottes Willen.

In gleicher Weise ist nichts Falsches daran, wenn Jesus am Ende seiner Fastenzeit Brot aß - ausgenommen es wäre nicht der Wille Seines Vaters, dies jetzt zu tun. Jesus erwiderte: „'Der Mensch lebt nicht vom Brot allein, sondern von einem jeden Wort, das aus dem Mund Gottes hervorgeht'" (Matthäus 4:4). Wie sehr Jesus sich in Seinem Hunger auch einen Laib Brot wünschte, er handelte nicht außerhalb des Willens Gottes, indem er auf Satan hörte. Das Leben, welches Jesus vorlebte, war total abhängig von Gott, dem Vater (Johannes 5:30; 6:57; 8:42; 14:10; 17:7). Jede Versuchung ist ein Versuch Satans, uns zu einem Leben unabhängig von Gott zu verleiten.

Wenn Satan uns durch das Mittel der Begierde des Fleisches versucht, wird er uns einladen, unsere körperlichen Bedürfnisse außerhalb der Grenzen des Willens Gottes zu stillen. Essen ist notwendig und richtig, aber zuviel Essen, zuviel ungesundes Essen und die Erlaubnis, unser Leben vom Essen bestimmen zu lassen, ist falsch. Gott hat es vorgesehen, dass Sex schön und gut sein sollte. Aber Sex außerhalb der Ehe, Homosexualität und selbstsüchtiger Sex liegen außerhalb der Grenzlinie und führen in die Gebundenheit.

Immer wenn du versucht wirst, ein körperliches Bedürfnis zu stillen, indem du außerhalb des Willen Gottes handelst, wirst du durch die Begierde des Fleisches versucht. Wenn du der Versuchung der Fleischesbegierde widerstehst, erklärst du deine Abhängigkeit von Gott in Bezug auf deine körperlichen Bedürfnisse. (Um mehr über Gottes Absicht mit Sex, Freundschaft und Freiheit zu erfahren, lies „*Purity Under Pressure*" von Neil und Dave oder das 40-Tage- Andachtsbuch „*Ultimate Love*").

Die Lust der Augen

Das zweite Mittel der Versuchung, das Satan bei Adam und Eva anwandte, war eine Lüge. Satan log über die Konsequenz dessen, was passieren würde, wenn Adam und Eva Gott ungehorsam werden würden. Gott hatte gesagt, dass der Ungehorsam den Tod bringen würde, aber Satan sagte: „Ihr werdet sicherlich nicht sterben!" (1. Mose 3:4). „Hört nicht auf Gott. Tut, was *ihr* für richtig haltet", drängte er Eva. Die verbotene Frucht war eine Lust für ihre Augen (Vers 6) und so ignorierten Eva und Adam Gottes Befehl und taten, was sie dachten, dass es das Beste für sie wäre.

Die Lust der Augen führt uns schrittweise vom Wort Gottes weg und zerstört unser Vertrauen in Gott. Wir sehen, was die Welt zu bieten hat, und wünschen uns diese Dinge mehr als eine heile Beziehung zu Gott. Wir fangen an, unserer Sicht vom Leben mehr zu trauen als Gottes Befehlen und Verheißungen. Wir sind begeistert von all den Dingen um uns herum und greifen nach soviel wie möglich. Wir überzeugen uns selbst, dass wir es brauchen und dass Gott möchte, dass wir es haben.

Statt dass wir Gott aus ganzem Herzen vertrauen, nehmen wir eine „Beweis es mir"-Einstellung an. Darum ging es in der zweiten Versuchung Christi: „Wenn du Gottes Sohn bist, so stürze dich hinab; denn es steht geschrieben: ‚Er wird seinen Engeln deinetwegen Befehl geben, und sie werden dich auf den Händen tragen, damit du deinen Fuß nicht etwa an einen Stein stößt'" (Matthäus 4:6).

Aber Jesus spielte Satans „Zeig es mir"-Spiel nicht mit. Er erwiderte: „Wiederum steht geschrieben: ‚Du sollst den Herrn, deinen Gott, nicht versuchen'" (Vers 7).

Wenn du den Versuchungen der Augenlust widerstehst, dann entscheidest du dich, dem Wort Gottes zu folgen statt deinen eigenen Ideen, wie man das Leben meistert. Die Gerechten werden durch Glauben an das geschriebene Wort Gottes leben und verlangen nicht, dass Gott Sich Selbst beweist, indem Er ihre Wünsche erfüllt, ganz egal, wie edel sie sind.

Der Hochmut des Lebens

Das dritte Mittel der Versuchung ist das Herzstück der New Age-Bewegung: Die Versuchung, unsere eigene Zukunft zu lenken, unsere eigene Welt zu beherrschen, unser eigener Gott zu sein. Satan versuchte Eva mit der verbotenen Frucht: „welchen Tag ihr davon esset, werden eure Augen aufgetan und ihr werdet sein wie Gott und wissen, was gut und böse ist" (1. Mose 3:5). Satans Angebot war ein Aufruf an die Fähigkeit zu herrschen, die Gott uns gegeben hatte. „Sei nicht damit zufrieden, nur *unter* Gott zu herrschen", scheint er zu sagen, „wenn du das Potential hast, Gott zu sein." Als Eva davon überzeugt war, dass es „ein wertvoller Baum wäre, weil er klug machte" (Vers 6), aßen sie und Adam davon.

Satans Versprechen, dass das Paar wie Gott sein würde, war nichts anderes als eine Lüge. Als Adam und Eva dieser Versuchung nachgegeben hatten, wurden sie keine Götter dieser Welt, wie er es ihnen versprochen hatte. Stattdessen verloren sie ihre Stellung, mit Gott zu herrschen, und Satan wurde der Gott dieser Welt – genauso, wie er es geplant hatte.

Satan versuchte den gleichen Trick bei Jesus anzuwenden: "Wiederum nimmt ihn der Teufel mit auf einen sehr hohen Berg und zeigt ihm alle Reiche der Welt und ihre Herrlichkeit und spricht zu ihm: ‚Dieses alles will ich dir geben, wenn du niederfällst und mich anbetest'" (Matthäus 4:8,9). Satan war der Gott dieser Welt und so konnte er die Königreiche dieser Welt Jesus anbieten, da sie ihm gehörten.

Wenn du darüber nachdenkst, wirkt Satans Angebot sehr lächerlich. Warum sollte Jesus versucht sein, Satan anzubeten, um die Welt zu bekommen, wenn Ihm bereits das ganze Universum gehörte? Deshalb erwiderte er: „Weiche, Satan! Denn es steht geschrieben: ‚Du sollst den Herrn, deinen Gott, anbeten und ihm allein dienen'" (Vers 10).

Die Versuchung des Hochmuts des Lebens soll uns von der Anbetung Gottes ablenken und unseren Gehorsam Gott gegenüber zerstören, indem sie dich bedrängt, Verantwortung für dein eigenes Leben zu übernehmen. Wann immer du fühlst, dass du Gottes Hilfe oder Leitung nicht brauchst, dass du dein Leben gestalten kannst, ohne zu Ihm zu kommen, dass du dich nicht jemandem unterzuordnen brauchst, sei vorsichtig: Das ist der Hochmut des Lebens.

Du glaubst vielleicht, dass du nur dir selber dienst; aber immer wenn du aufhörst, Gott anzubeten und Ihm zu dienen, dienst du in Wirklichkeit Satan und betest ihn an – was er sich mehr als alles andere wünscht. Dein Leben sollte stattdessen von anbetender Demut und Gehorsam Gott gegenüber gekennzeichnet sein (1. Petrus 5:5-11; Johannes 15:8-10).

Vergiss nicht, dass diese drei Mittel der Versuchung drei bedeutende Punkte widerspiegeln: 1) Der *Wille Gottes* in deinem Leben, zum Ausdruck gebracht durch deine Abhängigkeit von Gott; 2) das *Wort Gottes* in deinem Leben, durch dein Vertrauen auf Gott ausgedrückt; und 3) die *Anbetung Gottes* in deinem Leben, sichtbar durch deinen Gehorsam Gott gegenüber. Jede Versuchung, mit der Satan dich konfrontiert, fordert einen oder mehrere dieser

Punkte heraus. Er beobachtet dich, um herauszufinden, wo du schwach bist, und wird dich auf jedem Gebiet versuchen, das du ungeschützt lässt. Warum hegen wir die versuchenden Gedanken, die im Widerspruch zu Gottes Wort und Gottes Willen stehen?

Lass uns dem ins Gesicht sehen - weil wir es möchten. Wir werden nicht versucht, uns mit Nahrung, die wir nicht mögen, zu überessen, unreine Gedanken über unattraktive Jungs oder Mädchen zu haben oder etwas zu klauen, was wir nicht haben wollen. Der Angelhaken Satans ist seine Garantie, dass das, was wir haben wollen und brauchen, uns außerhalb des Willens Gottes zufrieden stellen kann. Glaube es nicht. Du kannst die Begierden des Fleisches nie befriedigen. Stattdessen: „Glückselig sind, die nach der Gerechtigkeit hungern und dürsten, denn sie sollen satt werden!“ (Matthäus 5:6). Nur korrekte Beziehungen, Leben in der Kraft des Heiligen Geistes und die Erfahrung der Frucht des Geistes wird dich befriedigen.

Der Fluchtweg

1. Korinther 10:13 ist die leuchtende gute Nachricht inmitten unserer Ängste und Sorgen über die Versuchung: “Es hat euch bisher nur menschliche Versuchung betroffen. Gott aber ist treu; er wird nicht zulassen, dass ihr über euer Vermögen versucht werdet, sondern er wird zugleich mit der Versuchung auch den Ausgang schaffen, so daß ihr sie ertragen könnt.“

Wo ist der Fluchtweg, über den Paulus hier spricht? Am gleichen Ort, wo die Versuchung beginnt: in unserem Verstand. Jede Versuchung beginnt mit einem Gedanken, der unserem Verstand von unseren bösen Wünschen oder von Satan selbst vorgestellt wird. Wenn wir diesen Gedanken festhalten und ihn auszuführen erwägen ,werden wir es wahrscheinlich auch tun - und das ist Sünde. Stattdessen rät Paulus uns, jeden Gedanken unter den Gehorsam Christi zu stellen (2. Korinther 10:5). Der erste Schritt, der Versuchung zu widerstehen, heißt: jeden Gedanken gefangen zu nehmen, der uns in den Sinn kommt.

Wenn wir den Gedanken einmal gefangen genommen haben, müssen wir prüfen, ob er den achtteiligen Test besteht, der auf Philipper 4:8 beruhend zeigt, woran wir denken sollen:

1. Stimmt der Gedanke mit der Wahrheit Gottes überein?
2. Regt es mich dazu an, etwas Ehrenwertes zu tun?
3. Ist es segensreich?
4. Ist es rein?
5. Wird das Ergebnis dieses Gedankens gut sein?
6. Wird die Folge etwas sein, was man bewundert?
7. Wird es dazu beitragen, mein Leben zu verbessern?
8. Ist es etwas, womit ich Gott loben kann?

Wenn die Antwort auf irgendeine dieser Fragen „Nein" lautet, verwirf den Gedanken sofort. Habe nichts mehr damit zu tun. Wenn der Gedanke wiederkommt, sage weiter „Nein". Wenn du es lernst, die versuchenden Gedanken schon an der Tür deines Verstandes aufzuhalten, sie auf der Grundlage des Wortes Gottes zu bewerten und diejenigen abzulehnen, die den Test nicht bestehen, hast du den Fluchtweg gefunden, den das Wort Gottes verspricht.

Wenn dir andererseits ein Gedanke in den Sinn kommt, der den Test der Wahrheit, Ehre, Gerechtigkeit usw. aus Philipper 4:8 bestanden hat, „darauf seid bedacht" (Vers 8) und „das tut" (Vers 9). „Und der Gott des Friedens wird mit euch sein" (Vers 9), was ein viel besseres Ergebnis ist als der Schmerz und Druck, die daraus folgen, wenn wir uns den versuchenden Gedanken ergeben und in sündiges Verhalten verstrickt werden.

Ordne dich unter, bekenne, widerstehe und bereue

„Aber manchmal ergebe ich mich der Versuchung und Sünde", klagen manche Christen. „Ich bereue meine Sünde, aber wenn ich wieder versucht werde, sündige ich wieder. Es scheint, als ob ich auf einer Achterbahn auf und abfahre - Sündigen, Bekennen, Sündigen, Bekennen, Sündigen, Bekennen - und ich kann dem nicht entkommen."

Menschen, die in diesem Sündigen-Bekennen-Kreislauf gefangen sind, beginnen die Hoffnung zu verlieren, dass sie irgendeinen echten Sieg über die Sünde erhalten könnten. Reine Willenskraft kann sie nicht davon abhalten, die Sünde zu wiederholen, die sie gerade bekannt haben, und Satan verstärkt die Schuld.

Sünde, der erlaubt wurde zu herrschen, ist wie ein Hund, der auf deinen Hof kommt, dich ins Bein beißt und nicht loslässt. Zuerst wirst du von der anderen Seite des Zauns versucht: „Hab dich nicht so. Jeder tut es. Öffne die Tür - du wirst damit wegkommen." Aber wenn du der Versuchung nachgegeben hast, ändert sich der Ton: „Du hast die Tür geöffnet! Du hast die Tür geöffnet!" Die Versuchung ändert ihre Rolle und wird zum Ankläger. Du bestrafst dich selber für dein Versagen und schreist zu Gott um Vergebung. Er hat dir bereits vergeben, aber der Hund ist immer noch da.

Warum schreist du nicht zu Gott und bestrafst den Hund statt dich selber? Jakobus 4:7 sagt uns: "So unterwerft euch nun Gott! Widersteht dem Teufel, so flieht er von euch." Wir müssen unsere Sünde bekennen, aber es gibt zwei bedeutende Schritte, um den Kreislauf zu brechen: Sündigen-Bekennen-*Widerstehen-Bereuen.* Wenn der Hund einmal weg ist, schließe die Tür. Wenn du dich nicht veränderst, wird die gleiche Sache noch einmal passieren.

Der Apostel Johannes schrieb: „Meine Kinder, dies schreibe ich euch, damit ihr nicht sündigt! Und wenn jemand sündigt, so haben wir einen Fürsprecher bei dem Vater, Jesus Christus, den Gerechten“ (1. Johannes 2:1). Wir müssen uns zu unserem gerechten Verteidiger hinwenden, unserem Gegner widerstehen und uns *verändern*, wenn wir Freiheit und Sieg über Versuchung und Sünde erleben wollen.

Anleitung zum Studium

Schlage nach:

1. Korinther 10:13; Jakobus 4:7; 2. Korinther 10:5; Philipper 4:8

Denke nach:

1. Auf welche Weise pflegen Satan und seine Dämonen uns allgemeinauf dem Gebiet unserer körperlichen Bedürfnisse zu versuchen?
2. Auf welchen Wegen werden wir gewöhnlich versucht, eher uns selber und unserem Wissen als Gott und Seinem Wort zu vertrauen?
3. Was bedeutet es, jeden Gedanken gefangen zu nehmen?
4. Was sollen wir nach Philipper 4:8 in Bezug auf das Gefangennehmen jedes Gedankens durchdenken? Kannst du einige der acht Schritte nennen, die in diesem Vers erwähnt werden?
5. Jesus verteidigt dich vor Seinem Vater vor Satans Anschuldigungen (1. Johannes 2:1). Wie kann dir dieses Wissen helfen, den Anschuldigungen Satans zu widerstehen?

Wende an:

Lies Philipper 4:8 noch einmal. Denke jetzt an eine Sache, mit der du in deinem Leben zu kämpfen hast, und stell dir die möglichen Entscheidungen vor, die du hast. Bete und bitte Gott, dir zu zeigen, ob deine Entscheidungen mit Seinem Wort übereinstimmen. Sind sie ehrenhaft, segensreich und rein? Werden sie Gott gefallen?

10. Vom Vater der Lüge angeklagt

Auf der Junior Highschool war ich (Dave) ein Ringer. Ich erinnere mich an das Turnier, an dem ich für die Meisterschaft teilnahm. Den ganzen Tag hatte ich gerungen und jeden Kampf gewonnen. Jetzt würde ich meinem schwierigsten Gegner gegenübertreten. Er musste ein sehr guter Ringer sein, da er es bis in die Endrunde geschafft hatte. Ich war aufgeputscht und hatte das Gefühl, ich könnte jeden besiegen.

Aber als ich den Jungen sah, gegen den ich antreten musste, verlor ich den Mut. Es war der Sohn meines Trainers. Der Trainer stand still am Ende der Matte. Aber ich wusste, er wollte, dass sein Sohn gewinnen würde. Welcher Vater würde es nicht wollen? Es war, als ob ich ohne einen Trainer in den Kampf zog. Mein Verstand füllte sich mit Zweifeln. Ich begann meine Fähigkeiten in Frage zu stellen. Phrasen wie „Ich bin nicht gut genug" und „Ich kann ihn nicht schlagen" gingen mir durch den Kopf. Schnell hatte ich mich davon überzeugt, dass es keinen Weg gab, den Sohn meines Trainers zu besiegen.

Also, ich verlor. Aber ich kann nicht sagen, dass mich an diesem Tag die Ringtechnik meines Gegners besiegte. Ich hatte den Kampf verloren, noch bevor ich auf die Matte trat, indem ich den Zweifeln in meinem Kopf glaubte.

Scheinbar haben Teenager eine traurige Sache gemeinsam: alle Kinder sind besonders gut darin, sich selber fertig zu machen, wie ich es an diesem Tag getan hatte. Sie sagen: „Ich bin nicht wichtig, ich bin nicht geeignet, ich bin nicht gut." Es ist erstaunlich, wie viele Christen in ihrem Zeugnis und Wachstum gelähmt sind, weil sie denken und glauben, dass sie wertlos seien.

Diese entmutigende innere Kritik kann ihre Wurzeln im Reich der Dunkelheit haben. Nach der Versuchung ist die *Anklage* einer der häufigsten und hartnäckigsten Angriffe, mit denen Satan uns attackiert. In Christus *sind* wir wichtig, *sind* wir befähigt, *sind* wir gut. Satan kann nichts an unserer Stellung in Christus und unserem Wert für Gott ändern. Aber er kann uns besiegen, indem er uns überlistet, seinen Lügen zu glauben, dass wir für Gott und andere Menschen keine Bedeutung hätten. Die beiden Lieblingsschachzüge Satans sind Versuchung und Anklage. Er benutzt sie, um uns niederzudrücken und zu besiegen. Er kommt daher und sagt: „Warum versuchst du das nicht? Jeder tut es. Außerdem kommst du damit davon. Wer wird es schon erfahren?" Doch sobald wir seiner Versuchung nachgeben, wird sein Ton zur Anklage: „Was bist du für ein Christ, wenn du so etwas tust? Du bist eine traurige Ausrede für ein Kind Gottes. Du wirst damit nie durchkommen. Du kannst genauso gut aufgeben, weil Gott dich bereits aufgegeben hat."

Satan wird der „Verkläger unserer Brüder, der sie vor unserem Gott verklagte Tag und Nacht" genannt (Offenbarung 12:10).

Wir haben alle seine lügenhafte, hasserfüllte Stimme in unseren Herzen und in unserem Verstand gehört. Viele Christen sind immer entmutigt und besiegt, weil sie seinen Lügen über sie glauben. Und diejenigen, die sich mit seinen Beschuldigungen abgeben, werden der Freiheit beraubt, die Gott vorgesehen hat, um sein Volk zu erfreuen. Ein besiegter Christ schrieb einmal:

> „Mein altes Gefühl, dass das Leben die Schwierigkeiten nicht wert sei, kommt zurück. Ich bin ängstlich, einsam, durcheinander und sehr verzweifelt. Tief drinnen weiß ich, dass Gott das überwinden kann, aber ich kann diese Sperre nicht bezwingen. Ich kann nicht einmal beten. Wenn ich es versuche, kommen mir andere Dinge in den Sinn. Wenn ich mich gut fühle und das umzusetzen versuche, was Gott von mir möchte, komme ich wegen der Stimmen und einer so starken Macht zum völligen Stillstand, so dass ich nicht wei-

termachen kann. Ich bin kurz davor, den Stimmen nachzugeben, weil ich sie fast nicht mehr bekämpfen kann. Ich möchte nur etwas Frieden."

Den Ankläger auf seinen Platz verweisen

Die gute Nachricht ist, dass wir nicht auf Satans Anklagen zu hören und in der Niederlage zu leben brauchen. Sacharja 3:1-10 enthält eine wichtige Wahrheit, die wir begreifen müssen, um durch den Glauben den Anschuldigungen Satans widerstehen und gerecht im Dienst Gottes leben zu können.

Der Herr zeigte dem Prophet Sacharja eine himmlische Szene, in der Satans Anklagen des Volkes Gottes aus einer entsprechenden Perspektive gezeigt werden.

> „Und er ließ mich sehen den Hohepriester Josua, stehend vor dem Engel des Herrn; und der Satan stand zu seiner Rechten, um ihn anzuklagen. Da sprach der Herr zum Satan: Der Herr schelte dich, er, der Jerusalem erwählt hat! Ist dieser nicht ein Brand, der aus dem Feuer gerettet ist? Aber Josua hatte unreine Kleider an und stand doch vor dem Engel." (Verse 1-3).

Der Herr tadelt Satan

Schau dir die Art der Charaktere in dieser Szene an. Es sieht wie ein himmlischer Gerichtsaal aus. Gott, der Vater, ist der Richter. Der Ankläger ist Satan. Jesus ist der Verteidiger. Und der Angeklagte ist Josua, der Hohepriester, der das Volk Gottes einschließlich dich und mich repräsentiert.

In der hebräischen Geschichte war es ein ernstes Ereignis, wenn der Hohepriester einmal im Jahr in die Anwesenheit Gottes im Allerheiligsten trat (dem Ort, wo das Opfer für die Sünde dargebracht wurde). Der Priester musste sich besonderen Zeremonien unterziehen, um sicherzustellen, dass er vor Gott rein war. Wenn der Priester vor Gott nicht rein war, konnte er sofort sterben. Der Priester trug am Saum seines Gewandes Glocken; so konnten die Priester, die außerhalb des Allerheiligsten standen, ihn sich bewegen hören und wussten dadurch, dass er lebte. Sie hatten um sein Fußgelenk sogar einen Strick gebunden, damit er herausgezogen werden könnte, wenn er in Gottes Gegenwart tot umsank.

Und hier steht der Hohepriester Josua in der Anwesenheit Gottes mit dreckigen Kleidern, welche die Sünden Israels repräsentieren. Schlechte Nachrichten! Satan, der Ankläger sagt: „Schau ihn dir an, Gott. Er ist schmutzig. Er verdient den Tod." Aber Gott weist Satan zurecht und verweist ihn auf seinen Platz. „Du bist nicht der Richter, du darf über mein Volk keinen Richterspruch fällen," scheint Gott durch Seine Zurechtweisung zu sagen. „Ich habe Josua vor den Flammen des Gerichtes gerettet und deine Anschuldigungen sind falsch."

Diese Gerichtsszene spielt sich Tag und Nacht für jedes Kind Gottes ab. Satan hört nicht auf, Gott auf unsere Schulden und Schwachheiten hinzuweisen, und verlangt, dass Er uns bestraft, weil wir nicht perfekt sind. Aber Jesus ist unser Verteidiger im Himmel und Er hat vor Gott, dem Richter, noch keinen Fall verloren. Satan kann seine Anschuldigungen nicht geltend machen, weil Jesus Christus unsere Sünden am Kreuz auf sich genommen hat. Er hat uns mit Gott versöhnt und vertritt uns vor Gott (Römer 8:33,34).

Während Satan uns vor Gott anklagt, beschuldigen er und seine Dämonen auch uns, indem sie unseren Verstand mit falschen Gedanken bombardieren. Er flüstert uns ein, wie wertlos und sündig wir in Gottes Augen seien: „Wie konntest du es tun und immer noch ein Christ sein? Du bist kein Kind Gottes." Aber Satan ist nicht unser Richter; er ist nur unser *Ankläger*. Wenn wir auf ihn hören und ihm glauben, werden wir diese Anschuldigungen ausleben, so als ob sie ein Urteil seien, dem wir gehorchen müssen.

Wenn Satans Anklagen der Unwürdigkeit dich angreifen, achte nicht auf sie. Erwidere stattdessen: „Satan, ich setze mein Vertrauen auf Christus und ich bin ein Kind Gottes. Wie Josua, der Hohepriester, bin ich von Gott aus dem Feuer des Gerichtes gerettet worden. Er hat mich gerechtfertigt. Du bist nicht der Richter. Alles, was du kannst, ist, mich anzuklagen - und ich kaufe es dir nicht ab.“

Der Herr entfernt unsere schmutzige Kleidung

Der Grund, warum Satans Anklagen falsch sind, liegt darin, dass Gott das Problem mit unserer schmutzigen Kleidung, unserer Sünde, gelöst hat. Sacharja's Beschreibung des himmlischen Gerichtes geht weiter:

> „Er aber antwortete und sprach zu denen, die vor ihm standen: Nehmt die unreinen Kleider von ihm weg! Und zu ihm sprach er: Siehe, ich habe deine Sünde von dir genommen und lasse dir Feierkleider anziehen! Und ich sprach: Man setze einen reinen Kopfbund auf sein Haupt! Da setzten sie den reinen Kopfbund auf sein Haupt und bekleideten ihn mit Gewändern, während der Engel des Herrn dastand.“ (3:4,5)

Gott hat uns nicht nur gerechtfertigt, sondern Er hat unsere schmutzigen Kleider der Sünde entfernt und uns mit Gerechtigkeit bekleidet. Achte darauf, dass *Gott* die Kleider wechselt, nicht wir. Wir selber haben keine Kleider der Gerechtigkeit, die wir anziehen könnten, um Gott zufrieden zu stellen. Er verändert uns, wenn wir Ihm unser Leben im Glauben übergeben.

Unsere Erwiderung

Nachdem der Herr Satan zurechtgewiesen und uns Gerechtigkeit angeboten hat, ruft Er uns zum Gehorsam auf: „Wirst du in meinen Wegen wandeln und meinen Dienst fleißig versehen, so sollst du auch mein Haus regieren und meine Vorhöfe hüten, und ich will dir Zutritt geben unter diesen, die hier stehen" (Sacharja 3:7).

Indem Er uns aufruft, in Seinen Wegen zu wandeln und Seinen Dienst auszuführen, fordert der Herr uns einfach auf, unsere Identität in Christus durch unseren Gehorsam auszuleben. Wir sollen im Glauben statt in der Furcht leben. Wir sollen das Fleisch täglich kreuzigen und nach der Schrift wandeln. Wir sollen glauben, dass wir der Sünde abgestorben sind und in Gott leben, und wir sollen der Sünde nicht erlauben, in unserem Körper zu herrschen. Wir sollen jeden Gedanken unter den Gehorsam Christi stellen und durch die Erneuerung unseres Sinnes umgewandelt werden.

Wenn wir im Gehorsam leben, verspricht Gott uns, dass wir in Seinem Haus regieren werden und für Seine Höfe verantwortlich sein werden. Das bedeutet, dass wir unsere Teilhabe an der Autorität in der geistlichen Welt aktiv erleben und fähig sein werden, siegreich über Satan und Sünde zu leben. Er hat uns auch eine offene Kommunikationsverbindung mit dem Vater versprochen. Indem wir in Seiner Autorität handeln und in Gemeinschaft und Harmonie mit Ihm leben, sind uns unser täglicher Sieg und unser Fruchttragen sicher.

Wo liegt der Unterschied?

Vielleicht denkst du: „Wenn der Teufel mich mit seinen Anschuldigungen bombardiert, fühle ich mich schrecklich. Aber manchmal macht mich auch die Überführung durch den Heiligen Geist total fertig. Wie kann ich zwischen Satans Anklagen und der Überführung des Geistes unterscheiden?" In 2. Korinther 7:9, 10 zeigt Paulus uns den Unterschied:

> „Nun freue ich mich - nicht darüber, dass ihr betrübt wurdet, sondern darüber, dass ihr zur Buße betrübt worden seid; denn ihr seid in gottgewollter Weise betrübt worden, so dass ihr von uns keinerlei Schaden genommen habt. Denn die gottgewollte Betrübnis bewirkt eine Buße zum Heil, die man nicht bereuen muß; die Betrübnis der Welt aber bewirkt den Tod."

Die Anklage des Teufels und die Überführung des Heiligen Geistes bewirken beide schmerzliche Gefühle. Aber der Schmerz, der von Satans Anklagen stammt, bringt den Tod. Mit anderen Worten, der Teufel möchte, dass wir uns schlecht fühlen, damit er uns vernichten kann.

Als Gegensatz dazu lässt Gott den Schmerz der Überführung zu, um uns zur Buße zu leiten, die zum Leben führt. Gott erschlägt uns nicht mit den Schmerzen. Er möchte, dass die schmerzlichen Gefühle über die Sünde uns zu Ihm bringen, damit wir Vergebung und Freiheit erleben können.

Jeder junge Christ steht täglich vor der Entscheidung, entweder im Geist oder im Fleisch zu wandeln. Wenn wir uns dafür entscheiden, nach dem Fleisch zu leben, überführt uns der Heilige Geist, weil wir nicht im Einklang mit dem handeln, wer wir wirklich sind. Wenn wir weiter im Fleisch wandeln, werden wir den Schmerz der Überführung spüren.

„Wie weiß ich, welche Art von Schmerzen ich erlebe?" fragst du vielleicht. „Sie fühlen sich gleich an." Finde heraus, ob deine Gefühle die Wahrheit oder eine Lüge widerspiegeln, und dann wirst du die Quelle kennen. Fühlst du dich schuldig, wertlos oder dumm? Dieser Schmerz wird durch die Anklage verursacht, da diese Gefühle nicht der

Wahrheit entsprechen. Du bist nicht mehr schuldig; dir ist durch deinen Glauben an Christus vergeben worden. Du bist nicht wertlos; Jesus hat sein Leben für dich gegeben. Du bist nicht dumm; du kannst alles durch Christus.

Wenn du unter deinen schmerzlichen Gefühlen versteckt lauernd boshafte Lügen entdeckst - besonders wenn deine Gefühle dich ständig fertig machen - ,wirst du fälschlicherweise angeklagt. Sogar wenn du dich ändern würdest, wirst du dich nicht besser fühlen, denn Satan würde etwas anderes finden, womit er dich nerven kann. Um von den Schmerzen der Anklage frei zu werden, musst du dich Gott unterordnen und dem Teufel und seinen Lügen widerstehen.

Aber wenn du dich schrecklich fühlst, weil du nicht so lebst, wie Gott es will, ist es der Heilige Geist. Er fordert dich heraus, auf der Grundlage von 1. Johannes 1:9 zu bekennen: „Lieber Herr, ich habe falsch gehandelt." Sobald du bekannt und bereut hast, sagt Gott: „Ich bin froh, dass du Mir das mitgeteilt hast. Du bist gereinigt; jetzt geh weiter." Und du gehst frei von dannen. Der Schmerz ist weg und du hast eine neue Entschlossenheit, Gott auf dem Gebiet deines Versagens zu gehorchen.

Der Unterschied zwischen einer Anklage und einer Überführung zeigt sich besonders deutlich im Leben von zwei Jüngern Jesu: Judas und Petrus. Judas war ein Dieb und er erlaubte es Satan, ihn zu täuschen, indem er Jesus für 30 Silberstücke verriet (Lukas 22:3-5). Als Judas den Schmerz der Welt verspürte, erhängte er sich. War sein Selbstmord das Ergebnis von Satans Anklagen oder von Gottes Überführung? Es musste eine Anklage sein, weil es Judas dazu trieb, sich selber zu töten. Anklage führt zum Tod; Überführung führt zur Reue und zum Leben.

Petrus versagte auch, indem er Jesus verleugnete (Lukas 22:33,34). Der Schmerz, den Petrus fühlte, war genauso schlimm wie der, welchen Judas erlebte. Aber der Schmerz, den Petrus erlebte, kam durch die Überführung, die ihn zur Buße leitete (Johannes 21:15-17).

Wenn dich deine Gefühle der Schmerzen niederdrücken und von Gott weg führen, wirst du vom Satan angeklagt. Widerstehe diesem. Aber wenn dich deine Schmerzen näher zu Gott ziehen, um deine Fehler zu bekennen, wirst du vom Heiligen Geist überführt. Gib dem nach und bereue.

Nach Offenbarung 12:10 ist es Satans beständige Aufgabe, die Kinder Gottes anzuklagen. Aber Christi beständige Aufgabe ist es, für uns zu beten (Hebräer 7:25). Wir haben einen beharrlichen Feind, aber wir haben einen noch beharrlicheren ewigen Retter, der uns vor dem Vater verteidigt aufgrund unseres Glaubens an Ihn (1. Johannes 2:1).

Der Treibsand der Anklage

Für unseren täglichen Sieg in Christus ist es sehr wichtig zu lernen, den Anklagen Satans zu widerstehen. Jeder von uns hat sich manchmal als ein wertloser Niemand gefühlt. Wenn wir uns wie wertlose Niemands fühlen, handeln wir auch wie wertlose Niemands und unser Leben leidet darunter, solange wir nicht Satan widerstehen und zu einem siegreichen Leben umkehren.

Aber Satan gibt nie auf. Er wird versuchen, uns noch öfter niederzumachen und uns noch länger niederzudrücken, indem er eine falsche Anschuldigung nach der anderen auf uns abfeuert. Wenn wir darin versagen, ihm zu widerstehen, werden wir zu Zielscheiben für noch größere Angriffe Satans.

Die unverzeihliche Sünde

Eine der ernstesten Anklagen, mit der Satan uns beschuldigt ist, dass wir die „unverzeihliche Sünde“ begangen hätten - den Heiligen Geist zu lästern. Es ist wichtig, die Lüge Satans darüber aufzudecken. Sonst werden wir still leiden mit unserem Helm der Erlösung (Epheser 6:17), der uns scheinbar nicht gut tut, weil wir einer Lüge darüber glauben, wer wir seien.

Diese Anklage ist eine typische Art der feindlichen Lügen. Er liebt es, die Schrift zu verdrehen und falsch zu gebrauchen in der Hoffnung, uns zu täuschen, indem wir daran glauben, dass die Bibel uns verdamme. Deshalb ist es wichtig, die *Wahrheit* des Wortes Gottes zu kennen und zu verstehen. Jesus sagt in Markus 3:22-30 folgendes:

> „Und die Schriftgelehrten, die von Jerusalem herabgekommen waren, sprachen: Er hat den Beelzebul! Und: Durch den Obersten der Dämonen treibt er die Dämonen aus! Da rief er sie zu sich und sprach in Gleichnissen zu ihnen: Wie kann der Satan den Satan austreiben? Und wenn ein Reich in sich selbst uneinig ist, so kann ein solches Reich nicht bestehen. Und wenn ein Haus in sich selbst uneinig ist, so kann ein solches Haus nicht bestehen. Und wenn der Satan gegen sich selbst auftritt und entzweit ist, so kann er nicht bestehen, sondern er nimmt ein Ende. Niemand kann in das Haus des Starken hineingehen und seinen Hausrat rauben, es sei denn, er bindet zuvor den Starken; dann erst wird er sein Haus berauben. Wahrlich, ich sage euch: Alle Sünden sollen den Menschenkindern vergeben werden, auch die Lästerungen, womit sie lästern; wer aber gegen den Heiligen Geist lästert, der hat in Ewigkeit keine Vergebung, sondern er ist einem ewigen Gericht verfallen. Denn sie sagten: Er hat einen unreinen Geist."

Die Aufgabe des Heiligen Geistes ist es, Menschen zu Jesus zu bringen. Wenn du das ablehnst, was der Geist über Ihn sagt, kannst du nie zu Christus und zur Rettung kommen. Du wirst gar nicht erst zu Jesus kommen. Aber wenn du zu Ihm kommst, macht Gott dich zu Seinem Kind und *alle* deine Sünden und Lästerungen sind dir wegen Jesus vergeben. Deswegen kann kein Christ die unverzeihliche Sünde begehen.

Stell dir die Schriftgelehrten und Pharisäer vor. Vor ihnen stand ihr Messias, Jesus, der Sohn Gottes - und sie beschuldigten ihn, Satans Macht zu gebrauchen, um Menschen von den dämonischen Fesseln zu befreien! Sie lehnten es völlig ab, was der Heilige Geist ihnen sagte. Später waren sie diejenigen, die sich verschworen hatten, ihn zu verhaften und zu töten. Sie verfluchten und verspotteten Ihn, während Er am Kreuz hing.

Wenn du vom Heiligen Geist überführt wurdest und dich Christus anvertraut hast, hast du das *Gegenteil* vom Begehen der unverzeihlichen Sünde getan. Wenn du dich wegen deiner Sünden überführt fühlst, ist das ein Beweis, dass du ein Christ bist. Du würdest dich nie um deine Sünden kümmern, wenn der Geist nicht in dir arbeiten würde!

Du liegst vielleicht am Boden wegen Satans Täuschung auf diesem Gebiet. Entscheide dich, Gottes Wahrheit zu glauben. Ordne dich Ihm unter, widerstehe dem Teufel, stehe auf und wandle frei.

Vergiss nicht, wer unser Feind ist

Es ist nur eine weitere Strategie Satans. Er möchte uns glaubhaft machen, dass wir die unverzeihliche Sünde begangen hätten. Vergiss nicht, dass Satan der Ankläger ist, der uns auf jede Art und Weise Schaden zuzufügen versuchen wird. Er ist wie ein anklagender Anwalt, der mit seinen Lügen den Zeugen zu verleumden und zu belästigen versucht. Er zeigt mit seinem schleimigen Finger auf uns und sagt: „Aha! Jetzt hast du es getan! Diesmal hast du die Grenze überschritten!"

Was passiert mit einem Christen, der es unterlässt, Satan in seinem oder ihrem Leben zu widerstehen? Janelle's

Geschichte ist ein extremer Fall, aber er zeigt, wie wichtig es ist, die Wahrheit über die Täuschung des Bösen zu erkennen.

Janelle war eine junge Christin mit ernsten emotionalen Problemen und wurde von ihrem Pastor zu mir (Neil) gebracht. Janelle's Verlobter Curt kam mit ihnen. Nachdem er mich Janelle und Curt vorgestellt hatte, wollte der Pastor gehen. „Warte eine Minute", sagte ich. „Es wäre gut, wenn du bleiben würdest."

„Ich habe ein schlechtes Herz", erwiderte der Pastor.

„Ich glaube nicht, dass hier heute etwas geschehen wird, was deinem Herzen schaden wird", versicherte ich ihm. (Ich hatte keine Ahnung, was geschehen würde!) „Außerdem bist du ihr Pastor und ich hätte gerne deine Unterstützung im Gebet." Widerwillig erklärte er sich einverstanden.

Als Janelle mir ihre Geschichte erzählte, merkte ich, dass Satan, der Ankläger, Schlimmes mit ihr angestellt hatte. Als Kind und Teenager war sie Opfer eines Missbrauchs nach dem anderen geworden. Sie hatte auch noch eine kaputte Beziehung zu einem ehemaligen Freund, der in Okkultismus verstrickt war. Über die Jahre hinweg glaubte sie den Lügen Satans, dass sie die Ursache für alle ihre Probleme war und dass sie für Gott und für andere wertlos sei. Ihr Selbstwertgefühl lag tief unten im Dreck.

Als ich Satans bekannte Strategie erkannte, sagte ich: „Janelle, wir können dir bei deinen Problemen helfen. Zur Zeit findet bei dir im Kopf ein Kampf statt, den zu gewinnen Gott uns die Autorität gegeben hat." Sobald ich diese Worte gesagt hatte, wurde Janelle plötzlich abwesend. Sie saß steif wie ein Stein da und ihre Augen starten glasig in die Ferne. „Habt ihr schon jemals zuvor gesehen, dass sie sich so benahm?" fragte ich den Pastor und ihren Verlobten.

„Nein", antworteten sie mit großen Augen. Sie waren wirklich verängstigt.

„Also, ihr braucht euch keine Sorgen zu machen. Ich habe es schon vorausgesehen", sagte ich. „Wir werden die Autorität darüber in Anspruch nehmen, aber es ist wichtig, dass ihr beide eure einwandfreie Beziehung zu Gott bestätigt." Ich leitete den Pastor durch ein Gebet, ähnlich demjenigen im 13. Kapitel dieses Buches. Als ich mich Curt zuwandte, um ihn im Gebet zu leiten, begann er zu zittern.

„Curt, gibt es etwas zwischen dir und Gott, was nicht in Ordnung ist? Ich würde vorschlagen, dass du es sofort in Ordnung bringst." Unter diesen Umständen brauchte man Curt nicht viel zu sagen! Er begann Sünden aus seinem Leben zu bekennen, einschließlich der Tatsache, dass er und Janelle miteinander geschlafen hatten. Ich riet Curt, damit aufzuhören, und er versprach es. Währenddessen saß Janelle regungslos und völlig ausdruckslos da.

Nachdem wir zusammen gebetet hatten, um sein Leben mit Gott in Ordnung zu bringen, gab ich Curt ein Blatt Papier mit einem Gebet, um es laut vorzulesen. Sobald Curt anfing, das Gebet zu lesen, wurde Janelle lebendig. Sie knurrte, schlug dann aus und knallte Curt das Papier aus der Hand. Satan versuchte uns durch die Schnelligkeit ihrer Handlung zu ängstigen und für einen Augenblick war ich erschrocken. Aber es war nur eine seiner Taktiken, die dazu geschaffen waren, uns in Angst zurückschrecken zu lassen. Wir übten Gottes Autorität aus und befahlen im Gebet, dass der Böse im Namen des Herrn Jesus Christus gebunden würde.

Ich wünschte, ich hätte Janelle an diesem Tag auf Video aufgenommen, damit Skeptiker sehen, was passiert, wenn Satan mit der Autorität Gottes konfrontiert wird. Es war, als ob eine Macht Janelle an den Stuhl gebunden hätte. Sie saß nur da, sich windend, gebunden durch die Stricke der Autorität Gottes. Ihre Augen brannten vor Hass, als sie Curt anschaute, was ein weiteres Zeichen von kontrollierender dämonischer Anwesenheit war. Janelle hasste Curt nicht; sie liebte ihn. Sie wollten bald heiraten. Aber Satan hasste es, dass seine Festungen in Curt's und Janelle's Leben niedergerissen wurden, und sein Hass spiegelte sich auf Janelle's Gesicht wider.

Curt beendete das Gebet, während Janelle sich weiter auf dem Stuhl wand. Danach betete ich: „Herr, wir erklären unsere Abhängigkeit von Dir, denn getrennt von Christus können wir nichts tun. Jetzt befehlen wir im Namen des Herrn Jesus Christus dem Satan und allen seinen Mächten, Janelle zu verlassen und gebunden zu bleiben, damit sie frei wird, Gott, ihrem himmlischen Vater, zu gehorchen."

Plötzlich sackte Janelle auf dem Stuhl zusammen und erwachte aus ihrem Trancezustand.

„Kannst du dich an irgend etwas erinnern, was wir gemacht haben?" fragte ich sie.

„Nein, was ist passiert?" fragte sie mit einem erstaunten Blick.

„Es ist nichts, worüber man sich Sorgen machen muss", sagte ich ihr. „Irgendwie hat Satan in deinem Leben Fuß gefasst. Aber wir würden dich gerne durch die Schritte der Freiheit in Christus führen." Etwa eine Stunde später war Janelle frei.

Welches Recht hatte Satan, Janelle zu kontrollieren, wie er es getan hatte? Nur das Recht, welches sie ihm gegeben hatte, indem sie seinen Lügen glaubte. Satan hatte sie überzeugt, dass sie praktisch wertlos sei. Deswegen lebte sie am Rande der Unmoral und befasste sich oberflächlich mit dem Okkulten, was Satan eine noch bessere Gelegenheit gab, in ihrem Leben zu wirken und sie teilweise zu kontrollieren. Aber nachdem Janelle einmal ihren Verstrickungen in Sünde und dem Satan abgeschworen hatte, hatte er keinen Einfluss mehr in ihrem Leben und musste sie loslassen.

Für die meisten von uns werden Satans Anklagen nicht in dieser Art von Gebundenheit enden, wie es in Janelle's

Leben der Fall war. Aber wenn er durch seine Anklagen in dir Zweifel über deinen Wert vor Gott oder deine Wirksamkeit als Kind Gottes säen kann, dann kann er dich von deinem Leben für Gott abhalten. Prüfe deine Gefühle. Nimm jeden Gedanken gefangen. Glaube nichts, was Satan dir über dich sagt; es ist eine Lüge. Glaube alles, was Gott dir über dich sagt; es ist die Wahrheit, die dich freimachen wird.

Anleitung zum Studium

Schlage nach:

Sacharja 3:1-7

Denke nach:

1. Was ist eine Anklage? Verdammt oder beschuldigt Gott uns irgendwann? Was ist der Unterschied zwischen einer Anklage und einer Überführung?
2. Welche Anklagen benutzt Satan heute, um die Gläubigen niederzudrücken? Warum ist es manchmal so schwer, diese Anklagen zu ignorieren?
3. Warum versuchen wir manchmal, Gottes Liebe und Anerkennung zu verdienen, auch wenn wir sie schon haben? Warum ist es so schwer, uns als gerecht anzusehen, auch wenn Gott uns so nennt?
4. Warum können wir als Christen nicht die „unverzeihliche Sünde" begehen?
5. Wie sollst du reagieren, wenn du spürst, dass du vom Feind angeklagt wirst? Wie sollst du handeln, um mit den Anklagen fertig zu werden?

Wende an:

Bete und erkläre Gott, wer du in Christus bist. Danke Ihm, dass es für diejenigen keine Strafe gibt, die in Christus sind. Danke auch dafür, dass Satan nichts gegen uns vorbringen kann, was das Blut Christi nicht schon weggewaschen hat.

11. Die Gefahr der Täuschung

Alice war eine der mitleiderregendsten jungen Frauen, die ich (Neil) jemals getroffen hatte. Sie war mager und hatte kein Gramm Fett an ihrem Körper zu verlieren. Ihre traurigen leeren Augen erzählten mir, dass sie jede Hoffnung in ihrem Leben verloren hatte.

Alice's Vater erzählte mir, dass sie von Schmerzmitteln abhängig war. Sie war ein sehr begabtes Mädchen und in mancher Beziehung eine vorbildliche Christin, aber sie war auch ein Darvon-Süchtige, die einmal für illegalen Besitz rezeptpflichtiger Medikamenten verhaftet worden war. Als ihr Vater mir ihre traurige Geschichte erzählte, saß Alice nickend daneben, als wenn sie sagen wollte: „Ja, das bin ich und das Leben ist echt ätzend."

Schließlich wendete ich mich Alice zu, nahm ihre Hände und sagte: „Ich möchte von dir wissen, was du von dir selber denkst, wer du bist."

„Ich bin nur eine schlechte Versagerin", wimmerte sie.

„Du bist keine Versagerin", erwiderte ich. „Du bist ein Kind Gottes." Sie hörte mit dem negativen Selbstgespräch nicht auf, was darauf hindeutete, dass sie unter einer dämonischen Täuschung lebte. Ich erinnerte sie immer weiter an die gute Nachricht von ihrer Stellung in Christus. Je mehr wir redeten, desto mehr wurde mir bewusst, wie die Anwesenheit Christi an Alice arbeitete.

Schließlich sagte sie: „Willst du mir damit sagen, dass alle diese negativen Gedanken über mich nichts anderes als Satans Lügen waren?"

„Das ist richtig, Alice", nickte ich. „Und wenn du anfängst, die Wahrheit über deine Stellung in Christus zu lernen, wirst du von den Fesseln Satans befreit werden."

Zwei Wochen später schrieb Alice sich in ein zwölfwöchiges Intensivseminar über geistliches Wachstum ein. Am Ende des Seminars begann sie die Kontrolle über ihr Leben zu übernehmen, statt ein Opfer der Täuschung Satans zu bleiben. Sie nahm über 12 Kilo zu. Und heute ist sie frei.

Das Hauptthema des Neuen Testaments ist die Stellung in Christus, die wir durch unseren Glauben an Ihn genießen dürfen. Das ist die gute Nachricht: Christus lebt in uns und wir leben in Christus. Wenn es im Neuen Testament ein negatives Thema gäbe, welches den Widerstand, den wir von Satan erfahren, zusammenfasst, dann wäre es die *Täuschung*.

Es gibt drei wichtige Dinge, mit denen Satan dich von der Wahrheit Gottes abzulenken und dich zu täuschen versucht, seinen Lügen zu glauben: Selbstbetrug, falsche Propheten und Lehrer und betrügerische Geister. Wenn wir es versäumen, unseren Verstand mit der Wahrheit des Wortes Gottes zu füllen, werden wir zu Zielscheiben für Satans Täuschung in diesen Bereichen.

Vorsicht vor Selbstbetrug

Ist es für einen Christen wirklich möglich, sich selbst zu betrügen? Ja, es ist durchaus denkbar. Die Bibel zeigt einige Wege auf, wie wir Christen uns selber betrügen können.

Wir betrügen uns selbst, wenn wir das Wort Gottes hören, es aber nicht tun (Jakobus 1:22; 1. Petrus 1:13). Wir hören die Predigt des Pastors oder die Bibelarbeit des Jugendleiters und sagen: „Wow! Was für eine großartige Wahrheit!" Danach wenden wir uns jemandem zu, um es mit ihm zu teilen, ohne darüber nachzudenken, wie wir es in unserem eigenen Leben anwenden können. Jakobus sagt, dass Menschen, die das Wort hören, aber nicht danach handeln, sich selber betrügen (1:22).

Wir betrügen uns selbst, wenn wir sagen, wir haben keine Sünde (1. Johannes 1:8). Die Bibel sagt nicht, dass wir sündig sind; sie sagt, dass wir sündigen können und dass es für die Sünde möglich ist, in unseren Körpern zu leben (Römer 6:12). Wir sind keine sündlosen Heiligen; wir sind Heilige, die manchmal sündigen. Es ist wichtig, dass wir unsere Versäumnisse erkennen, sie vor Gott bekennen und Seine Vergebung annehmen. Diejenige Person, die sich selbst betrügt, indem sie ihre sündigen Handlungen ignoriert und ihnen zu wachsen erlaubt, geht auf einen großen Verfall zu.

Menschen, die im erdbebengefährdeten Südkalifornien leben, hören immer wieder von dem „einen Großen", welches viele Erdbebenexperten erwarten. Immer wenn sie kleine Erdbeben erleben, werden sie von ihnen erschreckt, aber sie sehen es auch als ein gutes Zeichen an. Diese schwachen Erdbeben bedeuten, dass sich die Platten in der Erdkruste verschieben. Solange die Kruste sich auf diese Art anpasst, ist es unwahrscheinlich, dass das „eine Große" zuschlagen wird. Aber wenn sich für einige Monate oder Jahre keine schwachen Erdbeben ereignen, wächst die Gefahr, dass es ein größeres verheerendes Erdbeben geben wird.

Wenn wir im Gehorsam gegenüber Gottes Wort leben und uns täglich mit unseren Sünden befassen, hindern wir das größere geistliche Erdbeben am Anwachsen in unserem Leben. Wenn wir immer wieder sagen: „Ich habe keine Sünde" oder unsere Versagen nicht zugeben, sooft Gott uns überführt, gehen wir auf das „eine Große" zu.

Wir betrügen uns selber, wenn wir von uns besser denken, als wir sind (Römer 12:3; Galater 6:3). „Aber ich weiß, wer ich bin", sagen wir. „Ich bin ein Kind Gottes, ich bin mit Christus eingesetzt, ich kann alles durch Ihn tun. Das macht mich zu etwas Besonderem." Ja, wir sind etwas Besonderes in Gottes Augen. Aber was wir sind, sind wir durch die Gnade Gottes (1. Korinther 15:10). Das Leben, das wir führen, die Talente, die wir besitzen, und die Gaben, die wir erhalten haben, sind keine persönlichen Fähigkeiten; sie sind Ausdruck der Gnade Gottes. Wir dürfen einen Verdienst Gottes nie für uns in Anspruch nehmen.

Wir sollen vielmehr Gefallen daran haben, Dinge zu tun, die Gott die Ehre geben.

Wir betrügen uns selber, wenn wir denken, dass wir klüger seien, als wir sind (1. Korinther 3:18). Manchmal sind wir versucht zu glauben, dass wir so klug seien wie Satan, der Gott dieser Welt. Aber wir sind ihm nicht gewachsen. Immer wenn wir glauben, wir können Satan selber austricksen, werden wir zu einer Zielscheibe für einen seiner listigen Streiche. Doch Satan ist Gott nicht gewachsen. Es ist für uns wichtig, nicht auf unsere eigene Kenntnis zu vertrauen, sondern den Sinn Christi zu nutzen und Ihn überall an die erste Stelle zu setzen (Sprüche 3:5,6; 1. Korinther 2:16).

Wir betrügen uns selber, wenn wir denken, dass wir gute Christen seien, aber unsere Rede nicht beherrschen können (Jakobus 1:26). Nichts betrübt Gott mehr, als wenn wir andere mit unseren Worten verletzen, statt sie mit unserer Rede aufzubauen. Wir sollen unsere Zunge nie dazu benutzen, andere fertig zu machen. Stattdessen sollen wir einander mit dem, was wir sagen, aufbauen. Wenn unsere Worte unkontrolliert sind, täuschen wir uns selber mit dem Glauben, dass unser geistliches Leben in Ordnung sei.

Wir betrügen uns selber, wenn wir glauben, dass unsere Sünde nicht zu Konsequenzen führen werde (Galater 6:7). Oft denken wir, dass wir als Christen besondere Rechte haben - dass unsere Sünden keine schlechte Auswirkungen haben würden. Aber wir müssen mit den Ergebnissen und Konsequenzen unserer Gedanken, Worte und Handlungen leben, genauso wie die Nichtchristen.

Wir betrügen uns selber, wenn wir glauben, dass Menschen, die völlig in der Sünde leben, Christen seien (1. Korinther 6:9,10). Kate, eine meiner (Neil's) Mitarbeiter, kam einmal völlig niedergeschlagen in mein Büro. Sie hatte gerade erfahren, dass ihre ältere Schwester, die sie zu Christus geführt hatte, von Gott fortgegangen war und in einer lesbischen Beziehung lebte. „Mein Lebensstil macht keinen Unterschied", hatte Kate's Schwester argumentiert. „Gott liebt mich und er hat mir vergeben." Kate war beunruhigt und durcheinander. Ich zeigte ihr 1. Korinther 6:9,10: „Irrt euch nicht: Weder Unzüchtige noch Götzendiener, weder Ehebrecher noch Weichlinge, noch Knabenschänder, weder Diebe noch Habsüchtige, noch Trunkenbolde, noch Lästerer, noch Räuber werden das Reich Gottes erben". Kate's Schwester und andere, die so denken wie sie, sind betrogen. Es ist ein starker Beweis, dass die Beziehung zwischen der Person und Gott nicht in Ordnung ist, wenn sie beständig ein sündiges Leben führt. Wir sind vollkommen betrogen, wenn wir glauben, dass unser Leben nicht mit unserem Reden zu übereinstimmen brauche.

Wir betrügen uns selbst, wenn wir glauben, dass wir ständig mit schlechten Menschen Umgang haben können und nicht von ihnen beeinflusst werden (1. Korinther 15:33). Mein (Dave's) Schwager wuchs in einer stabilen und liebevollen christlichen Familie auf. Er dachte, dass er nicht beeinflußt werden könnte, wenn er mit gottlosen Menschen zusammen war. Aber er entfernte sich so weit von seinen Werten, dass er Mitglied einer brutalen, hasserfüllten Skinhead-Gruppe wurde.

Bedeutet das, dass wir Menschen mit einer schlechten Moral nicht dienen dürfen? Nein, wir müssen ihnen über Christus erzählen. Aber wenn wir unsere ganze Zeit mit ihnen verbringen, wird unsere Dienst schließlich austrocknen und unsere Moral wird zum Schlimmeren beeinflusst.

Vorsicht vor falschen Propheten und Lehrern

Alvin war entmutigt und niedergeschlagen. Er wollte mich (Neil) sprechen, weil er einige Jahre lang geglaubt hatte, er habe eine besondere Gabe von Gott. Aber sein persönliches Leben begann über Monate hinweg auseinander zu fallen. Alvin erreichte schließlich den Punkt, wo er sich völlig von den Menschen zurückzuziehen begann. Er war abhängig von verschreibungspflichtigen Medikamenten und hatte sich von der Gesellschaft ausgeschlossen.

Alvin und ich lasen 1. Thessalonicher 5:19-21: „Den Geist dämpft nicht! Die Weissagung verachtet nicht! Prüft alles, das Gute behaltet! Enthaltet euch des Bösen in jeglicher Gestalt!" Ich sagte: „Alvin, ich bin nicht gegen Prophetie; es ist eine Geistesgabe. Aber Satan kann geistliche Gaben fälschen und uns betrügen, damit wir glauben, sie wären von Gott. Deshalb weist die Bibel uns an, alles zu prüfen."

Nach einer längeren Diskussion über falsche Propheten und Lehrer gab Alvin zu, „Ich denke, dass meine Probleme anfingen, als ich die ‚Gaben' der Zungenrede und Prophetie, die ich von falschen Lehrern erhielt, nicht geprüft habe. Nicht nur ich wurde betrogen, sondern ich habe selber auch andere betrogen."

„Willst du deine Gabe der Zungenrede einer Prüfung unterziehen?" fragte ich. Ich versicherte Alvin, dass ich den Geist prüfen wollte, nicht ihn.

Alvin wollte wirklich frei vom Betrug und in Ordnung mit Gott sein. „Ja", antwortete er.

Ich bat Alvin, laut in seiner „geistlichen Sprache" zu beten. Als er in einer Sprache zu singen begann, die ich nicht verstehen konnte, sagte ich: „Im Namen Christi und im Gehorsam gegen das Wort Gottes befehle ich dir, Geist, dich zu erkennen zu geben."

Alvin hörte mitten in seinem Singen auf und sagte: „Ich bin er."

„Bist du der ‚Er', der gekreuzigt, begraben, am dritten Tag auferstanden ist und jetzt zur Rechten Seines Vaters sitzt?" fragte ich weiter.

Alvin schrie die Antwort fast heraus: „Nein! Nicht Er!" Ich führte Alvin durch ein Gebet, in dem er Satans Tätigkeit in seinem Leben abschwor, und er wurde frei von diesem Betrug.

Wir sind nicht gegen geistliche Gaben, selbst gegen Prophetie und Zungenrede nicht. Aber trotzdem müssen wir der Schrift gehorchen. In 1. Korinther 14:39 wird gesagt: „Also, ihr Brüder, strebt danach, zu weissagen, und das Reden in Sprachen verhindert nicht". Doch die Schrift verlangt auch, dass alle geistlichen Gaben geprüft werden müssen. Falsche Propheten und Lehrer sind heute überall beliebt, einfach weil Christen ihren Dienst akzeptieren, ohne die Geister, die dahinter stehen, zu prüfen.

Vergleich zwischen der Fälschung und dem Echten

In Jeremia 23 offenbarte der Herr durch Seinen Propheten einige Qualifikationen, die ein echter Prophet Gottes haben muss.

Ein wahrer Prophet bringt Menschen zu Gott (Verse 16,21,22). Jeder wahre Prophet Gottes im Alten Testament war ein Evangelist. Der Dienst des Propheten bestand darin, Menschen zurück zu Gott und Seinem Wort zu bringen. Wenn du jemandem begegnest, der ein Prophet zu sein behauptet, die Menschen aber nicht zu einem gerechten Wandel mit Gott aufruft, hast du es möglicherweise mit einem Schwindler zu tun.

Die Träume eines wahren Propheten stimmen mit dem Wort Gottes überein (Verse 25, 28). Gott sprach in der Bibel zu den Menschen oft durch Träume von gottesfürchtigen Menschen. In diesen Versen vergleicht Gott Träume mit Stroh und Sein Wort mit Getreide. Wenn du das Vieh mit Stroh fütterst, stirbt es. Es wird darauf schlafen, aber nicht es fressen, weil es keine Nährstoffe enthält. Auf die gleiche Weise haben Träume einigen Wert, aber sie sind nie gleichberechtigt mit dem Wort Gottes als Grundlage unseres Glaubens oder Wandels. Träume müssen anhand des Wortes Gottes geprüft werden, nie andersherum.

Die Botschaft eines wahren Propheten veranlasst die Menschen, mit Gott in Ordnung zu kommen (Vers 29). Jeremia schreibt: "Ist mein Wort nicht wie ein Feuer, spricht der Herr, und wie ein Hammer, der Felsen zerschmeißt?". Wenn du eine Jugendgruppe oder Gemeinde besuchst, in der Prophezeiungen Teil der Anbetung sind, erwarte nicht solch zuckersüße Botschaften von Gott wie: „Ich liebe euch, meine Kinder" oder „Ich komme bald." Diese Aussagen sind richtig. Aber warum muss man sie prophezeien, da die Bibel doch deutlich von Gottes Liebe und der baldigen Wiederkunft Christi spricht?

Die Stimme eines Propheten sollte wie ein verzehrendes Feuer und ein zerschmetternder Hammer sein. Eine prophetische Botschaft sollte die Menschen zur Gerechtigkeit motivieren, nicht sie bequem in ihren Sünden leben lassen (1. Petrus 4:17).

Ein wahrer Prophet erhält seine Botschaft von Gott und nicht von anderen Menschen (Verse 30, 31). Das zu nehmen, was Gott jemand anderem gesagt hat, und als dein eigenes auszugeben, wird „Plagiat" genannt - Diebstahl der Gedanken anderer. Ferner, dein Reden als direkt von Gott auszugeben, wenn es dies nicht ist, ist ein unglaublicher Schlag gegen Gott. Ist jemand schon einmal zu dir gekommen und hat dir gesagt: „Der Herr hat mich beauftragt, dir zu sagen...?" Du kannst erwidern: „Nein, ich glaube nicht, dass Er es getan hat! Wenn Gott mich etwas wissen lassen möchte, kann Er es mir direkt sagen."

Gott kann und möchte uns ermutigen und Sein Wort durch andere Menschen bestätigen. Aber wenn es um Führung für dein Leben geht, dann gilt: „Denn es ist ein Gott und ein Mittler zwischen Gott und den Menschen, der Mensch Jesus Christus" (1. Timotheus 2:5). Wenn jemand zu dir sagt: „Gott sagte mir, ich soll dir mitteilen, dass...", könnte diese Person als ein geistliches Medium wirken. Und die Bibel verbietet es, auf ein Medium zu hören.

Zeichen und Wunder: Wer wird geprüft?

Viele junge Christen denken, dass, wenn jemand ein Wunder vollbringen kann, er es in Gottes Kraft getan haben muss. Gott kann immer noch Zeichen und Wunder gebrauchen, um uns zu zeigen, dass Sein Wort wahr ist. Doch die Bibel warnt uns auch,„ es werden falsche Christusse und falsche Propheten auftreten und werden Zeichen und Wunder tun, um, wenn möglich, auch die Auserwählten zu verführen" (Markus 13:22).Satan kann genauso Zeichen und Wunder vollbringen, aber er tut es nur, damit wir von der Anbetung Gottes abgelenkt werden.

5. Mose 13:5-11 zeigt den Ernst dessen, Satans Aktivitäten Gott zuzuschreiben. Menschen, die darin verstrickt waren, mussten getötet werden, selbst wenn es Angehörige waren. Wir sollen Gott lieben, Seinem Wort gehorsam sein und alle Zeichen, Wunder und Träume prüfen.

Fälschungen in der Gemeinde

Falsche Propheten und falsche Lehrer sind nicht nur östliche Mystiker, Gurus und nichtchristliche Leiter. Petrus widmete in einem seiner Briefe ein ganzes Kapitel den falschen Propheten und Lehrern, die innerhalb der Gemeinde wirken: „Es gab aber auch falsche Propheten unter dem Volk, wie auch unter euch falsche Lehrer sein werden, die heimlich verderbliche Irrlehren einführen, indem sie sogar den Herrn, der sie erkauft hat, verleugnen; und sie werden ein schnelles Verderben über sich selbst bringen" (2. Petrus 2:1).

Diese Menschen gibt es auch heute in unseren Gemeinden, verkleidet als christliche Leiter.

Achte darauf, dass die Anziehungskraft der falschen Lehrer nicht zuerst in ihrer Lehre liegt: „Und viele werden ihren verderblichen Wegen nachfolgen" (Vers 2). Petrus spricht über Christen, die einen Dienst aufgrund des äußerlichen Auftretens und Charmes dieser Leiter bewerten. Wir sagen: „Er ist eine nette Person", „Sie ist eine sehr charismatische Persönlichkeit“, „Er ist wirklich ein dynamischer Sprecher“, „Sie ist so süß und klingt so aufrichtig.“

Aber wir sollen einen Dienst oder dessen Leiter nie aufgrund des äußeren Auftretens oder der Persönlichkeit bewerten. Das Wichtigste ist, ob diese Person das Wort Gottes als die Wahrheit verkündigt und die Menschen auffordert, ihr Leben mit Gott durch den Glauben an Jesus Christus in Ordnung zu bringen oder nicht.

Petrus zeigt zwei Arten auf, wie wir die falschen Propheten und Lehrer in der Gemeinde identifizieren können. Erstens sind sie in irgendeine Art von Unmoral verstrickt (Vers 10). Sie können in illegale oder unmoralische Handlungen verwickelt sein, was Sex oder Geld oder beides einschließt. Sie können behaupten, dass Gott Liebe und Gnade sei, so dass wir keinen moralischen Gesetzen gehorchen müssten. Ihre Unmoral wird vielleicht nicht leicht entdeckt, aber sie kann in ihrem Leben auftauchen (2. Korinther 11:15).

Zweitens wird von den falschen Propheten und Lehrern gesagt, dass sie „die Mächte lästern“ und „verwegen und anmaßend“ sind (2. Petrus 2:10). Diese Menschen machen ihre eigenen Sachen und sind keinem verantwortlich. Entweder ordnen sie sich nicht der Autorität anderer unter oder sie suchen sich ihre eigenen sogenannten Leiter, die mit ihrem Handeln stets einverstanden sind. Jeder wahre hingegebene Christ in einer Leitungsposition muss sich selbst und seine Ideen anderen reifen Christen, die ihn zur Verantwortung ziehen können, vorlegen.

Vorsicht vor betrügerischen Geistern

Zusätzlich zur Warnung vor Selbstbetrug und falschen Propheten und Lehrern warnt die Bibel uns auch vor dem Betrug durch dämonischen Einfluss. Paulus warnt Timotheus: „Der Geist sagt ausdrücklich, dass in späteren Zeiten etliche vom Glauben abfallen und sich verführerischen Geistern und Lehren der Dämonen zuwenden werden" (1. Timotheus 4:1). Johannes fordert uns auch auf, die Geister zu prüfen, um den Unterschied zwischen dem Geist der Wahrheit und dem Geist des Irrtums zu kennen (1. Johannes 4:1-6).

Ich (Dave) wurde an den Betrug durch böse Geister unter Jugendlichen erinnert, als ich mit Ashley, einem Mädchen in einem Sommercamp in Missouri, sprach. „Meine tote Schwester, Brandy, hat mich besucht", platzte sie heraus.

„Erzähl mir, was geschah", sagte ich.

„Nachdem meine Schwester gestorben war, besuchte meine Mutter oft das Grab Brandys. Sie erzählte, dass Brandy sich mit ihr dort stundenlang unterhielt. Mutter sagte, dass sie Brandy sehen konnte, die ein Stück des Weges nach Hause mit im Auto fuhr. Möglicherweise besuchte Brandy meine Mutter bei uns zu Hause. Jetzt kann sogar ich sie sehen und mit ihr sprechen."

Ich schlug in meiner Bibel Lukas 16 auf und bat Ashley, das Gleichnis vom reichen Mann und Lazarus laut vorzulesen (Verse 19-26). Danach bat ich sie, den Vers 26 noch einmal zu lesen, jenen Vers, in dem Abraham vom Himmel zu dem reichen Mann in der Hölle spricht. Ashley las: "Und zu alledem ist zwischen uns und euch eine große Kluft befestigt, so dass die, welche von hier zu euch hinübersteigen wollen, es nicht können, noch die von dort zu uns herüber kommen können."

Ich sagte: „Kann die Person, die dich und deine Mutter besucht, diesen Versen nach wirklich deine Schwester sein?“

„Nein,“ antwortete sie schnell, „es kann nicht sein, stimmt's? Keiner kann von den Toten zurückkehren.“

„Das stimmt, Ashley.“

„Aber es sah aus wie sie und es redete wie sie!“

„Das ist nur ein Teil von Satans Betrug. Seine Dämonen sind so böse und niederträchtig, dass sie sich sogar als eines von unseren teuren Geliebten verkleiden, um uns von Gott und Seinem

Wort abzubringen.“

Ashley nickte: „Ich erkenne jetzt, dass dieses Ding nicht meine Schwester ist und nicht von Gott kommt.“

Auch wenn Ashleys Erlebnis unter den Jugendlichen immer üblicher wird, ist es wahrscheinlicher, dass Satan unseren Verstand zu beeinflussen versuchen wird, als uns zu erscheinen. Satans dämonische Mächte sind am Wirken und versuchen unseren Verstand mit Lügen zu verunreinigen, um uns vom Wandel in der Wahrheit abzuhalten.

Das folgende ist eine Art Gebet, das wir beten müssen, um uns vor den betrügerischen Geistern zu beschützen:

„Himmlischer Vater, ich gebe mich ganz Deinem Willen hin. Wenn ich auf irgendeine Art und Weise getäuscht worden bin, bitte ich, dass Du mir die Augen für diesen Betrug öffnest. Ich befehle im Namen des Herrn Jesus Christus, dass alle betrügerischen Geister von mir weichen. Ich lehne alle falschen geistlichen Gaben oder Ereignisse ab. Herr, segne alles, was von Dir ist, und bewirke, dass es wächst, damit Dein Leib gesegnet und dadurch auferbaut werde. Amen.“

Geistliches Urteilsvermögen

Unsere erste Verteidigungslinie gegen Satans Täuschung ist Urteilsvermögen. Urteilsvermögen ist die Klingel, die in dir ertönt und dich warnt, dass etwas falsch ist. Urteilsvermögen bedeutet einfach, ein Urteil fällen oder eine Unterscheidung machen zu können. Es hat nur ein Ziel: richtig von falsch zu unterscheiden, damit das Richtige gefördert und das Falsche vernichtet werden kann. In 1. Korinther 12:10 ist das Urteilsvermögen die von Gott gegebene Fähigkeit, einen guten Geist von einem bösen zu unterscheiden. Es ist eine der Gaben des Geistes, die benutzt werden soll, um die Gemeinde aufzubauen.

Urteilsvermögen ist nicht eine Handlung des Verstandes; es ist eine Handlung des Heiligen Geistes, der in uns wohnt. Wenn der Geist dich warnt, kann der Verstand, der geschaffen ist, mit Fakten umzugehen, nicht verstehen, was falsch ist. Aber wenn du wahrnimmst, dass etwas falsch ist, brauchst du es nicht zu verstehen, um nach der Warnung zu handeln. Sage einfach den Menschen, die mit dir sind: „Ich spüre, dass hier etwas nicht stimmt. Lasst uns Gott um Hilfe bitten." Danach erlaube Gott, das Problem ans Licht zu bringen, da nur Er es kann.

Wir sind für Satans Betrug verwundbarer als für alle anderen seiner Pläne. Warum? Weil wir wissen, wann er uns anklagt oder versucht. Aber wenn er uns *täuscht*, wissen wir es *nicht*. Seine Strategie sieht folgendermaßen aus: Wir sollen im Dunkeln bleiben. Wenn er in unsere Jugendgruppen, in unsere Häuser und in unseren Verstand eindringen kann, ohne bemerkt zu werden, kann er uns mit seinen Lügen kontrollieren. Traurigerweise tut er gerade das durchs ganze Land, indem er viele Menschen täuscht.

Du kannst Satans Betrug nicht durch menschliche Argumentation aufdecken; du kannst es nur durch Gottes Offenbarung. Jesus sagte: „Wenn ihr in meinem Worte bleibt, so seid ihr wahrhaftig meine Jünger, und ihr werdet die Wahrheit erkennen, und die Wahrheit wird euch frei machen“ (Johannes 8:31,32). Jesus betete: „Heilige sie in deiner Wahrheit! Dein Wort ist Wahrheit“ (Johannes 17:17).

Wenn du Gottes Rüstung anziehst, ist es wichtig, mit dem Gürtel der Wahrheit anzufangen (Epheser 6:14). Das Licht der Wahrheit ist die einzige gültige Waffe gegen die Dunkelheit der Täuschung.

Hier ist ein ermutigender Brief von einem jungen Mädchen, das von der Täuschung in die Falle gelockt worden war, bis Derjenige, Der die Ketten sprengt, es befreite:

> „Ich werde mich immer an den Tag zurückerinnern, als ich zu dir zur Beratung und zum Gebet kam. Seit jenem Tag spüre ich solch eine Freiheit. Es gibt keine Stimmen oder Gefühle der Schwere mehr in meinem Kopf. Ich freue mich sogar über eine körperliche Empfindung von Erleichterung. Satan ist einige Male zurückgekommen und hat versucht, mich mit jenen alten Gedanken zu verprügeln, aber sein Einfluss in meinem Leben ist gebrochen.
>
> Ich vergesse nie, was du mir gesagt hast. Du sagtest, dass diese negativen Gedanken über Gott und mich selbst Lügen waren, die Satan in meinen Verstand gepflanzt hat. Du sagtest, ich habe durch Jesus Christus die Macht, Satan zurechtzuweisen und die negativen Gedanken loszuwerden. Ich brauchte eine Weile, um das wirklich von ganzem Herzen zu glauben, aber neuerdings habe ich mich entschlossen, zurückzuschlagen - und es wirkt! Es ist wunderbar, meine Probleme mit einem klaren Kopf zu betrachten. Danke, dass du mir und vielen anderen geholfen hast, Frieden zu finden und Vertrauen, Liebe und Glauben an den Herrn zu lernen. Durch die Liebe Christi.“

Anleitung zum Studium

Schlage nach:

Jakobus 4:7; Jeremia 23:16-31

Denke nach:

1. Hast du christliche Freunde, die scheinbar besiegt und betrogen worden sind wie das Mädchen Alice in diesem Kapitel? Gibt es Hoffnung für Menschen, die durch Satans Lügen gebunden sind? Was ist das für eine Hoffnung?
2. In diesem Kapitel haben wir über Selbstbetrug gesprochen. Welche dieser Täuschungen ist heute unter christlichen Jugendlichen am meisten verbreitet? Mit welchem Selbstbetrug hast du am meisten zu kämpfen?
3. Was sind einige der Zeichen für einen echten Propheten? Warum sollten christliche Leiter für ihren Dienst anderen Leitern verantwortlich sein?
4. Wie kann man einen falschen Propheten identifizieren? Warum ist das Verständnis des Wortes Gottes so wichtig, um einen falschen Propheten zu entlarven?

Wende an:

Prüfe noch einmal die Liste des Selbstbetrugs, über die wir in diesem Kapitel gesprochen haben. Bete über jeder Täuschung und bitte Gott, dir zu zeigen, ob du wissentlich oder unwissentlich auf irgendeinem dieser Gebiete betrogen worden bist. Was immer Gott dir in den Sinn schickt, bekenne erst die Täuschung und sage dich dann von jeder Beteiligung los.

12. Dämonische Beeinflussung

Ich erhielt den folgenden Brief von einer jungen Frau, die ich nie getroffen habe. Sheila hatte eine unserer Konferenzen besucht und schrieb:

„Lieber Neil,
Ich bin frei geworden - preist den Herrn! Gestern, zum ersten Mal seit Jahren, hörten die Stimmen auf. Ich konnte die Stille hören. Als wir gesungen haben, konnte ich mich selber singen hören.
In den ersten 14 Jahre meines Lebens lebte ich mit einer tyrannisierenden, misshandelnden Mutter, die niemals ‚Ich liebe dich' sagte oder mich umarmte, wenn ich weinte. Ich erhielt keine Aufmerksamkeit, keine freundlichen Worte, keine Bestätigung, keine Empfindung dessen, wer ich war - nur körperlichen und seelischen Missbrauch. Mit 15 wurde ich einem dreiwöchigen Erhard-Seminar-Training (EST) unterzogen, was meinen Verstand durcheinanderbrachte. Das folgende Jahr war die reinste Hölle. Meine Mutter warf mich raus und so musste ich bei einer anderen Familie leben. Schließlich warfen auch diese mich raus.
Drei Jahre später fand ich Christus. Meine Entscheidung, Christus zu vertrauen, gründete sich auf meine Angst vor Satan und der Macht des Bösen, die ich in meinem Leben erfahren hatte. Auch wenn ich wusste, dass Satan seine Besitzrechte über mich verloren hatte, bemerkte ich nicht, wie verwundbar ich immer noch für seine Täuschung und Kontrolle war. In den ersten zwei Jahren meines christlichen Lebens war ich durch eine Sünde gebunden, von der ich nicht einmal wusste, dass es eine Sünde ist. Als ich diese Sünde erkannte, sie Gott bekannte und Vergebung erhielt, dachte ich, ich sei endlich frei von Satans Versuchen, mein Leben zu

kontrollieren. Ich verstand nicht, dass der Kampf erst angefangen hatte.
Ich litt unter unerklärlichen Ausschlägen, Nesselausschlägen und Striemen an meinem ganzen Körper. Ich verlor meine Freude und Nähe zum Herrn. Ich konnte nicht mehr singen oder die Bibel lesen. Ich wendete mich dem Essen als Trost und Sicherheit zu. Die Dämonen griffen mein Verständnis von richtig und falsch an, und in meiner Suche nach Identität und Liebe wurde ich in Unmoral hineingezogen.
Aber das alles fand gestern ein Ende, als ich Satans Kontrolle in meinem Leben abschwor. Ich habe die Freiheit und den Schutz gefunden, die aus dem Wissen entstehen, geliebt zu werden. Ich bin nicht berauscht. Ich schreibe mit einem klaren Verstand, einem reinen Geist und einer ruhigen Hand. Sogar meine frühere Gebundenheit ans Essen scheint mir plötzlich fremd.
Ich war mir nie im klaren darüber, dass das Leben eines Christen für Satans Kontrolle so verwundbar sein kann. Ich war betrogen worden, aber jetzt bin ich frei. Danke Dir, danke Dir, Jesus!
-Sheila“

Sheila ist ein ernüchterndes Beispiel für ein Gebiet des geistlichen Angriffs, über das die meisten Christen nicht gerne reden: dämonische Kontrolle. Als Gläubige hatte Sheila die Kontrolle über ihre Essgewohnheiten, ihr sexuelles Verhalten und ihr geistliches Leben verloren. Sie wuchs geistlich nicht mehr; sie schrumpfte zusammen. Sie sang nicht und las nicht mehr in der Bibel, weil sie innerlich blockiert war.

Die meisten von uns geben zu, dass Christen offensichtliche Zielscheiben für Anklage, Versuchung und Täuschung des Feindes sind. Aber aus irgendeinem Grund zögern wir zuzugeben, dass Christen die Kontrolle über ihr Leben verlieren können, indem sie den dämonischen Einflüssen nachgeben.

Dennoch gibt es in der Bibel viele deutliche Beweise, dass Gläubige, die ständig Versuchungen, Anklagen und Täuschungen nachgeben, ihren Kampf mit der Sünde und Abhängigkeit verlieren können.

Glücklicherweise bedeutet dämonische *Gebundenheit* nicht, dass man Satan *gehört*. Wie Sheila sind wir durch das Blut des Lammes erkauft worden und nicht einmal die Mächte der Hölle können uns unsere Rettung wegnehmen (1. Petrus 1:17-19); Römer 8:35-39). Satan weiß, dass er uns nie wieder besitzen kann. Aber wenn er uns täuschen kann, dass wir ihm auf irgendeine Weise die Kontrolle über unser Leben übergeben, kann er unser Wachstum und unseren Einfluss für Christus in der Welt behindern. Da wir in einer Welt leben, deren Gott Satan ist, besteht ständig die Möglichkeit, versucht, betrogen und angeklagt zu werden. Wenn wir zulassen, dass seine Pläne uns beeinflussen, können wir soweit die Kontrolle verlieren, wie wir betrogen werden sind.

Heilige in Ketten

Es ist sehr wichtig zu verstehen, dass Christen Zielscheiben des dämonischen Einflusses sind. Diejenigen, die behaupten, dass ein Dämon das Leben eines Gläubigen nicht beeinflussen könne, lassen nur zwei mögliche Antworten auf die Probleme, die wir erleben, zu: Entweder sind wir die Ursache oder Gott ist es. Wenn wir uns selber anklagen, fühlen wir uns hilflos, weil wir nichts tun können, um mit dem aufzuhören, was wir tun. Wenn wir Gott beschuldigen, wird unser Vertrauen auf Ihn als unseren liebenden Vater erschüttert. Wofür wir uns auch entscheiden, wir haben keine Chance, den Sieg zu erlangen, den die Bibel uns verspricht.

In Wirklichkeit befinden wir uns in einem zu gewinnenden Krieg gegen dämonische Mächte aus dem besiegten Königreich der Dunkelheit. Doch wenn Satan es schafft, dass du einer Lüge glaubst, kann er dein Leben beherrschen.

Die folgenden Hinweise aus der Bibel zeigen, dass Gläubige unter die Gebundenheit des dämonischen Einflusses kommen können.

Lukas 13:10-17. Während Jesus in der Synagoge (der Ort, wo die Juden Gott anbeteten und die Schrift studierten) lehrte, „war dort eine Frau, die seit achtzehn Jahren einen Geist der Krankheit hatte, und sie war verkrümmt und konnte sich gar nicht aufrichten" (Vers 11). Vers 16 besagt, dass ihre Krankheit durch eine satanische Gebundenheit verursacht wurde. Diese Frau war keine Ungläubige. Sie war eine gottesfürchtige Frau des Glaubens mit einem geistlichen Problem. Sobald Jesus sie aus ihrer Gebundenheit befreit hatte, war ihr physisches Problem gelöst.

Achte darauf, dass diese Frau vor der Kontrolle der Dämonen nicht geschützt war, indem sie in der Synagoge war. Genauso wenig können uns auch die Wände der Kirche davor schützen. Wenn steinerne Wände kein Hindernis für Satan sind, glaubst du, dass unsere Haut es ist? Die geistliche Welt ist solchen natürlichen Grenzen nicht unterworfen.

Es stimmt, dieses Ereignis fand vor dem Kreuz [Christi] statt. Aber es ist ein Hinweis darauf, dass Dämonen körperliche Auswirkungen auf Gläubige haben können.

Lukas 22:31-34. Der Apostel Petrus ist das Beispiel eines Gläubigen, der eine Zeitlang seine Kontrolle an Satan verlor. Jesus sagte zu ihm: „Simon, Simon, siehe, der Satan hat euch begehrt, um euch zu sichten wie den Weizen“ (Vers 31). Welches Recht hatte Satan, solches zu fordern? Anscheinend hatte Petrus durch Stolz Satan die Tür geöffnet, als er mit den Jüngern diskutierte, wer von ihnen der

Größte sei (Lukas 22:24). Sogar als Petrus von ganzem Herzen wünschte, seinem Meister bis zum Tod treu zu bleiben (Vers 33), deutete Jesus an, dass Petrus Ihn dreimal verleugnen würde (Vers 34), was er auch tat.

Es ist ermutigend zu wissen, dass Jesus schon für die erfolgreiche Wiederherstellung von Petrus gebetet hatte (Vers 32).

Epheser 6:10-17. Diese Verse fassen Paulus' starke Ermutigung an Gläubige zusammen: „Zieht die Waffenrüstung Gottes an, damit ihr standhalten könnt gegenüber den Kunstgriffen des Teufels" (Vers 11). Was ist der Zweck der Rüstung? Um die Pfeile des Feindes zu hindern, in den Körper einzudringen und den Soldaten zu verletzen. Wenn es für die Pfeile Satans unmöglich wäre, uns zu verletzen, bräuchten wir die Rüstung nicht anzuziehen. Paulus' Lehre über die geistliche Rüstung legt es nahe, dass es für den Feind möglich ist, in unser Leben einzudringen und einen Teil der Kontrolle zu bekommen.

Jakobus 3:14-16. Jakobus zeigt uns, dass wir, wenn wir durch der Eifersucht und Selbstsucht nachgeben, uns selber dem Kontrolliertwerden durch eine Weisheit, die „irdisch, seelisch und dämonisch" (Vers 15) ist, zu öffnen.

1. Timotheus 4:1-3. Paulus schrieb, dass „in späteren Zeiten etliche vom Glauben abfallen und sich verführerischen Geistern und Lehren der Dämonen zuwenden werden" (Vers 1). Satan kann deinen Verstand auf den Gebieten, wo du für seine Kontrolle angreifbar bist, täuschen. Anzeichen seiner Herrschaft, die hier erwähnt werden, sind unbiblische Verhaltensregeln auf den Gebieten der Essgewohnheiten und der Ehe (Vers 3).

1.Korinther 5:1-13. Dieser Abschnitt fasst Paulus' Lehre über einen christlichen Mann zusammen, der mit der Frau seines Vaters zusammen lebte (Vers 1). Dieser Mann war von Satan so stark betrogen und durch die Unmoral kontrolliert worden, dass er anscheinend vor der ganzen Gemeinde mit seiner sündigen Beziehung prahlte. Paulus'

Urteil über diese Angelegenheit war streng: „Ich habe beschlossen, den Betreffenden dem Satan zu übergeben zum Verderben des Fleisches, damit der Geist gerettet werde am Tag des Herrn Jesus“ (Vers 5). Paulus überließ den Mann für eine Zeitlang dem Satan, in der Hoffnung, dass er schließlich sagen würde: „Mir reicht es“ und sein Verhalten bereuen würde.

Einige Menschen fragen sich, ob eine Person, die so tief in der Sünde lebt, wirklich ein Christ ist. Aber wenn dieser Mann ein Ungläubiger wäre, hätte Paulus ihn nicht korrigiert, da die Gemeinde nur Mitglieder und nicht Ungläubige erziehen soll. Dieser Mann war ein Gläubiger (wenigstens behandelte Paulus ihn wie einen), der es sich selbst erlaubt hatte, in die Falle der sexuellen Sünde zu tappen. Paulus hoffte, dass er die natürlichen Konsequenzen seiner Sünde erleben, sie bereuen und von seiner Gebundenheit befreit werden würde.

Epheser 4:26, 27. Paulus wies an: „Zürnt ihr, so sündigt nicht; die Sonne gehe nicht unter über eurem Zorn! Gebt auch nicht Raum dem Teufel“. Das Wort *Raum* bedeutet buchstäblich „Raum“. Paulus sagt damit, dass wir dem Teufel Raum in unserem Leben geben, wenn wir darin nachlassen, die Wahrheit in Liebe auszusprechen und unsere Gefühle zu beherrschen. Ärger, der zur Bitterkeit wird, und mangelnde Vergebungsbereitschaft sind eine offene Tür für Satan (2. Korinther 2:10,11).

1. Petrus 5:6-9. Petrus warnte: „Denn euer Widersacher, der Teufel, geht umher wie ein brüllender Löwe und sucht, wen er verschlingen kann“ (Vers 8). Das Wort *„verschlingen“* bedeutet herunterschlucken. Von etwas verschlungen zu werden vermittelt sicherlich den Gedanken, davon beherrscht zu werden. Wenn Gläubige von Satan nicht beherrscht werden könnten, würde Petrus uns nicht vor dieser Möglichkeit warnen.

Die Warnung des Petrus deutet auf zwei Verhältnisse hin, die einen Gläubigen für die Herrschaft Satans öffnen können. In Vers 6 werden wir ermutigt, uns vor dem Herrn zu demütigen. Petrus weist darauf hin, dass wir, sooft wir dem Stolz widerstehen, Satan widerstehen. Und die Verse 7 und 8 deuten an, dass wir lernen müssen, unsere Sorgen auf den Herrn zu werfen, um nicht zur leichten Beute zu werden.

Apostelgeschichte 5:1-11. Die Mitglieder der jungen Jerusalemer Gemeinde verkauften zwanglos ihr Eigentum und gaben den Gewinn den Aposteln, um ihn für den Dienst einzusetzen. „Ein Mann aber mit Namen Ananias verkaufte ein Grundstück zusammen mit seiner Frau Saphira, und schaffte etwas von dem Erlös für sich beiseite mit Wissen seiner Frau; und er brachte einen Teil davon und legte ihn den Aposteln zu Füßen. Petrus aber sprach: ‚Ananias, warum hat der Satan dein Herz erfüllt, so dass du den Heiligen Geist belogen hast und von dem Erlös des Gutes etwas für dich auf die Seite geschafft hast?...Du hast nicht Menschen belogen, sondern Gott'" (Verse 1-4).

Das Problem lag nicht darin, dass Ananias und Saphira einen Teil des Geldes zurückgehalten hatten, sondern dass sie gelogen hatten. Anscheinend sagten sie, sie hätten die ganze Summe, die sie bekamen, abgegeben. Die Folge für die Sünde des Paares kam direkt und ernüchternd: sie starben auf der Stelle (Verse 5,10).

Dieses Ereignis geschah innerhalb der christlichen Gemeinde und Ananias und Saphira waren offensichtlich Mitglieder. Warum richtete Gott Ananias und Saphira so dramatisch in den schwierigen ersten Tagen der Gemeinde? Weil Er den wirklichen Kampf kannte, durch den die Gemeinde zu gehen hatte. Es gilt auch heute noch: Wenn Satan in deine Gemeinde, in dein Haus oder in dich eindringen kann und du seinen Lügen glaubst, kann er dein Leben beherrschen.

Apostelgeschichte 5:11 sagt: „Und es kam große Furcht über die ganze Gemeinde und über alle, die dies hörten." Wenn Gott nur die Menschen *außerhalb* der Gemeinde richtet, warum sollten sich dann die Menschen *innerhalb* der Gemeinde fürchten? Unter den *Gläubigen* war große Furcht, weil Gott auf dramatische Weise gezeigt hatte, was Er über *Gläubige* denkt, die ein lügenhaftes Leben führen.

Diese harte Strafe zeigte, wie wichtig Gott die Wahrheit innerhalb der Gemeinschaft der Gläubigen war. Ungläubige lügen immer, aber sie sterben nicht auf der Stelle wie Ananias und Saphira. Gott vermittelte uns früh, dass nicht Drogen, Sex oder falsche Religionen das Hauptproblem in der Geschichte der Kirche sind; es ist das Nachgeben in Bezug auf Satans Betrug.

Ananias' Problem bestand darin, es Satan zu gestatten, sein Herz mit Täuschung zu erfüllen (zu beherrschen). Das Wort *„erfüllt"* in Apostelgeschichte 5:3 ist das gleiche Wort, das in Epheser 5:18 benutzt wird: "Laßt euch vom Geist erfüllen." Es ist für einen Gläubigen möglich, entweder von Satan getäuscht oder mit dem Geist erfüllt zu werden. Welche Quelle auch immer wir uns überlassen, von der werden wir erfüllt und beherrscht. Wenn wir Satan erlauben, uns in irgendeinem Bereich unseres Lebens zu täuschen, dann sind wir für seine Herrschaft auf diesem Gebiet offen.

Der Teufel ist nicht schuld, dass du es getan hast!

Wir können nicht die ganze Schuld für das Versagen von Ananias und Saphira auf Satan schieben. Wir dürfen nicht vergessen, dass diese beiden Gläubigen die Lüge bereitwillig ausführten, die zu ihrem Tod führte. Petrus fragte sie einzeln: „Warum seid ihr übereingekommen, den Geist des Herrn zu versuchen?" (Apostelgeschichte 5:4,9). Es stimmt, Satan hatte ihre Herzen mit Täuschung erfüllt und sie in ihrer Sünde teilweise kontrolliert. Aber er konnte es nur tun, weil Ananias und Saphira ihm auf irgendeine Weise die Tür geöffnet hatten.

Glaube keinem, der sagt: „Der Teufel hat mich gezwungen, es zu tun." Nein, er zwang uns nicht dazu; wir erlaubten ihm, es zu tun. An irgendeinen Punkt entschieden wir uns, dem Teufel Raum zu geben. Er nahm nur die Gelegenheit wahr, die wir ihm gaben. Wir haben alle Mittel und den Schutz, die wir brauchen, um jeden Tag ein siegreiches Leben in Christus zu führen. Wenn wir nicht danach leben ist es unsere Entscheidung. Wenn wir dem Teufel eine Tür offen lassen, indem wir der Versuchung, der Anklage oder der Täuschung nicht widerstehen, wird er eintreten. Und wenn wir ihm den Zugang zu diesem Gebiet gewähren, wird er es schließlich beherrschen. Wir verlieren nicht unsere Erlösung, aber wir verlieren unseren täglichen Sieg.

Viele junge Christen, die ihr Leben auf einigen Gebieten nicht beherrschen können, sitzen heute herum und klagen sich selbst an, anstatt das Problem zu lösen. Sie beschimpfen und bestrafen sich selbst dafür, dass sie nicht die Willenskraft haben, mit einer schlechten Gewohnheit aufzuhören, wenn sie stattdessen Satan auf dem Gebiet abwehren sollten, auf dem er ihnen die Kontrolle weggenommen hat. Alles Schlechte, womit du nicht aufhören kannst, oder alles Gute, das du nicht tun kannst, ist ein Gebiet der Gebundenheit.

Wenn wir nicht verantwortlich sind, verlieren wir die Kontrolle

Vorher haben wir den Schutz des Gläubigen im Angesicht der dämonischen Angriffe betrachtet. Wir müssen die Verantwortung übernehmen, da wir diesen Schutz nicht als etwas selbstverständliches betrachten können.

Gottes Schutz hängt von unserer Bereitschaft ab, den Schutz anzuwenden, den Gott zur Verfügung gestellt hat.

In Römer 13:14 wird uns gesagt:"Zieht den Herrn Jesus Christus an und pflegt das Fleisch nicht bis zur Erregung von Begierden." Was geschieht aber, wenn wir dem Fleisch Raum geben, indem wir unser Leben durch die Sünde für Satan zugänglich machen? Haben wir unabhängig von unserem Handeln unbegrenzten Schutz vor Satans Angriffen? Nein, wir sollen das tun, was Gott uns gesagt hat, damit wir Seinen Schutz nutzen können.

Jakobus 4:7 sagt uns: „Widersteht dem Teufel, so flieht er von euch". Was geschieht, wenn wir ihm nicht widerstehen? Muss er vor uns fliehen, wenn wir nicht auf ihn aufpassen? Nein, wenn wir ihm nicht widerstehen, braucht er uns nicht zu verlassen. Gottes Schutz ist uns auf diesem Gebiet garantiert, wir aber schalten diesen Schutz ein, indem wir Satan widerstehen.

Epheser 6:10-17 beschreibt die Rüstung Gottes, die wir anzuziehen angewiesen sind, „damit ihr standhalten könnt gegenüber den Kunstgriffen des Teufels" (Vers 11). Aber wird Gott uns davor bewahren, verwundet zu werden, wenn wir in den Kampf ohne unsere Rüstung gehen? Nein, wenn wir uns selber nicht mit der Rüstung schützen, die Gott vorgesehen hat, sind wir in diesen ungeschützten Bereichen verwundbar.

Jakobus 4:1 nennt als Grund für unsere Auseinandersetzungen und Kämpfe die bösen Begierden in uns. Paulus weist uns an, „so soll nun die Sünde nicht herrschen in eurem sterblichen Leib, damit ihr [der Sünde] nicht durch die Begierden [des Leibes] gehorcht" (Römer 6:12). Die Welt, das Fleisch und der Teufel befinden sich im ständigen Kampf gegen das Leben des Geistes in uns. Aber was geschieht, wenn wir nicht zurückschlagen? Werden wir immer noch siegreich über die bösen Begierden sein, die uns zu beherrschen versuchen? Nein, sie werden uns beherrschen, wenn wir ihren Angriff nicht abwehren, indem wir Satan widerstehen.

Sich für die Wahrheit zu entscheiden, ein gerechtes Leben zu führen und Gottes Rüstung anzuziehen ist die persönliche Verantwortung jedes Gläubigen. Deine Mutter und dein Vater, dein Pastor und dein Jugendleiter sind für dich nicht verantwortlich. Sie können für dich beten, dich im Glauben ermutigen und dich unterstützen. Aber wenn du ohne deine Rüstung in den Kampf gehst, kannst du verletzt werden. Diejenigen, die dich lieben, können sehr besorgt um dich sein, aber sie können trotzdem nicht die Entscheidungen der Verantwortlichkeit für dich treffen. Diese Entscheidungen kannst nur du treffen.

An diesem Punkt denkst du vielleicht wie der Apostel Paulus in Römer 7:15: "denn ich tue nicht, was ich will, sondern was ich hasse, das übe ich aus." Du hast erkannt, dass du eine Zielscheibe für Satans Versuchung, Anklage und Täuschung geworden bist. Du hast Satan nicht widerstanden, wie du es solltest. Du fragst dich: „Bin ich in meinen Problemen stecken geblieben? Ich habe die Tür für Satan offen gelassen und er hat mich ausgenutzt. Kann ich ihn aus den Bereichen hinausweisen, in die er sich eingeschlichen hat?"

Die Antwort lautet: Ja! Jesus Christus ist es, der die Ketten sprengt. Aber um seine Freiheit zu erfahren, müssen wir die Tür finden, durch die Satan den Eingang gefunden hat. Wir müssen sagen: „Herr, ich bekenne, dass ich dafür verantwortlich bin, Satan Raum in meinem Leben gegeben zu haben, und ich schwöre jeder Verstrickung mit ihm ab, die zu meiner Gebundenheit geführt hat." Wir nennen diesen Prozeß die Schritte zur Freiheit in Christus. Bist du breit, frei zu werden? Kapitel 13 wird dich durch die Schritte der Freiheit führen und dann wirst du wirklich frei sein.

Anleitung zum Studium

Schlage nach:

Römer 13:14; Epheser 6:10-17; Römer 6:12

Denke nach:

1. In diesem Kapitel haben wir ein paar biblische Beispiele von Heiligen betrachtet, welche die Herrschaft verloren und dem Feind erlaubten, sie zu beeinflussen. Wie wurde der Apostel Petrus getäuscht? (Siehe Lukas 22:31-34).
2. Auf welche Art und Weise täuschte Satan Ananias und Saphira? Über welchen Hauptpunkt war Gott besorgt? (Siehe Apostelgeschichte 5:1-11)
3. Welche Einsicht hast du gewonnen, die dir helfen kann, frei von jeder dämonischen Täuschung oder Herrschaft zu bleiben?
4. Welchen Schutz hat Gott uns gegeben, um uns vor Satans Täuschung und Herrschaft zu schützen?

Wende an:

Bete und bitte Gott, dir jederzeit zu zeigen, wann du dich Satans Täuschung ausgeliefert und darin versagt hast, Satan zu widerstehen, wann du es versäumt hast, Gottes Rüstung anzuziehen, oder es der Sünde erlaubt hast, in deinem Leben zu herrschen. Bekenne und bereue jede Begebenheit, die dir in den Sinn kommt.

Teil 3
Wandle in Freiheit!

13. Schritte zur Freiheit in Christus

Wenn du Christus als deinen persönlichen Erlöser abgenommen hast, dann hat Er dich von der Sünde und von der Macht Satans durch Seinen Sieg am Kreuz und Seine Auferstehung befreit. Aber wenn du in deinem täglichen Leben die Freiheit nicht *erlebst*, kann es daran liegen, dass du nicht erkannt hast, wer du in Christus bist, und dich nicht dem Teufel und seinen Lügen widersetzt hast. Es ist deine Verantwortung, alles zu tun, um eine gute Beziehung mit Gott zu pflegen. Deine ewige Beziehung mit Gott steht nicht auf dem Spiel; in Christus bist du sicher und geborgen. Aber wenn du es versäumst, deine Freiheit in Anspruch zu nehmen und sie zu behalten, wird dein täglicher Sieg in Ihm gefährdet.

In diesem Kapitel möchten wir sieben Schritte vorstellen, die du benötigst, um die ganze Freiheit und den Sieg zu erfahren, welche Christus für dich am Kreuz erworben hat. Erwarte nicht, dass jemand anderer für dich diese Schritte geht. Das musst du alleine tun. Aber wir empfehlen dir dringend, dass ein reifer Christ mit dir diese Schritte durchnimmt (Eltern, ein vertrauensvoller Freund, ein Pastor oder Jugendleiter, ein Seelsorger oder jemand anderer, dem du vertraust). Deine Freiheit wird das Ergebnis deiner Entscheidung sein, was du glauben, bereuen, vergeben, bekennen und aufgeben wirst. Niemand kann für dich glauben. Der Kampf um deinen Verstand kann nur gewonnen werden, wenn du dich persönlich für die Wahrheit entscheidest.

Wenn du diese Schritte durchnimmst, wirst du vielleicht solche Gedanken haben wie: „Das wird nicht funktionieren" oder „Gott liebt mich nicht." Das sind Lügen des Feindes. Sie können dich nur dann aufhalten, wenn du ihnen glaubst. Wenn du diese Schritte der Freiheit alleine durchnimmst, schenke Satans Lügen keine Aufmerksamkeit. Wenn ein anderer Christ sie mit dir zusammen durchnimmt, wie wir es vorgeschlagen haben, teile ihm jeden Gedanken mit, der dich zum Aufgeben zu überreden versucht. Sobald du die Lüge aufdeckst, wird die Macht Satans gebrochen werden.

Vergiss nicht, dass Satan nur besiegt wird, wenn du ihm hörbar gegenübertrittst. Er braucht deinen Gedanken nicht zu gehorchen. Nur Gott weiß genau, was in deinem Verstand vor sich geht. Während du jeden Schritt durchnimmst, ist es wichtig, dich Gott in deinem Herzen zu unterordnen und dem Teufel zu widerstehen, indem du jedes Gebet und jede Aussage laut vorliest (Jakobus 4:7).

Fang mit dem folgenden Gebet an. Bete es laut von ganzem Herzen:

> *„Lieber himmlischer Vater, ich weiß, dass Du jetzt hier in diesem Zimmer und in meinem Leben gegenwärtig bist. Du bist der einzige allwissende, allmächtige, ewige Gott. Ich brauche Dich verzweifelt, denn ohne Jesus kann ich nichts tun.*
> *Ich glaube an die Bibel, denn sie sagt mir die völlige Wahrheit. Ich weigere mich, den Lügen Satans zu glauben. Ich trete ein für die Wahrheit, dass alle Autorität im Himmel und auf der Erde dem auferstandenen Christus gegeben worden ist. Ich bitte Dich, meine Gedanken und den Verstand zu bewahren, mich mit Deinem Heiligen Geist zu erfüllen und mich in die Wahrheit zu leiten. Ich bitte um Deinen völligen Schutz. Im Namen Jesu bitte ich, Amen."*

Wenn ein christlicher Freund oder ein Seelsorger bei dir ist, kann er oder sie folgendes Gebet für dich aussprechen; wenn nicht, lies es selber laut vor:

„Im Namen und in der Macht des Herrn Jesus Christus befehlen wir Satan und allen bösen Geistern (Name) loszulassen, damit (Name) frei wird, den Willen Gottes kennen-

zulernen und sich zu entscheiden, diesen zu tun. Als Kinder Gottes, die mit Christus in den Himmel versetzt sind, erklären wir uns damit einverstanden, dass jeder Feind des Herrn Jesus Christus in (Name) zum Schweigen verpflichtet wird. Wir befehlen Satan und allen seinen bösen Mithelfern, dass ihr keinerlei Schmerzen zufügen oder auf irgendeine Art und Weise Gottes Willen stoppen könnt oder daran hindern dürft, heute in (Name)erfüllt zu werden.“

Schritt 1: Fälschung gegen Realität

Der erste Schritt zur Freiheit in Christus bedeutet, jeder gegenwärtigen oder vorherigen Beteiligung an satanisch inspirierten okkulten Praktiken oder falschen Religionen abzuschwören (sich davon abzuwenden). Du musst jeder Handlung oder Gruppe abschwören, welche Jesus Christus verleugnet, dein Leben durch irgendeine Quelle außer der Bibel zu bestimmen versucht oder geheime Aufnahmen, Zeremonien, Versprechen oder Pakte (Bündnisse) fordert. Kein Christ soll Teil einer Gruppe sein, die nicht völlig offen darüber spricht, was sie ausübt (1. Johannes 1:5,7).

Wir sollen uns nicht nur für die Wahrheit entscheiden, sondern auch Satan und seinen Lügen widerstehen. Es gibt keinen Mittelweg. Jesus sagte: „Wer nicht mit mir ist, der ist gegen mich“ (Lukas 11:23). Es gibt nicht *viele* Wege zu Gott; es gibt nur *einen* Weg (Johannes 14:6). Andere Religionen oder Kulte können über Jesus sprechen, aber sie stellen Ihn anders dar, als Er in der Bibel gezeigt wird. Sie können damit einverstanden sein, dass Jesus gelebt hatte, aber sie nennen Ihn nicht den Sohn Gottes.

Fülle die folgende „Nichtchristliche geistliche Checkliste“ aus, als eine Hilfestellung, um deine geistlichen Erfahrungen zu beurteilen. Die Liste kann dir helfen, alle nichtchristlichen Praktiken zu erkennen, mit denen du dich beschäftigt hast. Wenn die Liste etwas nicht enthält, womit du dich beschäftigt hast und wovon du glaubst, dass es unchristlich war, füge auch das hinzu. Sogar wenn du „unschuldig“ an irgendeinem Ereignis teilgenommen hast oder nur beobachtet hast, wie jemand anderer darin verstrickt war, solltest du es auf deine Liste setzen und ihm abschwören für den Fall, dass du Satan, ohne es zu bemerken, Raum gegeben hast.

Sei nicht überrascht, wenn du einigen Widerstand spüren wirst, während du diesen Schritt ausführst. Satan will nicht, dass du frei wirst, und er wird alles ihm Mögliche tun, um dich davon abzuhalten, die Freiheit in Anspruch zu nehmen.

Während du diesen Schritt durchnimmst, bete das nachstehende Gebet:

> *„Lieber himmlischer Vater, offenbare mir alles, was ich getan habe oder was jemand mir zugefügt hat, was geistlich falsch war. Zeige mir, wie ich mich auf irgendwelche Kulte, falsche Religionen, okkulte/satanische Praktiken oder falsche Lehrer bewusst oder unbewusst eingelassen habe. Ich möchte Deine Freiheit erleben und Deinen Willen tun. Ich bitte darum in Jesu Namen, Amen.“*

Nichtchristliche geistliche Checkliste

Unterstreiche jede der folgenden Handlungen, an denen du dich auf irgendeine Art und Weise beteiligt hast.

Okkultes

Trance-Zustände

Handlesen

Ouija-Brett

Astrologie oder Horoskope oder beides

Anrufen der „Bloody Mary“ vor einem Spiegel

Hypnose

Zauber-Billardkugel (mit der Zahl Acht)

Seancen

Tische-Rücken oder Körper-Schweben-Lassen

Islam

Verwünschungen oder Flüche

Schwarze oder Weiße Magie

Automatisches Schreiben

Dungeons & Dragons

Geistführer

Andere Fantasy-Spiele

Zukunftsvoraussage

Tarot-Karten

Gegenstände der Anbetung, Kristalle

Blutpakt oder oder Glücksbringer

Selbstverstümmelung

Sonstiges:

Kulte:

Mormonen

Zeugen Jehovas

New Age

New Age-Medizin

Freimaurer

Scientology

Christliche Wissenschaft

Sonstiges:

Andere Religionen:

Zen-Buddhismus

Hinduismus

Islam

Asiatische Kampfsportarten

Transzendentale Meditation

Yoga

Sonstiges:

Schreibe die Titel antichristlicher Filme, Musik, Bücher, Zeitschriften, Comics, TV-Programme, Videospiele und so weiter auf, die dich vielleicht in einer falschen Weise beeinflusst haben.

Filme:

Musik:

Bücher, Zeitschriften, Comics:

TV-Programme, Videospiele:

1. Hast du in deinem Zimmer schon einmal ein geistiges Wesen gespürt, gehört oder gesehen?
2. Hattest du einen imaginären Freund, der mit dir gesprochen hat?
3. Hast du in deinem Kopf Stimmen gehört oder ständig sich wiederholende, nörgelnde Gedanken wie: „Ich bin dumm“, „Ich bin hässlich“, „Ich kann nichts richtig machen“ und so weiter, als ob in deinem Kopf ein Gespräch stattfinde?
4. Hast du oder hat jemand aus deiner Familie jemals ein Medium, einen Spiritisten oder einen Mittler konsultiert?
5. Welche anderen geistlichen Erfahrungen hast du erlebt, die man als außergewöhnlich bezeichnen könnte (Telepathie, Reden im Trancezustand, übernatürliches Wissen und so weiter)?
6. Warst du je an irgendeiner Art der Anbetung Satans beteiligt oder hast du ein Konzert besucht, wo Satan im Mittelpunkt stand?

Wenn du dir sicher bist, dass deine Liste vollständig ist, bekenne und sage dich von jeder Beteiligung ab, indem du das folgende Gebet laut betest und es für jeden Punkt auf deiner Liste einzeln wiederholst:

„Herr, ich bekenne, dass ich an_____________ teilgenommen habe. Danke Dir für Deine Vergebung und ich sage mich von____________ als einer Fälschung des wahren Christentums ab.“

Nachdem du jeden Punkt durchgenommen hast, den Gott dir offenbart hat, beende mit dem folgenden Gebet:

„Herr, ich bekenne jede dieser Vergehen Dir gegenüber als Sünde. Ich weiß, dass sie falsch waren. Danke für Deine Vergebung. Ich schwöre jeder Beteiligung an diesen Vergehen ab und kündige jeglicher Grundlage, die der Feind durch diese Handlungen in meinem Leben erhalten hat. In Jesu Namen, Amen."

Widerrufung der falschen Prioritäten

Der oder das, was für uns am wichtigsten ist, wird zu dem, was wir anbeten. Unsere Gedanken, Liebe, Hingabe, Vertrauen, Verehrung und Gehorsam werden vor allem anderen auf diesen Gegenstand hingelenkt. Dieser Gegenstand der Anbetung ist in Wirklichkeit unser Gott oder Götze.

Wir wurden dazu geschaffen, den wahren und lebendigen Gott anzubeten. In der Tat sucht Gott solche, die Ihn im Geist und in der Wahrheit anbeten (Johannes 4:23). Als Kinder Gottes „wissen wir aber, dass der Sohn Gottes gekommen ist und uns Verständnis gegeben hat, damit wir den Wahrhaftigen erkennen. Und wir sind in dem Wahrhaftigen, in seinem Sohn Jesus Christus. Dieser ist der wahrhaftige Gott und das ewige Leben" (1. Johannes 5:20).

Der Apostel Johannes warnt nach diesem Abschnitt: „Kinder, hütet euch vor den Götzen" (1. Johannes 5:21). Ein Götze ist ein falscher Gott, jegliches andere Objekt der Anbetung außer dem wahren und lebendigen Gott. Auch wenn wir uns nicht vor Statuen verbeugen, ist es einfach für Menschen und Gegenstände dieser Welt, für uns wichtiger zu werden als der Herr. Das folgende Gebet drückt den Eifer des Herzens aus, das sich entscheidet, „den Herrn, deinen Gott, anbeten und ihm allein dienen" (Matthäus 4:10).

„Lieber Herr Gott, ich weiß, wie einfach es ist, anderen Menschen oder Dingen zu erlauben, für mich wichtiger zu werden als Du. Ich weiß auch, dass dies vor Deinen heiligen Augen schrecklich beleidigend ist. Du hast befohlen, dass ich, keine anderen Götter' neben Dir haben soll.
Ich bekenne dir, dass ich Dich nicht von ganzem Herzen, von ganzer Seele und von ganzem Verstand geliebt habe. Als Ergebnis habe ich gegen Dich gesündigt, indem ich das erste und größte Gebot gebrochen habe. Ich bereue und wende mich von diesem Götzendienst ab und entscheide mich jetzt, zu dir, Herr Jesus, als meiner ersten Liebe zurückzukehren.
Bitte offenbare meinem Verstand jetzt jeglichen Götzen in meinem Leben. Ich möchte jedem abschwören und, indem ich das tue, Satan jeglicher Grundlage berauben, die er durch den Götzendienst in meinem Leben erhalten hat. Im Namen Jesu, des wahren Gottes, Amen."
(Siehe 2. Mose 20:3; Matthäus 22:37; Offenbarung 2:4,5)

Die folgende Checkliste kann dir helfen, diejenigen Bereiche zu erkennen, in denen Dinge oder Menschen für dich wichtiger geworden sind als der wahre Gott, Jesus Christus. Achte darauf, dass die meisten (wenn nicht alle) der unten aufgelisteten Bereiche nicht böse an sich sind; sie werden zu Götzen, wenn sie sich Gottes rechtmäßigen Platz als den Herrn unseres Lebens widerrechtlich aneignen.

- Ehrgeiz
- Nahrung oder andere Dinge
- Geld/Besitz
- Computer/Spiele/Software
- Finanzielle Sicherheit
- Rockstars/berühmte Persönlichkeiten/Sportler

- Gemeindeaktivitäten
- TV/Filme/Musik/andere Medien
- Sport oder körperliche Fitness
- Spaß/Vergnügen
- Dienst
- Äußere Erscheinung/Image
- Arbeit
- Beschäftigung/Aktivität
- Freunde
- Macht/Kontrolle
- Freund/Freundin
- Beliebtheit/Meinung der anderen
- Ehepartner
- Wissen/im Recht sein
- Hobbys
- Eltern

Gebrauche das folgende Gebet, um jeglichen Bereichen des Götzendienstes oder einer falschen Priorität, an die der Heilige Geist dich erinnert, abzuschwören:

„Im Namen des wahren und lebendigen Gottes, Jesus Christus, widerrufe ich meine Anbetung der falschen Götter (Name der Götzen). Ich entscheide mich, nur Dich, Herr, anzubeten. Ich bitte Dich, Vater, mich zu befähigen, diesen Bereich (Name des Götzen) an seinem angemessenem Platz in meinem Leben zu halten."

Beteiligung an satanischen Ritualen

Warst du jemals an satanischen Ritualen oder schweren okkulten Handlungen beteiligt? Oder hast du einige Alpträume erlebt, die darauf hinweisen, dass satanische, okkulte Handlungen aus deiner Vergangenheit für deine Erinnerung versperrt sind?

Allen satanischen Ritualen, Bündnissen (Versprechungen) und Aufgaben muss extra abgesagt werden, wenn der Herr dich an sie erinnert.

Schritt 2: Täuschung gegen Wahrheit

Die Wahrheit findet man im Wort Gottes, der Bibel. Gott wünscht es, dass wir Seine Wahrheit in unsere Herzen pflanzen, damit wir die Wahrheit ausleben (Psalm 51:6). Als David in Sünde lebte, litt er wirklich. Nachdem er endlich die Freiheit fand, als er der Wahrheit zustimmte, schrieb er: „Wohl dem Menschen, ...in dessen Geist keine Falschheit ist“ (Psalm 32:2). Wir müssen uns von allem lossagen, was in unserem Leben falsch ist, und die Wahrheit in Liebe aussprechen (Epheser 4:15, 25).

Fang diesen wichtigen Schritt an, indem du das folgende Gebet laut vorliest:

„Lieber himmlischer Vater, ich weiß, Du möchtest, dass ich die Wahrheit erkenne und vor Dir ehrlich bin. Ich weiß, dass ich frei sein werde, wenn ich mich entscheide, der Wahrheit zu glauben. Ich wurde von Satan, dem Vater der Lügen, getäuscht und ich habe mich selber betrogen. Ich dachte, ich könnte mich vor Dir verstecken, aber Du siehst alles und liebst mich immer noch.

Ich bete im Namen des Herrn Jesus Christus und bitte Dich, alle Dämonen des Satans durch Deinen gerechten Sohn Jesus, der für mich Sein Blut am Kreuz vergossen hat und auferstanden ist, zurechtzuweisen. Ich habe Jesus in mein Leben gebeten und ich bin Dein Kind. Deshalb befehle ich durch die Macht des Herrn Jesus Christus allen bösen Geistern, mich zu verlassen. Ich bitte den Heiligen Geist, mich in alle Wahrheit zu leiten. Ich bitte dich, tief in mein Innerstes zu schauen und mein Herz zu erkennen. Zeige mir, ob etwas in mir ist, was ich zu verstecken suche, denn ich möchte frei sein. Ich bitte im Namen Jesu, Amen.“

(Siehe Johannes 8:32; 8:44; 1. Johannes 1:8; Psalm 139:23,24)

Es gibt viele Wege, auf denen Satan, „der Gott dieser Welt“ (2. Korinther 4:4), uns zu täuschen versucht. So wie er es mit Eva getan hatte, versucht der Teufel uns zu überzeugen, auf uns selber zu vertrauen und unsere Sehnsucht durch die Welt um uns herum zu stillen, anstatt unserem Vater im Himmel zu vertrauen.

Möglichkeiten, von der Welt getäuscht zu werden:

- Glauben, dass erworbenes Geld und Dinge dauerhaftes Glück bringen können (Matthäus 13:22; 1. Timotheus 6:10)
- Glauben, dass Essen und Alkohol mich übermäßig glücklich machen werden (Sprüche 20:1; 23:19-21)
- Glauben, dass ein großartiger Körper und Persönlichkeit mir das geben werden, was ich möchte (Sprüche 31:30; 1. Petrus 3:3,4)
- Glauben, dass sexuelle Begierde dauerhafte Befriedigung bringen wird (Epheser 4:22; 1.Petrus 2:11)
- Glauben, dass ich sündigen und damit davonkommen kann, ohne dass es eine Auswirkung auf mein Herz hat (Hebräer 3:12,13)
- Glauben, dass ich mehr brauche, als Gott mir in Christus gegeben hat (2. Korinther 11:2-4, 13-15)
- Glauben, dass ich tun kann, was immer ich möchte, und keiner mich anrühren kann (Sprüche 16:18; Obadja 3; 1. Petrus 5:5)
- Glauben, dass ungerechte Menschen, die Christus ablehnen, trotzdem in den Himmel kommen (1. Korinther 6:9-11)

- Glauben, dass ich in schlechter Gesellschaft herumhängen und dennoch nicht verdorben werden kann (1. Korinther 15:33,34)
- Glauben, dass es auf der Erde keine Konsequenzen für meine Sünde gibt (Galater 6:7,8)
- Glauben, dass ich die Anerkennung bestimmter Personen haben muss, um glücklich zu sein (Galater 1:10)
- Glauben, das ich mich an bestimmten Standards messen muss, um ein gutes Bild von mir zu haben (Galater 3:2,3; 5:1)

„Herr, ich bekenne, dass ich getäuscht worden bin durch ________. Ich danke Dir für Deine Vergebung und ich vertraue mich Dir an, indem ich nur Deiner Wahrheit glaube. In Jesu Namen, Amen.“

Nimm dir an dieser Stelle Zeit, um an andere böse Tricks zu denken, die Satan benutzt hat, um dich zu betrügen. Hast du auf falsche Lehrer oder betrügerische Dämonen gehört? Hast du im Selbstbetrug gelebt? Hast du Ausreden gebraucht, um dein Verhalten zu verteidigen? Jetzt, da du in Christus lebst und dir vergeben worden ist, brauchst du die Lüge nicht auszuleben und dich selber nicht zu verteidigen! Prüfe die folgenden Möglichkeiten, die auf dich zutreffen könnten.

Möglichkeiten, dich selbst zu täuschen:

- Gottes Wort zu hören, aber es nicht auszuleben (Jakobus 1:22; 4:17)
- Zu behaupten, dass du keine Sünde hast (1. Johannes 1:8)
- Von dir etwas zu halten, was du nicht wirklich bist (Galater 6:3)
- Zu glauben, dass du in den Dingen der Welt klug bist (1. Korinther 3:18,19)

- Zu glauben, dass du nicht das ernten wirst, was du säst (Galater 6:7)
- Zu glauben, dass unheilige Menschen im Reich Gottes sein werden (1. Korinther 6:9)
- Zu glauben, dass eine schlechte Gesellschaft dich nicht beeinflussen kann (1. Korinther 15:33)

Falsche Art und Weise, dich selbst zu schützen:

- Zu weigern, dich der Tatsache zu stellen, wenn dir etwas Schlimmes widerfahren ist
- Flucht aus der Realität
- Sich zurückzuziehen, um Ablehnung zu vermeiden
- Sich in weniger bedrohliche Zeiten (Vergangenheit) zurückzuversetzen
- Frustrationen an anderen auszulassen
- Die Schuld auf andere zu schieben
- Ausreden zu suchen
- Zu lügen

Wenn diese Dinge für dein Leben zutreffen, dann sprich das folgende Gebet:

„Herr, ich gebe zu, auf diesem Gebiet ____________ getäuscht worden zu sein. Danke, dass Du mir vergibst. Ich übergebe mich dir, um Deine Wahrheit kennenzulernen und ihr zu folgen."

Sich für die Wahrheit zu entscheiden kann schwer sein, wenn du viele Jahre einer Lüge geglaubt hast. Du wirst vielleicht eine Betreuung brauchen, um die Schutzmechanismen auszurotten, die du dir angeeignet hast, um im Leben zurechtzukommen. Jeder Christ muss lernen, dass Christus der einzige Schutz ist, den er oder sie braucht. Zu erkennen, dass dir bereits vergeben worden ist und du durch Christus von Gott angenommen bist, hilft dir, in Abhängigkeit von Gott zu bleiben.

Möglichkeiten, über Gott getäuscht zu werden:

Glaube ist eine biblische Antwort auf die Wahrheit. Gottes Worten zu glauben ist eine Entscheidung, die wir alle treffen können. Wenn du sagst: „Ich wünschte, ich könnte Gott glauben, aber ich kann es nicht", so bist du getäuscht worden. Natürlich kannst du Gott glauben, weil alles, was Gott sagt, wahr ist.

Manchmal werden wir stark behindert, in der Wahrheit unseres Vaters Gott zu wandeln, weil wir den Lügen über Ihn Glauben schenken. Wir sollen eine gesunde Gottesfurcht haben (Ehrfurcht vor Seiner Heiligkeit, Macht und Anwesenheit), aber wir brauchen keine Angst vor Ihm zu haben.

Römer 8:15 sagt: „Denn ihr habt nicht einen Geist der Knechtschaft empfangen, dass ihr euch abermals fürchten müsstet, sondern ihr habt den Geist der Sohnschaft empfangen, in dem wir rufen: Abba, Vater!"

Die folgende Übung wird dir helfen, die Ketten der Lüge zu durchbrechen, und dich befähigen, jene intime „Abba, Vater"-Beziehung mit Ihm zu erleben.

Arbeite dich von links nach rechts durch jeden einzelnen Punkt der Liste auf Seite 223 Beginne jeden Punkt mit den hervorgehobenen Sätzen am Anfang der Liste. Lies diese Liste laut vor.

Möglichkeiten, von unseren Ängsten getäuscht zu werden:

Eine große Rolle für das Wandeln in der Wahrheit und die Zurückweisung der Täuschung spielt der Umgang mit den Ängsten, die unser Leben beunruhigen.

1.Petrus 5:8 sagt, dass unser Feind, der Teufel, wie ein brüllender Löwe umherschleicht und Menschen zu verschlingen sucht. So wie das Gebrüll eines Löwen denen Angst einjagt, die es hören, so benutzt Satan die Angst, um die Christen zu lähmen. Satans Einschüchterungstaktiken wollen uns den Glauben an Gott rauben und uns dazu be-

Ich sage mich ab von der Lüge dass Gott, mein Vater....	Freudig akzeptiere ich die Wahrheit, dass Gott, mein Vater...
1. unerreichbar und gleichgültig sei	1. entgegenkommend und aufmerksam ist (Psalm 139: 1-18)
2. unsensibel und nicht fürsorglich sei	2. freundlich und mitleidig ist (Psalm 103:8-14)
3. streng und fordernd sei	3. annehmend und von Liebe und Freude erfüllt ist (Zephanja 3:17; Römer 15:7)
4. passiv und distanziert sei	4. warmherzig und zärtlich ist (Jesaja 40:11; Hosea 11:3,4)
5. abwesend sei oder keine Zeit habe	5. immer bei mir und eifrig bestrebt ist, mit mir Gemeinschaft zu haben (Jeremia 31:20; Hesekiel 34:11-16; Hebräer 13:5)
6. nie zufrieden sei mit dem, was ich gemacht habe, ungeduldig oder wütend sei	6. geduldig und langsam zum Zorn ist (2.Mose 34:6; 2.Petrus 3:5)
7. gemein, brutal oder gewalttätig sei	7. liebevoll, sanft und fürsorglich ist (Psalm 18:2; Jeremia 31:3; Jesaja 42:3)
8. mir jede Freude im Leben zu nehmen versuche	8. vertrauenswürdig ist und mir ein erfülltes Leben schenken will; Sein Wille ist gut, vollkommen und annehmbar (Klagelieder 3:22,23; Johannes 10:10; Römer 12:1,2)
9. kontrollierend oder manipulierend sei	9. voller Gnade und Barmherzigkeit ist; Er gibt mir die Freiheit zu versagen (Lukas 15:11-16; Hebräer 4:15,16)
10. anklagend oder nicht vergebend sei	10. warmherzig und vergebungsbereit ist; Sein Herz und Seine Arme sind immer für mich offen (Psalm 130: 1-4; Lukas 15: 17-24)
11. kleinlich, fordernd und perfektionistisch sei	11. sich um mein Wachstum sorgt und auf mich als Sein Kind stolz ist (Römer 8:28,29; 2. Korinther 7:4; Hebräer 12:5-11)

Ich bin Sein Augapfel!
(2. Mose 32: 10)

wegen, unsere Bedürfnisse durch die Welt oder durch das Fleisch zu stillen. Angst lähmt uns, bewirkt, dass wir egozentrisch werden und trübt unseren Verstand, so dass wir nur noch an die Sache denken können, die uns ängstigt. Aber Angst kann uns nur dann kontrollieren, wenn wir es zulassen.

Gott möchte jedoch nicht, dass wir von irgendetwas einschließlich der Angst beherrscht werden (1. Korinther 6:12). Nur Jesus Christus soll unser Herr sein (Johannes 13:13; 2. Timotheus 2:21). Um die Freiheit von der Gebundenheit der Furcht zu erfahren und die Fähigkeit, durch Glauben an Gott zu wandeln, zu erleben, bete von ganzem Herzen das folgende Gebet:

> *„Lieber himmlischer Vater, ich bekenne vor Dir, dass ich auf das Gebrüll des Teufels gehört und es der Angst erlaubt habe, mich zu beherrschen. Ich habe nicht immer im Glauben an Dich gelebt, sondern stattdessen mich auf meine Gefühle und die Umstände konzentriert. Danke, dass Du meinem Unglauben vergibst.*
> *In diesem Augenblick sage ich mich vom Geist der Furcht los und bejahe die Wahrheit, dass Du mir nicht den Geist der Furcht, sondern der Macht und Liebe und einen gesunden Verstand gegeben hast. Herr, bitte zeige meinem Verstand jede Angst, die mich kontrolliert hat, damit ich sie bekennen und frei werden kann, im Glauben an Dich zu wandeln.*
> *Ich danke Dir für die Freiheit, die Du mir geschenkt hast, damit ich durch Glauben und nicht in der Furcht wandle. In dem mächtigen Namen Jesu bete ich, Amen."*
> (Siehe 2. Korinther 4:16-18; 5:7; 2. Timotheus 1:7)

Die folgende Liste kann dir helfen, einige der Ängste zu erkennen, die der Teufel benutzt hat, um dich vom Wandel im Glauben abzuhalten. Überprüfe die Ängste, die auf dein Leben zutreffen. Schreibe alle anderen auf, die der

Geist Gottes dir zeigen wird. Sage dich danach laut von jeder einzelnen Furcht los. Du kannst dazu die vorgeschlagene Verzichtserklärung nach der Liste nutzen.

- Angst vor dem Tod
- Angst vor Satan
- Angst vor Versagen
- Angst vor Ablehnung
- Angst vor Mißbilligung
- Angst, homosexuell zu sein oder zu werden
- Angst vor finanziellen Problemen
- Angst, nie zu heiraten
- Angst vor dem Tod der Angehörigen
- Angst, ein Pflegefall zu werden
- Angst, die Erlösung zu verlieren
- Angst, die unverzeihliche Sünde zu begehen
- Angst, nicht von Gott geliebt zu werden
- Angst, nie zu lieben oder von anderen nicht geliebt zu werden
- Angst vor Demütigung
- Angst, das Opfer einer kriminellen Handlung zu werden
- Angst vor der Ehe
- Angst vor Scheidung
- Angst, verrückt zu werden
- Angst vor Schmerzen oder Krankheit
- Angst vor der Zukunft
- Angst vor Auseinandersetzungen
- Angst vor bestimmten Personen (ihre Namen)
- Andere spezielle Ängste, an die du jetzt denkst:

„Ich sage mich ab von der Angst (nenne Sie), weil Gott mir nicht den Geist der Furcht gegeben hat. Ich ent-

scheide mich, im Glauben an den Gott zu leben, der versprochen hat, mich zu beschützen und alle meine Bedürfnisse zu erfüllen, während ich im Glauben an Ihn wandle.“

(Siehe Psalm 27:1; Matthäus 6:33,34; 2. Timotheus 1:7)

Bete das folgende Gebet, nachdem du dich von allen speziellen Ängsten, denen du die Kontrolle über dich erlaubt hast, losgesagt hast:

„Lieber himmlischer Vater, ich danke Dir, dass Du vertrauenswürdig bist. Ich entscheide mich, Dir zu glauben, auch wenn meine Gefühle und die Umstände mir einreden, mich zu fürchten. Du hast mir befohlen, mich nicht zu fürchten, denn Du bist bei mir; nicht ängstlich zu sein, denn Du bist mein Gott. Du wirst mich stärken, mir helfen und mich mit Deiner gerechten rechten Hand sicher bewahren. Ich bete dieses im Glauben im Namen meines Herrn Jesus, Amen.“

(Siehe Jesaja 41:10)

Glaube muss sich auf der Wahrheit des Wortes Gottes gründen

Die New Age-Bewegung hat den Begriff des Glaubens verdreht, indem sie behauptet, dass wir etwas zur Wahrheit machen, indem wir es glauben. Wir können aber mit unserem Verstand keine Wirklichkeit erschaffen; nur Gott kann es tun. Mit unserem Verstand können wir der Wirklichkeit in Gesicht sehen. Glaube entscheidet sich zu glauben und danach zu handeln, was Gott sagt, ungeachtet der Gefühle und Umstände. An irgendetwas zu glauben macht es jedoch nicht zur Wahrheit. *Es ist wahr; deswegen entscheiden wir uns, daran zu glauben.*

Nur „Glauben zu haben“ reicht nicht. Die Schlüsselfrage ist, ob der Gegenstand unseres Glaubens vertrauenswürdig ist. Wenn der Gegenstand unseres Glaubens nicht zuverlässig ist, dann kann kein noch so starker Glaube es verändern. Deshalb muss unser Glaube auf dem soliden Felsen Gottes und Seines Wortes beruhen. Das ist die einzige Art, ein verantwortungsbewusstes und fruchtbringendes Leben zu führen. Andererseits wird dein Lebensstil falsch sein, wenn das, woran du glaubst, nicht wahr ist.

Über Generationen hinweg haben Christen erkannt, wie wichtig es ist, öffentlich zu bezeugen, was sie glauben. Lies die folgende „Erklärung der Wahrheit" laut vor und denke über das Gelesene nach. Es kann sehr hilfreich sein, wenn du es einige Wochen lang täglich liest, um deinen Verstand mit der Wahrheit zu erneuern und jegliche Lügen zu ersetzen, denen du geglaubt hast.

Erklärung der Wahrheit

1. Ich glaube, dass es nur einen wahren und lebendigen Gott gibt (2. Mose 20:2,3), der Vater, Sohn und Heiliger Geist ist. Ihm allein gebührt die Ehre, die Anbetung und die Herrlichkeit. Ich glaube, dass Er alle Dinge geschaffen hat und alle Dinge zusammenhält (Kolosser 1:16,17).
2. Ich erkenne Jesus Christus als den Messias an, das Wort, das Fleisch wurde und unter uns lebte (Johannes 1:1,14). Ich glaube, dass Er gekommen ist, um die Werke Satans zu zerstören (1. Johannes 3:8).
3. Ich glaube, dass Gott gezeigt hat, wie sehr Er mich liebt, indem Er Christus geschickt hatte, um für mich zu sterben, obwohl ich ein Sünder war (Römer 5:8). Ich glaube, dass Gott mich aus dem Königreich der Dunkelheit gerettet und in das Reich Seines Sohnes gebracht hat, der mir meine Sünden vergeben und mich befreit hat (Kolosser 1:13,14).
4. Ich glaube, dass ich geistlich stark bin, weil Jesus meine Stärke ist. Ich habe die Vollmacht Satan, zu

widerstehen, weil ich ein Kind Gottes bin (1. Johannes 3:1-3). Ich glaube, dass ich im Glauben durch die Gnade Gottes gerettet worden bin, die ein Geschenk ist und sich nicht auf irgendwelchen Werken meinerseits gründet (Epheser 2:8).

5. Ich entscheide mich, stark in dem Herrn und in der Macht Seiner Stärke zu sein (Epheser 6:10). Ich setze mein Vertrauen nicht in das Fleisch (Philipper 3:3), denn die Waffen unseres Krieges sind nicht die des Fleisches (2. Korinther 10:4). Ich ziehe die gesamte Rüstung Gottes an (Epheser 6:10-17) und entschließe mich, in meinem Glauben fest zu bleiben und dem Bösen zu widerstehen.
6. Ich glaube, dass ich getrennt von Christus nichts tun kann (Johannes 15:5). Deshalb will ich völlig von Ihm abhängig sein. Ich entscheide mich, in Christus zu bleiben, damit ich Frucht bringen und den Herrn verherrlichen kann (Johannes 15:8). Ich gebe Satan bekannt, dass Jesus mein Herr ist (1. Korinther 12:3), und weise alle falschen Gaben oder Werke Satans in meinem Leben zurück.
7. Ich glaube, dass die Wahrheit mich befreien kann (Johannes 8:32). Ich widerstehe Satans Lügen, indem ich jeden Gedanken in dem Gehorsam Christi gefangen nehme (2. Korinther 10:5). Ich glaube, dass die Bibel der einzige zuverlässige Führer für mein Leben ist (1. Timotheus 3:15,16). Ich entscheide mich dafür, die Wahrheit in Liebe auszusprechen (Epheser 4:15).
8. Ich entscheide mich, meinen Körper Gott zu geben, um als lebendiges und heiliges Opfer für Gerechtigkeit eingesetzt zu werden. Und ich entscheide mich, meinen Verstand durch das Wort Gottes zu erneuern (Römer 6:13; 12:1,2). Ich habe das alte Ich mit seinen schlechten Gewohnheiten ausgezogen und

ein neues Ich angezogen (Kolosser 3:9,10). Ich bin in Christus ein neuer Mensch (2. Korinther 5:17).

9. Ich bitte meinen himmlischen Vater, mich mit dem Heiligen Geist zu erfüllen (Epheser 5:18), mich in alle Wahrheit zu leiten (Johannes 16:13) und mir die Kraft zu geben, ohne Sünde zu leben und die Begierden des Fleisches nicht zu erfüllen (Galater 5:16). Ich kreuzige das Fleisch und entscheide mich, vom Heiligen Geist geleitet zu werden und Ihm zu gehorchen (Galater 5:24,25).
10. Ich widerrufe alle selbstsüchtigen Ziele und wähle das endgültige Ziel der Liebe (1. Timotheus 1:5). Ich entscheide mich, den zwei größten Geboten zu gehorchen: den Herrn, meinen Gott, von ganzem Herzen, Seele und Verstand zu lieben und andere auf die gleiche Art zu lieben wie mich selber (Matthäus 22:37-39).
11. Ich glaube, dass Jesus alle Macht im Himmel und auf der Erde hat (Matthäus 28:18) und dass Er über alles herrscht (Kolosser 2:10). Ich glaube, dass Satan und seine Dämonen mir in Christus unterworfen sind, weil ich ein Glied an Seinem Leibe bin (Epheser 1:19-23). Ich will Gottes Gebot gehorsam sein und mich Ihm unterordnen und dem Teufel widerstehen (Jakobus 4:7). Ich befehle Satan im Namen Christi, meine Gegenwart zu verlassen.

Schritt 3: Bitterkeit gegen Vergebung

Wenn du den Menschen nicht vergibst, die dich verletzen oder angreifen, bist du ein vollkommen offenes Ziel für die Angriffe Satans. Du musst anderen vergeben, damit Satan keinen Vorteil daraus ziehen kann (2. Korinther 2:10,11). Wir müssen anderen vergeben, weil Gott uns

Seine Barmherzigkeit erwiesen und uns vergeben hat (Lukas 6:36; Epheser 4:31,32).

Bitte Gott, dich an die Menschen zu erinnern, denen du vergeben musst, während du das folgende Gebet laut vorliest:

„Lieber himmlischer Vater, danke Dir für Deine Freundlichkeit und Geduld, die mich dazu gebracht haben, mich von der Sünde abzuwenden. Ich war nicht immer freundlich, geduldig und liebevoll anderen gegenüber, besonders denen, die mich verletzt haben. Ich war bitter und wütend. Ich bringe meine Gefühle zu Dir und bitte Dich, mir alle meine schmerzlichen Erinnerungen zu zeigen, damit ich mich entscheiden kann, von ganzem Herzen zu vergeben. Ich bitte Dich, dass Du mich an die Menschen erinnerst, denen ich vergeben muss. Ich bitte dies in dem kostbaren Namen Jesu, der meine Schmerzen heilen wird, Amen."

(Siehe Römer 2:4; Matthäus 18:35)

Schreibe auf einem Blatt Papier die Namen der Personen auf, die dir in den Sinn kommen. Sei nicht überrascht, wenn deine Eltern am Anfang der Liste stehen werden. Bei 95 Prozent der Personen, die wir durch die Schritte des Glaubens geführt haben, waren die ersten beiden Namen auf der Liste die Namen ihrer Eltern.

Die beiden Namen, die auf der Liste meistens übersehen werden, sind du selbst und Gott. Indem du dir selber für deine Versagen vergibst, zeigst du, dass du Gottes Vergebung und Reinigung in Anspruch nimmst. Ist es richtig, Gott zu vergeben? Ganz sicher hat Er nichts Falsches getan - Er kann es nicht. Aber vielleicht hast du in der Not zu Ihm geschrien, Er jedoch hat dir scheinbar nicht geantwortet und jetzt bist du auf Ihn wütend. Du musst Ihn davon entbinden, deinen falschen Erwartungen nicht entsprochen zu haben.

Bevor du darum betest, den Menschen auf deiner Liste zu vergeben, musst du ein paar wichtige Dinge über Vergebung wissen:

Vergebung bedeutet nicht vergessen. Menschen, die Schmerzen zu vergessen versuchen,welche andere ihnen zugefügt haben, entdecken oft, dass sie es nicht können. Gott sagt, dass Er unserer Sünden nicht mehr gedenken wird (Hebräer 10:17). Aber Gott weiß alles und Er kann nicht vergessen. „Unserer Sünden nicht mehr gedenken" bedeutet, dass Gott sie nicht mehr gegen uns gebrauchen wird (Psalm 103:12). Du bist vielleicht nicht in der Lage, deine Vergangenheit zu vergessen, aber du kannst davon frei werden. Wenn wir die Vergangenheit gegen andere vorbringen, haben wir ihnen nicht vergeben.

Vergebung ist eine Entscheidung. Wir haben vielleicht das Gefühl, dass wir nicht vergeben können. Aber da Gott von uns verlangt, dass wir vergeben, ist es etwas. das wir tun *können*. Gott würde uns nie zu etwas zwingen, was wir nicht tun können. Wir vergeben, indem wir uns *entscheiden zu* vergeben.

Vergebung heißt, jeden Rachegedanken aufzugeben. Vergebung fällt uns schwer, weil wir Rache für die Schmerzen wollen, die wir erlitten haben. Aber wir sollen nie selber Rache nehmen (Römer 12:19). „Warum sollte ich sie verschonen?" verteidigen wir uns.

Wenn wir ihnen vergeben, entlassen wir sie aus *unserer* Schuld, aber sie sind immer noch in *Gottes* Schuld. Er wird sie gerecht behandeln, etwas, was wir nicht tun können.

Wenn wir sie nicht loslassen, werden wir an sie und an unsere Schmerzen gebunden. Wir können den Schmerz aufhalten, indem wir das Problem loslassen. Wir sollen anderen nicht nur ihretwegen vergeben; wir tun es *unsertwillen*, damit wir frei sein können. Deine Notwendigkeit zu vergeben ist nicht eine Angelegenheit zwischen dir und der Person, die dich verletzt hat; es ist eine Angelegenheit zwischen dir und Gott.

Vergebung heißt, mit den Konsequenzen der Sünde einer anderen Person zu leben. Zu vergeben kostet uns etwas. Wir zahlen einen Preis für den Schmerz, den wir vergeben. Wir werden mit den Folgen leben, ob wir es möchten oder nicht. Unsere eigene Entscheidung besteht darin, zu entscheiden, ob wir in der Gebundenheit der Bitterkeit oder in der Freiheit der Vergebung leben wollen.

Wie vergeben wir von ganzem Herzen? Erstens müssen wir den Schmerz und den Hass eingestehen, anstatt sie innerlich tief zu vergraben. Wenn die Vergebung nicht unsere Gefühle mit einschließt, wird sie unvollständig sein. Du weißt vielleicht nicht, wie du mit deinen Gefühlen umgehen sollst, aber Gott weiß es. Lass Ihn den Schmerz an die Oberfläche bringen, damit Er sich darum kümmern kann. Damit fängt die Heilung an.

Da Gott jedem auf deiner Liste vergeben hat, kannst du es auch. Das heißt nicht, dass du dich mit einer fortwährenden Sünde abfinden sollst. Es ist möglich, die Sünden der Vergangenheit zu vergeben und den Sünden der Gegenwart zu widerstehen.

Warte nicht mit der Vergebung, bis du dich danach *fühlst*. Du wirst nie soweit sein. Gefühle brauchen Zeit, um zu heilen; das geschieht nach der Entscheidung zur Vergebung, und Satan hat seinen Einfluss verloren (Epheser 4:26,27).

Bete für jede Person auf deiner Liste laut:

„Herr, ich vergebe (Name) für (genaue Namen aller seiner oder ihrer Beleidigungen und deiner schmerzlichen Erinnerungen, die dir in den Sinn kommen).

Bete solange für jede Person, bis du sicher bist jeden Schmerz erwähnt zu haben. Positive Gefühle werden mit der Zeit kommen; dich von den Schmerzen der Vergangenheit zu befreien ist eine wichtige Sache.

Schritt 4:
Rebellion gegen Unterordnung

Wir leben in aufständischen Zeiten. Viele junge Menschen respektieren oder ordnen sich heute nicht den Autoritäten unter, die Gott über sie gesetzt hat. Christen sind keine Ausnahme. Aber Rebellion gegen Gott, die Eltern und andere Autoritäten gibt Satan eine Möglichkeit anzugreifen.

Die Bibel zeigt uns zwei Verantwortungen, die wir gegenüber Autoritäten haben, welche Gott eingesetzt hat: für sie zu beten und uns ihnen unterzuordnen. Die einzige Ausnahme, den weltlichen Leitern nicht zu gehorchen, gewährt Gott uns, wenn sie etwas vor Gott Falsches befehlen. Manchmal nutzen Eltern, Verwandte, Lehrer und andere ihre Autorität aus und brechen die Gesetze, die Gott eingesetzt hat, um unschuldige Menschen zu beschützen. In solchen Fällen sollen wir Hilfe suchen, um uns zu schützen. Wenn Menschen, die Autorität besitzen, ihre Stellung ausnutzen und von uns verlangen, Gottes Gesetze zu brechen oder in unserer Hingabe an Ihn Kompromisse einzugehen, müssen wir Gott mehr gehorchen als den Menschen.

Betrachte die folgenden Verse, die zeigen, wie wir uns der Autorität gegenüber verhalten sollen: Regierung (Römer 13:1-7; 1.Timotheus 2:1-4; 1. Petrus 2:13-17); Eltern (Epheser 6:1-3); Arbeitgeber (1. Petrus 2:18-21); Gemeindeleiter (Hebräer 13:17).

Bete jetzt das folgende Gebet laut:

„Lieber himmlischer Vater, Du hast in der Bibel gesagt, dass Rebellion genauso schlimm ist wie Zauberei und Ungehorsam genauso sündig wie Götzendienst. Ich weiß, dass ich Dir ungehorsam war, indem ich in meinem Herzen gegen Dich und gegen die Menschen rebelliert habe, welche Du als Autorität über mich eingesetzt hast. Ich bitte um Deine Vergebung für meine Rebellion. Durch das vergossene Blut des Herrn Jesus Christus widerstehe ich allen bösen Geistern, die aus meiner Rebellion Vorteile zogen. Ich bitte Dich, dass Du mir jede Art und Weise zeigst, wie ich rebellisch war. Ich entscheide mich für einen gehorsamen Geist und ein dienendes Herz. Im Namen Jesu Christi, meines Herrn, Amen."

(Siehe 1. Samuel 15:23)

Indem du im Gebet die folgende Liste betrachtest, erlaube dem Herrn, dir jede *spezielle* Art und Weise zu zeigen, wo du gegenüber der Autorität ungehorsam warst.

- Regierung (einschließlich Verstöße gegen die Verkehrsordnung, Steuerhinterziehung, Einstellung gegenüber Beamten) (Römer 13:1-7; 1. Timotheus 2:1-4; 1. Petrus 2:13-17)
- Eltern, Stiefeltern oder Erziehungsberechtigte (Epheser 6:1-3)
- Lehrer, Trainer, Schulbeamte (Römer 13:1-4)
- Arbeitgeber (frühere und jetzige) (1. Petrus 2:18-23)
- Gemeindeleiter (Hebräer 13:17)
- Gott (Daniel 9:5,9)

Für jede Art von Rebellion, die der Geist Gottes deinem Verstand offenbart, nutze das folgende Gebet, um diese Sünde ausdrücklich zu bekennen:

„Herr, ich bekenne, dass ich gegen (Name) rebellisch war, indem ich (sage, was du getan hast). Ich danke Dir, dass Du mir meine Rebellion vergibst. Ich entscheide mich jetzt, mich Deinem Wort zu unterordnen und gehorsam zu sein. Ich bete im Namen Jesu, Amen."

Schritt 5: Stolz gegen Demut

Stolz ist ein Killer. Stolz sagt: „Ich kann es! Ich kann mir selbst aus dieser Sache heraushelfen ohne Gott oder jemand anderes." Nein, wir können es nicht! Wir brauchen unbedingt Gott und wir brauchen dringend einander. Paulus schrieb: „Denn wir...die wir Gott im Geist dienen und uns in Christus Jesus rühmen und nicht auf Fleisch vertrauen" (Philipper 3:3). Demut ist richtig eingesetztes Vertrauen. Wir sollen „stark in dem Herrn und in der Macht seiner Stärke" (Epheser 6:10) werden. Jakobus 4:6-10 und 1. Petrus 5:1-10 teilen uns mit, dass geistliche Probleme unserem Stolz folgen werden. Nutze das folgende Gebet, um deinen Wunsch, vor Gott demütig zu leben, auszudrücken:

„Lieber himmlischer Vater, Du hast gesagt, dass Stolz der Zerstörung vorausgeht und ein stolzer Geist dem Fall. Ich bekenne, dass ich vorwiegend an mich und nicht an andere gedacht habe. Ich habe nicht mich selbst verleugnet, das Kreuz nicht täglich auf mich genommen und bin Dir nicht nachgefolgt. Ich habe geglaubt, dass ich der einzige bin, der sich um mich Gedanken macht, so dass ich mich selber um mich kümmern muss. Ich habe mich von Dir abgewendet und es nicht zugelassen, dass Du mich liebst.
Ich bin müde, nur für mich zu leben. Ich bekenne jetzt, dass ich gegen Dich gesündigt habe, indem ich meinen Willen über den Deinigen gestellt und mich selber in

meinem Leben zum Mittelpunkt gemacht habe statt Dich. Ich widerrufe meinen Stolz und Egoismus. Ich entsage jeder von den Feinden des Herrn Jesus Christus erlangten Basis. Ich bitte Dich, mich mit dem Heiligen Geist zu erfüllen, damit ich Deinen Willen tun kann. Ich gebe Dir mein Herz und widerstehe allen Angriffen Satans.

Ich bitte Dich, mir zu zeigen, wie ich für andere leben kann. Ich entscheide mich jetzt dafür, andere Menschen wichtiger als mich selbst und Dich das Wichtigste über allem werden zu lassen. Ich bitte dieses im Namen Christi Jesu, meines Herrn, Amen."

(Siehe Sprüche 16:18; Matthäus 16:24; Römer 12:10)

Nachdem du diesen Bund geschlossen hast, erlaube Gott, dir jeden spezifischen Bereich in deinem Leben zu zeigen, wo du stolz warst. Prüfe die Bereiche, die auf dich zutreffen.

- Ich habe ein starkes Verlangen, meinen statt Gottes Willen zu tun
- Ich vertraue mehr auf meine eigene Stärke, als auf Gottes
- Ich denke oft, dass meine Ideen besser sind als die der anderen
- Ich möchte andere kontrollieren, statt Selbstbeherrschung zu entwickeln
- Manchmal fällt es mir schwer, meine Fehler zuzugeben
- Oft versuche ich Menschen mehr zu gefallen als Gott
- Ich bin bestrebt, die Anerkennung zu bekommen, die ich verdiene
- Ich denke oft, dass ich demütiger bin als andere
- Ich glaube oft, dass ich klüger bin als meine Eltern

- Ich glaube oft, dass meine Bedürfnisse wichtiger sind als die der anderen
- Andere:

Für jeden Punkt, der auf dich zutrifft, bete das folgende Gebet laut:

> *„Herr, ich gestehe, auf dem Gebiet__________ stolz gewesen zu sein. Bitte vergib mir für meinen Stolz. Ich entscheide mich, mich zu demütigen und mein Vertrauen auf Dich zu setzen. In Jesu Namen, Amen."*

Mit Vorurteil und Scheinheiligkeit umgehen

Stolz ist die Ursünde des Luzifers. Er hetzt eine Person oder Gruppe gegen die andere auf. Satans Plan ist es immer, zu zerstören und zu erobern, aber Gott hat uns den Dienst der Versöhnung gegeben (2. Korinther 5:19). Schau dir einmal das Werk Christi an, indem Er eine lang bestehende Grenze der rassischen Vorurteile zwischen Juden und Heiden abgebrochen hat:

> *„Denn er [Christus] ist unser Friede, der aus beiden eins gemacht und die Scheidewand des Zaunes abgebrochen hat, indem er in seinem Fleisch die Feindschaft, das Gesetz der Gebote in Satzungen, hinweg tat, um so die zwei in sich selbst zu einem neuen Menschen zu schaffen und Frieden zu stiften, und um die beiden in einem Leib mit Gott zu versöhnen durch das Kreuz, nachdem er durch dasselbe die Feindschaft getötet hatte. Und er kam und verkündigte Frieden euch, den Fernen, und den Nahen; denn durch ihn haben wir beide den Zutritt zu dem Vater in einem Geist" (Epheser 2:14-18).*

Oft leugnen wir, dass wir Vorurteile und Scheinheiligkeit in unseren Herzen haben, aber „kein Geschöpf ist vor ihm verborgen, sondern alles ist enthüllt und aufgedeckt vor den Augen dessen, dem wir Rechenschaft zu geben haben" (Hebräer 4:13). Durch das folgende Gebet kannst du Gott bitten, dein Herz durch Sein Licht zu beleuchten und jedes Gebiet des Stolzes und Vorurteils aufzudecken:

„Lieber himmlischer Vater, ich weiß, dass Du alle Menschen gleich liebst und dass Du keine Lieblinge hast. Du nimmst Menschen jeder Nation an, die Dich fürchten und tun, was recht ist. Du richtest sie nicht nach ihrer Hautfarbe, Rasse, Geld, Volksgruppe, Geschlecht, Kirchenzugehörigkeit oder nach anderen Merkmalen. Ich bekenne, dass ich anderen gegenüber oft Vorurteile hatte und mich selber wegen dieser Dinge für etwas Besseres hielt. Ich war nicht immer ein Botschafter der Versöhnung, sondern förderte Trennung durch meine Einstellung, Worte und Taten. Ich wende mich ab von jeder hasserfüllten Scheinheiligkeit und jedem stolzem Vorurteil und bitte Dich, Herr, meinem Verstand jede Art dieses Stolzes zu zeigen, die mein Herz und meinen Verstand verschmutzt hat. In Jesu Namen, Amen."

(Siehe Apostelgeschichte 10:34; 2. Korinther 5:16)

Für jede Art von Vorurteil, Überlegenheit oder Scheinheiligkeit, an die der Herr dich erinnert, bete das folgende Gebet laut von ganzem Herzen:

„Ich bekenne und sage mich ab von der stolzen Sünde des Vorurteils gegen (Name der Gruppe). Ich danke Dir für Deine Vergebung, Herr, und bitte dich jetzt, mein Herz zu verändern und mich zu einem liebevollen Vermittler der Versöhnung mit (Name der Gruppe) zu machen. Im Namen Jesu, Amen."

Schritt 6: Gebundenheit gegen Freiheit

Der nächste Schritt zur Freiheit behandelt Sünden, die zur Gewohnheit geworden sind. Teens, die in die Falle von Sünde-Bekennen-Sünde-Bekennen gefangen sind, müssen vielleicht dem Vorschlag von Jakobus 5:16 folgen: „Bekennt einander die Übertretungen und betet füreinander, damit ihr geheilt werdet! Das Gebet eines Gerechten vermag viel, wenn es ernstlich ist." Finde eine geistlich reife Person, die dich im Gebet unterstützt und dich von Zeit zur Zeit überprüft. Andere werden die Versicherung in 1. Johannes 1:9 brauchen: „Wenn wir aber unsere Sünden bekennen, so ist er treu und gerecht, dass er uns die Sünden vergibt und uns reinigt von aller Ungerechtigkeit."

So oder so, ob du nun vor anderen oder nur vor Gott bekennen musst, bete das folgende Gebet:

„Lieber himmlischer Vater: Du hast gesagt: ‚Zieht den Herrn Jesus Christus an und pflegt das Fleisch nicht bis zur Erregung von Begierden' [Römer 13:14]. Ich verstehe, dass ich den fleischlichen Begierden nachgegeben habe, was ein Krieg gegen meine Seele war. Ich danke Dir, dass meine Sünden durch Christus vergeben sind; aber ich habe Dein heiliges Gesetz gebrochen und dem Feind die Möglichkeit gegeben, in meinem Körper Krieg zu führen.
Ich komme in Deine Gegenwart, um diese Sünden zu bekennen und Deine Reinigung zu suchen, damit ich von den Ketten der Sünde frei werden kann. Ich bitte Dich jetzt, mir zu zeigen, wo ich Dein moralisches Gesetz gebrochen und den heiligen Geist enttäuscht habe. In Jesu teurem Namen bete ich, Amen."

(Siehe 1. Petrus 2:11; Römer 6:12,13; Jakobus 4:1; 1. Petrus 5:8; 1. Johannes 1:9)

Es gibt viele Sünden des Fleisches, die uns beherrschen können. Die folgende Liste enthält einige von ihnen; aber eine gebetsvolle Untersuchung von Markus 7:20-23, Galater 5:19-21, Epheser 4:25-31 und anderen Bibelstellen können dir helfen, gründlicher zu sein.

Schau dir die Liste auf Seite 223 und die aufgelisteten Bibelstellen an und bitte den Heiligen Geist, dich an diejenigen Sünden zu erinnern, die du bekennen musst. Er kann dir auch noch andere zeigen. Für jede einzelne Sünde, die der Herr dir zeigt, bete das folgende Gebet der Bekenntnis von ganzem Herzen. Nach der Liste folgt ein beispielhaftes Gebet. (Beachte: Sexuelle Handlungen, Eßstörungen, Drogenmissbrauch, Abtreibung, Selbstmordgedanken und Perfektionismus werden in diesem Schritt später behandelt. Weitere Beratung kann nötig sein, um vollständige Heilung und Freiheit in diesen und anderen Bereichen zu finden.)

- Diebstahl
- Eifersucht/Neid
- Klagen/Kritik
- Lüsterne Handlungen
- Lästerung/ Verleumdung
- Fluchen
- Gleichgültigkeit/Trägheit
- Lügen
- Hass
- Wut
- Begehrliche Gedanken
- Betrunkenheit
- Betrügen
- Aufschieben
- Habsucht/Materialismus
- Andere:

„Herr, ich bekenne, dass ich die Sünde des (Name der Sünde) begangen habe. Danke Dir für Deine Vergebung und Erlösung. Ich wende mich jetzt von dieser Sünde ab und wende mich Dir zu, Herr. Stärke mich durch Deinen Heiligen Geist, Dir zu gehorchen. Im Namen Jesu, Amen."

Sexueller Missbrauch deines Körpers

Es ist unsere Verantwortung, der Sünde nicht zu erlauben, uns zu kontrollieren, indem sie unseren Körper als Werkzeug der Ungerechtigkeit (Römer 6:12,13) benutzt. Wenn du mit einer sexuellen Sünde kämpfst, die zur Gewohnheit geworden ist (Pornographie, Selbstbefriedigung, sexuelle Promiskuität, Petting), bete folgendes:

„Herr, ich bitte Dich, mir jeden sexuellen Mißbrauch meines Körpers als ein Werkzeug der Ungerechtigkeit zu zeigen. In Jesu teurem Namen bete ich, Amen."

Wenn der Herr dir den sexuellen Missbrauch deines Körpers zeigt, ob er nun dir angetan wurde (zum Beispiel Vergewaltigung, Unzucht oder andere sexuelle Belästigung) oder ob er freiwillig von Dir begangen worden ist, bekenne jedes Ereignis.

„Herr ,ich sage mich ab von (nenne die Art des Missbrauchs) mit (Name der Person), und ich sage mich ab von jeder Bindung, die dadurch entstanden sein könnte."

Übergib nun deinen Körper dem Herrn, indem du betest:

„Herr, ich wende mich von jeglichem Gebrauch meines Körpers als einem Werkzeug der Ungerechtigkeit ab und ich bekenne jede vorsätzliche Beteiligung. Ich

gebe Dir jetzt meinen Körper hin als ein lebendiges Opfer, heilig und annehmbar für Dich, und ich behalte den sexuellen Gebrauch meines Körpers nur für die Art und Weise vor, die Du vorgesehen hast. Ich wende mich von der Lüge Satans ab, dass mein Körper unrein sei, dass er schmutzig oder auf irgendeine Art unannehmbar sei wegen meiner vorherigen sexuellen Erfahrungen.
Herr, ich danke Dir, dass Du mich vollkommen gereinigt und mir vergeben hast, dass Du mich bedienungslos liebst und annimmst. Deshalb kann ich mich selber annehmen. Und ich entscheide mich, dass ich mich selber und meinen Körper als gereinigt annehme. Im Namen Jesu, Amen."

Besondere Gebete für spezielle Probleme

Homosexualität

„Herr, ich wende mich von der Lüge ab, dass Du mich oder irgendjemanden homosexuell geschaffen habest, und ich erkläre mich damit einverstanden, dass Du deutlich jedes homosexuelles Verhalten verbietest. Ich nehme mich selber als ein Kind Gottes an und erkläre, dass Du mich als Mann (oder Frau) erschaffen hast. Ich verzichte auf jede Bindung Satans, die meine Beziehungen zu anderen verdreht hat. Ich erkläre, dass ich frei bin, mich mit dem anderen Geschlecht auf die Art und Weise zu verbinden, die Du vorgesehen hast. In Jesu Namen, Amen."

Abtreibung

„Herr ich bekenne, dass ich kein richtiger Beschützer und Wächter des Lebens war, das Du mir anvertraut hattest, und ich bitte um Deine Vergebung. Ich nehme Deine Vergebung in Anspruch, indem ich mir selber

vergebe, und ich gebe jetzt das Kind in Deine Obhut für die Ewigkeit. Im Namen Jesu, Amen."

Selbstmordgedanken

„Ich verzichte auf die Lüge, dass ich Frieden und Freiheit finden könne, indem ich mir das Leben nehme. Satan ist ein Dieb und er kommt, um zu stehlen, zu töten und zu zerstören. Ich wähle das Leben in Christus, der gesagt hat, dass er gekommen ist, um mir Leben in Fülle zu geben."

Essstörungen oder Selbstverstümmelung

„Ich wende mich ab von der Lüge, dass der Wert meiner Person von meinem äußeren Erscheinungsbild abhänge. Ich verzichte darauf, mich selbst zu schneiden oder zu missbrauchen, zu erbrechen, zu hungern oder Abführmittel zu benutzen, wie um mich selber vom Bösen zu reinigen. Ich erkläre, dass nur das Blut des Herrn Jesus Christus mich von meinen Sünden reinigen kann.

Ich akzeptiere die Tatsache, dass in mir Sünde sein kann wegen der Lügen, die ich geglaubt habe, und wegen des ungerechtfertigten Gebrauchs meines Körpers, aber ich wende mich ab von der Lüge, dass ich böse sei oder dass irgendein Körperteil von mir böse sei. Ich erkläre die Wahrheit, dass ich von Christus vollkommen angenommen bin, so wie ich bin."

Drogenmissbrauch

„Herr, ich bekenne, dass ich Substanzen missbraucht habe [Alkohol, Zigaretten, Essen, Medikamente oder andere Drogen], damit ich mich gut fühle, damit ich der Wirklichkeit entfliehen oder mit schwierigen Problemen fertig werden kann. Ich bekenne, dass ich meinen Körper missbraucht und meinen Verstand in

schädlicher Weise programmiert habe. Ich habe es dem Heiligen Geist nicht erlaubt, mich zu leiten.
Ich bitte um Deine Vergebung, und ich sage mich von jeder satanischen Verbindung oder Einflussnahme in meinem Leben durch den Drogenmissbrauch ab. Ich werfe meine Sorgen auf Christus, der mich liebt, und ich verpflichte mich, dem Drogenmissbrauch nicht nachzugeben, sondern der Leitung des Heiligen Geistes zu folgen. Ich bitte Dich, himmlischer Vater, mich mit Deinem Heiligen Geist zu erfüllen. Im Namen Jesu, Amen.“

Nachdem du jede dir bekannte Sünde bereut hast, bete:

„Ich bekenne Dir jetzt diese Sünden und nehme durch das Blut des Herrn Jesus Christus die Vergebung und Reinigung in Anspruch. Ich sage jeder Basis ab, welche die bösen Geister durch meine freiwillige Beteiligung an der Sünde erhalten haben. Ich bitte dieses in dem wunderbaren Namen meines Herrn und Retters Jesus Christus, Amen.“

Schritt 7:
Fluch gegen Segen

Der nächste Schritt zur Freiheit ist, sowohl jeder Sünde deiner Vorfahren abzuschwören als auch allen Flüchen, die vielleicht von betrügerischen oder bösen Menschen oder Gruppen auf dich gelegt wurden. Als Gott die Zehn Gebote gab, sagte Er:

„Du sollst dir kein Bildnis noch irgend ein Gleichnis machen, weder dessen, das oben im Himmel, noch dessen, das unten auf Erden, noch dessen, das in den Wassern, unterhalb der Erde ist. Bete sie nicht an und

diene ihnen nicht; denn ich, der Herr, dein Gott, bin ein eifriger Gott, der da heimsucht der Väter Missetat an den Kindern bis in das dritte und vierte Glied derer, die mich hassen, und tue Barmherzigkeit an vielen Tausenden, die mich lieben und meine Gebote halten" (2. Mose 20:4-6).

Ungerechtigkeiten können von einer Generation zur anderen weitergegeben werden wenn du dich nicht von den Sünden deiner Vorfahren absagst und dein neues geistliches Erbe in Christus nicht in Anspruch nimmst. Du bist nicht schuldig für die Sünde irgendeines deiner Vorfahren, aber wegen seiner oder ihrer Sünde kannst du für die Angriffe Satans verwundbar sein.

Wegen des Falls sind bestimmte Stärken oder Schwächen in dich hineingelegt worden und du wirst von der physischen und geistlichen Atmosphäre beeinflusst, in der du aufgewachsen bist. Diese Dinge können zusammen bewirken, dass du mit einer bestimmten Sünde zu kämpfen hast. Bitte den Herrn, dir konkret zu zeigen, welche Sünden für deine Familie charakteristisch sind, indem du das folgende Gebet betest:

„Lieber himmlischer Vater, ich bitte Dich, mir jetzt alle Sünden meiner Vorfahren zu offenbaren, die in der Familie weitergeben wurden. Ich möchte von diesen Einflüssen frei sein und in meiner neuen Identität als ein Kind Gottes wandeln. Im Namen Jesu, Amen."

Wenn der Herr dir solche Bereiche von Familiensünde offenbart, schreibe sie untenstehend auf. Später in diesem Schritt wirst du dich konkret von ihnen absagen.

1.

2.

3.

4.

5.

6.

7.

8.

9.

10.

11.

Lies die untenstehende Erklärung und bete das folgende Gebet laut, um von den Sünden deiner Vorfahren und jeglichen Flüchen und Problemen, die gegen dich gerichtet waren, frei zu werden. Vergiss nicht, dass du in Christus jede Autorität und jeden Schutz hast, um diesen Dingen zu widerstehen.

Erklärung

„Hiermit verwerfe und widerrufe ich alle Sünden meiner Vorfahren. Besonders sage ich mich ab von (liste die Gebiete der Familiensünden auf, die der Herr dir offenbart hat). Als einer, der aus der Dunkelheit in das Reich des Sohnes Gottes gerettet wurde, widerrufe ich jeden dämonischen Einfluss, der in meiner Familie weitergegeben wurde. Als einer, der mit Jesus Christus gekreuzigt und auferstanden und mit Ihm in den Himmel gesetzt ist, widerrufe ich jegliche satanische Übertragungen, die gegen mich und meinen Dienst gerichtet sind. Ich widerrufe jeden Fluch, den Satan und seine Anhänger über mich verhängt haben. Ich erkläre Satan und allen seinen Mächten, dass Christus für mich zum Fluch wurde, als er für meine Sünden am Kreuz starb.

Ich sage mich von jeder Weise ab, in der Satan mich als seinen Besitz in Anspruch nehmen will. Ich gehöre zu dem Herrn Jesus Christus, der mich mit Seinem eigenen Blut erworben hat. Ich sage mich von jedem Blutopfer ab, durch das Satan mich als seinen Besitz in Anspruch nehmen will. Ich erkläre, dass ich völlig und ewig gekennzeichnet bin und dem Herrn Jesus gehöre.

Durch jede Autorität, die ich in Christus habe, befehle ich jetzt jedem Feind des Herrn Jesus, der mich beeinflussen will, meine Gegenwart zu verlassen. Ich gebe mich selbst meinem himmlischen Vater hin, um von diesem Tag an Seinen Willen zu erfüllen."

(Siehe Galater 3:13)

Gebet

„Lieber himmlischer Vater, ich komme zu dir als Dein Kind, das aus der Sklaverei der Sünde durch das Blut des Herrn Jesus Christus erkauft worden ist. Du bist der Herr des Weltalls und der Herr meines Lebens. Ich gebe Dir meinen Leib als ein Werkzeug der Gerechtigkeit, ein lebendiges und heiliges Opfer, damit ich Dich mit meinem Leib verherrlichen kann. Ich bitte Dich jetzt, mich mit dem Heiligen Geist zu erfüllen. Ich erneuere meinen Sinn, um zu beweisen, dass Dein Wille für mich gut, annehmbar und vollkommen ist. Ich bitte dies alles im Namen und in der Macht des auferstandenen Herrn Jesus Christus, Amen."

Wie Du deine Freiheit behalten kannst

Wenn du einmal deine Freiheit sichergestellt hast, indem du diese sieben Schritte durchgenommen hast, kann es sein, dass dämonische Einflüsse dich Tage oder sogar Monate später zu belästigen versuchen werden. Eine Person teilte mit, wie ein Geist zwei Tage, nachdem sie frei geworden war, ihrem Verstand sagte: „Ich bin zurückgekommen". „Nein, bist du nicht!" sagte sie laut. Der Angriff hörte sofort auf.

Ein Sieg bedeutet nicht, dass der Krieg gewonnen ist. Die Freiheit muss beibehalten werden. Du wirst solange frei bleiben, wie deine Beziehung mit Gott in Ordnung ist. Wenn du versagen und fallen solltest, steh sofort auf und bringe die Sache mit Gott wieder in Ordnung.

Das Opfer eines unglaublichen Missbrauchs teilte folgende Erläuterung mit: „Geistliche Gebundenheit ist wie ein unfreiwilliges Spiel in meinem eigenen Haus mit einem hässlichen Fremden. Ich verlor immer wieder und wollte aufhören, aber der hässliche Fremde erlaubte es mir nicht. Schließlich rief ich die Polizei (eine höhere

Autorität), und sie kam und führte den Fremden weg. Er klopfte an die Tür und forderte wieder Einlass, aber jetzt erkannte ich seine Stimme und ließ ihn nicht herein."

Was für ein schönes Beispiel für die Freiheit in Christus! Wir rufen Jesus zur Hilfe, die höchste Autorität im Himmel und auf Erden, und Er führt den Feind aus unserem Leben heraus. Aber es liegt in unserer Verantwortung, ihn nicht wieder hereinzulassen. Wir müssen die Wahrheit kennen, fest bleiben und dem Bösen widerstehen. Besuche eine Jugendgruppe in einer Gemeinde und verpflichte dich zu einer regelmäßigen Stillen Zeit des Bibellesens und des Gebets. Gott liebt dich und Er wird dich nie vergessen oder verlassen.

Anleitung zum Studium

Schlage nach:

Galater 5:1

Denke nach:

- Die Freiheit in Christus ist das Ergebnis von Bekennen, Vergeben, Bereuen und Sichabwenden. Welches dieser Gebiete fordert dich am meisten heraus?
- Gibt es irgendetwas, was dich heute davon abhalten könnte, frei in Christus zu leben? Gibt es irgendeinen Schritt, den du wiederholen mußt?
- Welche der Schritte bedeuteten dir viel oder ermutigten dich am meisten? Warum?
- Auf welcher Art und Weise könntest du diese Botschaft der Freiheit anderen mitteilen, welche in Schwierigkeiten sind?

Wende an:

Bete und danke Gott für die Freiheit, die Er dir anbietet. Bete auch ein Gebet der Hingabe, dass du weiter wachsen und in Freiheit wandeln willst.

14. In der Freiheit zu leben und frei zu bleiben

Die Freiheit, die du erhalten hast, während du die Schritte der Freiheit in Kapitel 13 durchgenommen hast, muss bewahrt werden. Du hast einen sehr wichtigen Kampf gewonnen; aber es herrscht immer noch Krieg. Du wirst solange frei sein, wie du der Wahrheit folgst und fest in der Stärke des Herrn bleibst. Wenn vergangene, nicht bereute Sünden auftauchen, bekenne sie. Wenn du Satans Lügen entdeckst, denen du geglaubt hast, oder dich an andere nichtchristliche Erfahrungen erinnerst, die du getan oder erlebt hast, bekenne sie und entscheide dich für die Wahrheit. Manche Menschen fanden es hilfreich, die Schritte der Freiheit öfter durchzunehmen. Wenn du es tust, folge den Anweisungen sorgfältig.

In diesem Kapitel werden wir sieben wichtige, auf der Bibel basierende Richtlinien betrachten, um dir zu helfen, deine Freiheit zu bewahren und mit Christus zu leben. Glaube nicht, dass wir bei Gott Pluspunkte sammeln, indem wir diesen Vorschlägen folgen, oder dass wir Punkte verlieren, wenn wir sie nicht beachten. Gott liebt uns unabhängig davon, ob wir Seinen Richtlinien folgen oder nicht. Trotzdem ist es Sein größter Wunsch, dass wir uns entscheiden, nach Seinen Richtlinien zu leben und in der Freiheit zu wandeln. Unsere Belohnung für die Befolgung dieser Vorschläge sind der Sieg und die Freiheit, die wir in unserem täglichen Leben erfahren werden.

1. Stärke deine Freiheit durch Gemeinschaft

Gott beabsichtigte nie, dass wir unser Leben als Christen allein führen sollten. Deshalb gründete Er die Gemeinde. Bringe dich in einer guten Jugendgruppe ein, wo du im Licht wandeln und die Wahrheit mit anderen wachsenden Christen in Liebe aussprechen darfst. Überzeuge dich davon, dass es eine Gemeinde ist, in der das Wort Gottes deutlich und sorgfältig gelehrt wird.

Hebräer 10:23-25 sagt uns:

> „Lasst uns festhalten am Bekenntnis der Hoffnung, ohne zu wanken - denn er ist treu, der die Verheißung gegeben hat - , und lasst uns aufeinander achtgeben, damit wir uns gegenseitig anspornen zur Liebe und zu guten Werken, indem wir unsere eigene Versammlung nicht verlassen, wie es einige zu tun pflegen, sondern einander ermahnen, und das um so mehr, als ihr den Tag herannahen seht!"

Der Vers 25 warnt uns davor, „unsere eigene Versammlung" zu verlassen. Wir sollen uns in unserem Glauben gegenseitig aufbauen und das geschieht durch gemeinsame Anbetung, Gebet und Studium des Wortes Gottes. Wenn wir es vermeiden in die Gemeinde zu gehen und uns mit anderen Christen zu treffen, werden wir schwach und eine leichte Beute für die Angriffe des Feindes.

Hebräer 3:13 ermutigt uns: „Ermahnt einander vielmehr jeden Tag", nicht nur an Sonntagen oder in den Jugendstunden. Wir sollen andere Christen wie Brüder und Schwestern in Christus behandeln und einander auf den Gebieten helfen, wo wir noch wachsen müssen.

2. Stärke deine Freiheit durch das Studium des Wortes Gottes

Der Hauptgrund, wie wir Gott besser kennenlernen können, ist die Kenntnis Seines Wortes, der Bibel. Es ist großartig, gute christliche Bücher zu lesen oder gute christliche Musik zu hören; aber das ist kein Ersatz für das Lesen und Studieren des Wortes Gottes. Es gibt einige leicht verständliche Bibelübersetzungen, die du benutzen kannst. Du wirst in deiner Freiheit in Christus ermutigt werden, wenn du das Wort Gottes studierst und die Schlüsselverse auswendig lernst.

Esra aus dem Alten Testament war ein Mann, den Gott außerordentlich gebrauchte. Uns wird gesagt, dass „die Hand des Herrn, seines Gottes, über ihm war“ (Esra 7:6). Das Wort Gottes spielte in Esras Leben eine große Rolle. Der Vers 10 sagt´: „Denn Esra hatte sein Herz darauf gerichtet, das Gesetz des Herrn zu erforschen und zu tun“. Möchtest Du, dass die Hand Gottes über dir ist? Richte dein Herz darauf, Gottes Wort zu studieren und danach zu handeln.

Es ist eine gute Idee, jeden Tag eine bestimmte Zeit für dein Bibelstudium und Gebet festzulegen. Wenn du ein Frühaufsteher bist, ist der Morgen für dich die richtige Zeit, da du dann frisch und munter bist. Wenn du eine Nachteule bist, kannst du vielleicht vor dem Schlafengehen lesen. Suche dir einen ruhigen, bequemen Platz, wo du nicht gestört oder unterbrochen wirst- aber nicht so bequem, dass du mit dem Schlaf kämpfen musst!

Diese besondere Zeit, in der Christen Gottes Wort studieren und beten, wird öfter auch „Stille Zeit“ genannt. Nutze deine tägliche Stille Zeit, um zu lesen, zu studieren und darüber nachzudenken, was Gottes Wort dir sagen will. Der Apostel Paulus schreibt: „Die ganze Schrift ist von Gottes Geist eingegeben und nützlich zur Belehrung, zur Überführung, zur Zurechtweisung, zur Erziehung in der Gerechtigkeit, damit der Mensch Gottes ganz zubereitet sei, zu jedem guten Werk völlig ausgerüstet" (2. Timotheus 3:16,17). Deshalb" strebe eifrig danach, dich Gott als bewährt zu erweisen, als einen Arbeiter, der sich nicht zu schämen braucht, der das Wort der Wahrheit recht teilt" (2. Timotheus 2:15).

3. Stärke deine Freiheit durch das tägliche Gebet

In Sprüche 15:8 wird uns gesagt, „das Gebet der Aufrichtigen aber ist ihm [dem Herrn] angenehm." Aufgrund der Beziehung, die wir zu Gott durch den Tod, das Begräbnis und die Auferstehung Christi haben, können wir zu jeder Zeit mit Gott sprechen. Und wir können mit Ihm über alles reden - über Freunde, Hausaufgaben, Eltern, Probleme. Sprich mit Gott jederzeit und nicht nur während der Stillen Zeit.

Hier sind ein paar Beispiele von Gebeten, die du oft und mit Vertrauen beten kannst.

Ein Gebet für das tägliche Leben

„Lieber himmlischer Vater, ich ehre Dich als meinen Herrn. Ich weiß, dass Du ständig bei mir bist. Du bist der einzige allmächtige, allwissende Gott. Du bist freundlich und liebevoll in allen Deinen Wegen. Ich liebe dich und danke Dir, dass ich mit Christus eins und in Ihm geistlich lebendig bin. Ich entscheide mich, die Welt nicht zu lieben, und ich töte meine sündigen Wünsche ab. Ich danke Dir für das Leben, welches ich jetzt in Christus habe, und bitte Dich, mich mit Deinem Heiligen Geist zu erfüllen und zu leiten, damit ich frei von Sünde leben kann.

Ich erkläre meine Abhängigkeit von Dir und ich widerstehe Satan und seinen Lügen. Ich entscheide mich,

der Wahrheit zu glauben, und lehne es ab, entmutigt zu werden. Du bist der Gott der Hoffnung und ich vertraue darauf, dass Du alle meine Bedürfnisse stillen wirst, wenn ich nach Deinem Wort lebe. Ich bin überzeugt, dass ich ein verantwortungsvolles Leben durch Christus führen kann, der mir die Kraft dazu gibt.
Ich widerstehe jetzt Satan und befehle ihm und seinen bösen Geistern, von mir zu weichen. Ich ziehe die Rüstung Gottes an. Ich gebe meinen Körper als ein lebendiges Opfer hin und erneuere meinen Sinn durch das Ausleben des Wortes Gottes, damit ich beweisen kann, dass der Wille Gottes gut, akzeptabel und perfekt ist. Ich bitte darum im teuren Namen meines Herrn und Retters Jesus Christus, Amen."

Gebet vor dem Schlafengehen

„Danke Dir, Herr, dass Du mich in Deine Familie gebracht hast und mich mit jedem geistlichen Segen in dem himmlischen Reich Christi gesegnet hast. Ich danke Dir, dass ich mich jetzt ausruhen darf. Ich nehme es als einen Teil Deines perfekten Planes für mich an und vertraue Dir, dass Du meinen Verstand und meinen Körper während des Schlafs bewachen wirst. So wie ich den ganzen Tag über Dich und Deine Wahrheit nachgedacht habe, soll mein Verstand weiter darüber nachdenken, während ich schlafe. Ich gebe mich Dir hin, damit Du mich vor dämonischen Angriffen während des Schlafs bewachst. Ich gebe mich Dir hin als meinem Fels, meiner Burg und meiner Ruhestätte. Ich bete in dem mächtigen Namen des Herrn Jesus Christus, Amen."

Ein Gebet für ein Haus oder ein Zimmer

Bete das Gebet laut, nachdem du alle Dinge des Götzendienstes aus deinem Haus oder Zimmer entfernt hast.

„Himmlischer Vater, ich weiß, dass Du der Herr des Himmels und der Erde bist. Durch Deine Macht und Liebe hast Du mir alle Dinge gegeben, damit ich mich daran erfreuen soll. Danke für diesen Ort, wo ich leben darf. Ich beanspruche dieses Haus/Zimmer für meine Familie/mich als einen Ort der geistlichen Sicherheit und des Schutzes vor allen Angriffen des Feindes.
Als ein Kind Gottes durch Christus befehle ich allen bösen Geistern, die diesen Ort aufgrund der Handlungen von vorherigen Bewohnern in Anspruch nehmen, diesen Ort zu verlassen und nie zurückzukehren. Ich sage allen Flüchen und Verwünschungen gegen diesen Ort ab. Ich bitte Dich, himmlischer Vater, schützende Engel um diesen Ort zu stellen, um ihn vor den Versuchen des Feindes, wieder eintreten und Deinen Willen mit uns/mir hindern zu wollen, zu beschützen. Ich danke Dir, Herr, dass Du es tust, und bete im Namen des Herrn Jesus Christus, Amen."

4. Stärke deine Freiheit, indem du jeden Gedanken gefangen nimmst

Wenn wir unsere Freiheit in Christus behalten wollen, müssen wir Verantwortung für unser Gedankenleben übernehmen. 2. Korinther 10:5 gibt uns Anweisungen, jeden Gedanken in den Gehorsam gegen Christus gefangen zu nehmen. Um frei zu bleiben, müssen wir die Lügen ablehnen, der Wahrheit glauben und in unserer Stellung in Christus fest bleiben.

Vergiss nicht, dass wir nicht die Dunkelheit vertreiben, sondern das Licht anzünden wollen.

Wir überwinden eine Lüge, indem wir uns für die Wahrheit entscheiden. Wir überwinden ängstliche Gedanken, indem wir uns Gott zuwenden und das tun, was Paulus sagte:

> „Im übrigen, meine Brüder, was wahrhaftig, was ehrbar, was gerecht, was rein, was liebenswert, was wohllautend, was irgend eine Tugend oder etwas Lobenswertes ist, darauf seid bedacht! Was ihr auch gelernt und empfangen und gehört und an mir gesehen habt, das tut; und der Gott des Friedens wird mit euch sein" (Philipper 4:8,9).

Wenn du direkt angegriffen wirst, sage Satan und seinen Dämonen laut: „Ich befehle dir im Namen des Herrn Jesus Christus, mich zu verlassen." Bitte ihn *nicht*; *befehle* ihm in der Autorität Christi, dich zu verlassen: „Satan, im Namen Jesu Christi, verlasse jetzt sofort diesen Ort." Wenn du vor Angst gelähmt bist und scheinbar nichts sagen kannst, dann rufe den Herrn innerlich an. Er kennt die „Gedanken und Gesinnungen des Herzens" (Hebräer 4:12). Ordne dich erst Gott unter und widerstehe dann dem Teufel (Jakobus 4:7).

Pass also auf, dass dein Verstand nicht abdriftet. Es ist sehr leicht, im Denken nachlässig zu werden und zu alten Gedankenmustern zurückzukehren. Teile deine Kämpfe einem vertrauenswürdigen Freund oder einem Jugendleiter mit. Paulus schreibt: „Ihr Brüder, werdet nicht Kinder im Verständnis, sondern in der Bosheit seid Unmündige, im Verständnis aber werdet erwachsen" (1. Korinther 14:20).

5. Stärke deine Freiheit durch dein Wissen von deiner Stellung in Christus

Wir werden in der Freiheit wachsen, wenn wir in unserem Verständnis von unserer Identität und unserem Wert in Christus wachsen und das annehmen. Wie können wir das tun? Indem wir unseren Verstand mit der Wahrheit des Wortes Gottes über unsere Annahme, Sicherheit und Bedeutung in Christus ausfüllen.

Die folgenden Aussagen fassen unsere biblische Identität und Stellung in Christus zusammen und bilden die Grundlage für unsere Freiheit in Christus. Lies diese Aussagen öfter laut. Immer wenn du dich in einer geistlichen Auseinandersetzung befindest, lies dir diese Aussagen mindestens einmal im Monat laut vor.

Wer bin ich?

Mt. 5:13	Ich bin das Salz der Erde
Mt. 5:14	Ich bin das Licht der Welt
Joh. 1:12	Ich bin ein Kind Gottes
Joh. 15:1,5	Ich bin eine Rebe am wahren Weinstock und das Leben Christi fließt durch mich
Joh. 15:15	Ich bin ein Freund Christi
Joh. 15:16	Ich bin von Gott dazu auserwählt, Frucht zu bringen
Apg. 1:8	Ich bin ein Zeuge Christi, ausgesandt, um anderen von Ihm zu erzählen
Röm. 6:18	Ich bin ein Sklave der Gerechtigkeit
Röm. 6:22	Ich bin ein Sklave Gottes, der mich heiligt und mir ewiges Leben gibt
Röm. 8:14,15; Gal. 3:26; 4:6	Ich bin ein Kind Gottes; ich darf Ihn Vater nennen
Röm. 8:17	Ich bin Miterbe Christi und Miterbe Seiner Herrlichkeit
1.Kor. 3:16; 6:19	Ich bin ein Tempel - eine Wohnung - für Gott; Sein Geist und Sein Leben sind in mir
1.Kor. 6:17	Ich gehöre dem Herrn für immer und bin ein Geist mit Ihm
1.Kor. 12:27	Ich bin ein Teil des Leibes Christi

2.Kor. 5:17 .... Ich bin ein neuer Mensch - meine Vergangenheit ist vergeben und alles ist neu

2.Kor. 5:18,19 .... Ich habe Frieden mit Gott und er hat mir die Aufgabe gegeben, anderen zu diesem Frieden zu verhelfen

Gal. 3:26,28 .... Ich bin ein Kind Gottes und eins mit Seiner Familie

Gal.4:6,7 .... Ich bin ein Kind Gottes und werde das Erbe erhalten, welches Er versprochen hat

Eph.1:1; Phil.1:1;
Kol.1:2 .... Ich bin heilig, ein Heiliger

Eph. 2:10 .... Ich bin Gottes Werk, geschaffen in Christus, um Seinen Willen zu tun

Eph. 2:19 .... Ich bin ein Bürger des Himmels zusammen mit Gottes Familie

Eph. 3:1;4:1 .... Ich bin ein Gefangener Christi, damit ich anderen helfen kann

Eph. 4:24 .... Ich bin gerecht und heilig

Phil. 3:20;
Eph. 2:6 .... Ich bin ein Bürger des Himmels und jetzt mit in den Himmel versetzt

Kol. 3:3 .... Ich bin mit Christus in Gott verborgen

Kol. 3:4 .... Ich bin ein Ausdruck des Lebens Christi, weil Er mein Leben ist

Kol. 3:12;
1.Thess. 1:4 .... Ich bin von Gott erwählt, heilig und geliebt

1.Thess.5:5 .... Ich bin ein Kind des Lichtes und nicht der Dunkelheit

Hebr. 3:1 .... Ich habe Anteil an der himmlischen Berufung

Hebr. 3:14 .... Ich habe Anteil an Christus

1.Petr. 2:5 ....Ich bin Gottes lebendiger Stein, der zu einem geistlichen Haus aufgebaut wird

1.Petr. 2.9,10..............Ich gehöre zum auserwählten Geschlecht, zur königlichen Priesterschaft, zu einer heiligen Nation, zu einem Volk, das Gott gehört

1.Petr. 2:11 ....Ich bin nur ein Fremdling auf dieser Erde, auf der ich für kurze Zeit lebe

1.Petr. 5:8....................Ich bin ein Feind des Teufels

1.Joh. 3:1,2 ....Ich bin ein Kind Gottes und ich werde Christus ähnlich sein, wenn Er wiederkommt

1.Joh. 5:18 ....Ich bin in Christus wiedergeboren und das Böse - der Teufel - kann mich nicht anrühren

2.Mose 3:14;
Joh. 8:24,28,58 ....Ich bin nicht der große „Ich bin, der ich bin",

1.Kor. 15:10................aber durch Gottes Gnade bin ich, wer ich bin

Seit ich durch die Gnade Gottes in Christus bin...

Röm. 5:1 ....Ich bin vor Gott gerechtfertigt und mir wurde völlig vergeben; ich lebe im Frieden mit Ihm

Röm. 6:1-7..................Die sündige Person, die ich früher war, starb mit Christus und die Sünde herrscht nicht mehr in meinem Leben

Röm. 8:1 ....Ich bin von der Verdammnis befreit, die ich wegen meiner Sünden verdient hatte

1.Kor. 1:30	Ich bin in Christus versetzt durch Gottes Tun
1.Kor. 2:12	Ich habe den Heiligen Geist empfangen; ich kann die Segnungen erkennen, die Er mir geschenkt hat
1.Kor. 2:16	Ich habe den Sinn Christi; Er gibt mir Seine Weisheit, damit ich die richtigen Entscheidungen treffen kann
1.Kor. 6:19,20	Ich bin mit einem Preis erkauft worden; ich gehöre nicht mehr mir; ich gehöre Gott
2.Kor. 1:21,22; Eph. 1:13,14	Ich bin Gottes Besitz, auserwählt und geborgen (versiegelt) in Ihm; ich habe den Heiligen Geist, als ein Unterpfand meines Erbes erhalten
2.Kor. 5:14,15	Seit ich gestorben bin, lebe ich nicht mehr für mich selbst, sondern für Christus
2.Kor. 5:21	Ich bin zur Gerechtigkeit Gottes gemacht worden
Gal. 2:20	Ich bin mit Christus gekreuzigt und es ist nicht mehr ich, der lebt, sondern Christus lebt in mir; das Leben, welches ich jetzt führe, ist das Leben Christi
Eph. 1:3	Ich bin mit jedem geistlichen Segen gesegnet worden
Eph. 1:4	Ich bin in Christus vor der Grundlegung der Welt auserwählt worden, um heilig zu sein; ich bin untadelig vor Ihm
Eph. 1:5	Ich wurde von Gott zur Sohnschaft vorherbestimmt
Eph. 1:6,7	Ich wurde aus der Sklaverei der Sünde Erkauft (erlöst) und mir wurde ver-

geben; ich habe Seine reiche Gnade erhalten

Eph. 2:5 ....Ich bin geistlich lebendig gemacht worden, so wie Christus lebendig ist

Eph. 2:6......................Ich bin mit auferweckt und mit Christus in den Himmel versetzt worden

Eph.2:18 ....Ich habe durch den Heiligen Geist einen direkten Zugang zu Gott

Eph. 3:12 ....Ich habe Zugang zu Gott in Freimütigkeit, Freiheit und Zuversicht

Kol. 1:13 ....Ich bin aus der finsteren Macht von Satans Herrschaft befreit und in das Reich Christi versetzt worden

Kol. 1:14; 2:14............Mir sind alle meine Sünden vergeben und ich bin befreit worden; die Schuldschrift gegen mich ist getilgt worden

Kol. 1:27......................Christus selbst lebt in mir

Kol. 2:7 ....Ich bin fest in Christus gewurzelt und werde nun in Ihm auferbaut

Kol. 2:10......................Ich habe die Fülle in Christus

Kol. 2:12,13 ....Ich bin mit Christus begraben, auferstanden und mitauferweckt worden

Kol. 3:1-4 ....Ich bin mit Christus gestorben und bin mit Christus auferstanden; mein Leben ist mit Christus in Gott verborgen; Christus ist jetzt mein Leben

2. Tim. 1:7 ....Ich habe den Geist der Kraft, der Liebe und der Besonnenheit erhalten

2. Tim.1:9;
Tit. 3:5..........................Ich bin nach Gottes Plan errettet und herausgerufen (geheiligt) worden

Hebr. 2:11 ....Weil ich herausgerufen (geheiligt) worden und eins mit Christus bin, schämt Er sich nicht, mich Seinen

	Bruder oder Seine Schwester zu nennen
Hebr. 4:16	Ich habe das Recht, freimütig vor Gottes Thron zu kommen; Er wird sich meiner Nöte mit Liebe und Freundlichkeit annehmen
2.Petr. 1:4	Mir sind große und kostbare Verheißungen gegeben; ich habe Anteil an der göttlichen Natur*

6. Stärke deine Freiheit, indem du von deinem Glauben weitersagst

Die Jugendlichen in deiner Gemeinde oder in deiner Schule brauchen den Herrn und die Freiheit, die Er anbietet. Du hast die Ehre und die Verantwortung, anderen davon zu erzählen, wie du Christus als deinen Erlöser kennen gelernt hast und wie du die Freiheit in Christus erlebt hast. 1. Petrus 3:15 sagt: „...sondern heiligt vielmehr Gott, den Herrn, in euren Herzen! Seid auch allezeit bereit zur Verantwortung gegenüber jedermann, der Rechenschaft fordert über die Hoffnung, die in euch ist, [und zwar] mit Sanftmut und Ehrerbietung."

Die größte Wirkung als Zeuge Christi erhält man, indem man Ihm nachfolgt und in Seiner Freiheit lebt. Kolosser 2:6,7 sagt uns: „Wie ihr nun den Christus Jesus, den Herrn, angenommen habt, so wandelt auch in ihm, gewurzelt und auferbaut in ihm und befestigt im Glauben".

Aufgrund dessen, wer du in Christus bist, bist du qualifiziert, von deiner Freiheit zu zeugen und sie mit anderen zu teilen. Du hast Gottes Geist und Gottes Wort. Du und der Heilige Geist bilden zusammen ein großartiges Team.

*Neil Anderson und Dave Park, *Stomping Out the Darkness* (Ventura, CA: Regal Books, 1993). Used by permission.

Petrus sagt in Apostelgeschichte 5:32: „Und wir sind seine Zeugen, was diese Tatsachen betrifft, und auch der Heilige Geist, welchen Gott denen gegeben hat, die ihm gehorchen." Ein erfolgreicher Zeuge zu sein heißt ganz einfach, in der Kraft des Heiligen Geistes zu anderen Menschen zu gehen und ihnen zuversichtlich die Wahrheit der Bibel mitzuteilen. Und zwar die Wahrheit durch deine Geschichte, wie du Christus kennengelernt hast und durch Ihn frei geworden bist.

Bete für deine ungläubigen Freunde und für diejenigen Freunde, die Christus angenommen haben, aber nicht in der Freiheit leben, die der Herr uns anbietet. Bitte Gott, dir Türen zu öffnen, damit du die Möglichkeit erhältst, anderen von deinem Glauben und der Freiheit zu erzählen. Vergiss nicht: Deine Verantwortung ist es weiterzusagen, aber es ist die Verantwortung des Heiligen Geistes, die Herzen der Menschen anzurühren, um Christus anzunehmen oder sich zu entscheiden, in der Freiheit zu leben. Du kannst nicht versagen, solange du nicht Satan dich dazu verleiten lässt, deinen Glauben nicht mit anderen zu teilen.

Lass es nicht zu, dass Satan dich durch Angst vor Ablehnung oder durch Verlegenheit zum Schweigen bringt. Wenn du diese Angst kennst, dann sei dir dessen bewusst, dass sie nicht von Gott ist, „denn Gott hat uns nicht einen Geist der Furchtsamkeit gegeben, sondern der Kraft und der Liebe und der Besonnenheit" (2. Timotheus 1:7). Der Apostel Petrus drückt es auf folgende Weise aus:

> *„Und wer will euch Schaden zufügen, wenn ihr Nachahmer des Guten seid? Doch wenn ihr auch leiden solltet um der Gerechtigkeit willen, glückselig seid ihr! Ihr Drohen aber fürchtet nicht und lasst euch nicht beunruhigen; sondern heiligt vielmehr Gott, den Herrn, in euren Herzen! Seid auch allezeit bereit zur Verantwortung gegenüber jedermann, der Rechenschaft fordert über die Hoffnung, die in euch ist, [und zwar] mit Sanft-*

mut und Ehrerbietung; und bewahrt ein gutes Gewissen" (1. Petrus 3:13-16).

7. Stärke deine Freiheit, indem du die Vergebung der anderen suchst

„Wenn du nun deine Gabe zum Altar bringst und dich dort erinnerst, dass dein Bruder etwas gegen dich hat, so lass deine Gabe dort vor dem Altar und geh zuvor hin und versöhne dich mit deinem Bruder, und dann komm und opfere deine Gabe. Sei deinem Widersacher bald geneigt, während du noch mit ihm auf dem Weg bist, damit der Widersacher dich nicht etwa dem Richter ausliefert und der Richter dich dem Gerichtsdiener übergibt und du ins Gefängnis geworfen wirst. Wahrlich, ich sage dir: Du wirst von dort nicht herauskommen, bis du den letzten Groschen bezahlt hast" (Matthäus 5:23-26).

Der Beweggrund für Vergebung

Matthäus 5:23-26 ist ein Schlüsselabschnitt über Vergebung. In diesen Versen sind mehrere Punkte wichtig. Derjenige, der vor Gott kommt, um Ihn anzubeten und ein Opfer zu bringen, *erinnert* sich, dass jemand etwas gegen ihn hat. Der Heilige Geist ist Derjenige, der ihn oder sie an die Sünde erinnert. Nur die Handlungen, die andere Menschen verletzt haben, müssen vor ihnen bekannt werden. Wenn du eifersüchtig warst, voller Begierde an jemanden gedacht hast oder wütend auf andere Menschen warst und diese wissen es nicht, musst du es nur vor Gott bekennen.

Eine Ausnahme besteht, wenn jemand entschädigt werden muss. Wenn du etwas gestohlen oder zerstört hast, den Ruf von jemandem ruiniert hast usw., musst du zu diesem Menschen gehen und es in Ordnung bringen, auch wenn er oder sie es nicht weiß.

Der Prozess der Vergebung

1. Schreibe auf, was du getan hast und warum du es getan hast
2. Überzeuge dich davon, dass du selber ihnen vergeben hast für das, was sie dir angetan haben mögen
3. Mache dir Gedanken, wie du sie um Vergebung bitten willst.

   Du musst folgendes beachten:

   a. Bezeichne deine Handlung als „falsch".
   b. Sei genau und gib zu, was du getan hast.
   c. Benutze keine Ausreden oder Ausflüchte.
   d. Gib anderen Menschen nicht die Schuld und erwarte nicht, dass sie dich um Vergebung bitten.
   e. Dein Bekenntnis muß zu der direkten Frage führen: „Kannst du mir vergeben?"
4. Halte nach einer passenden Zeit und einem passenden Ort Ausschau, um mit der betroffenen Person zu sprechen.
5. Bitte jeden persönlich um Vergebung, mit dem von Angesicht zu Angesicht reden kannst. Mit einer Ausnahme: *Gehe nicht allein*, wenn deine Sicherheit in Gefahr ist.
6. *Schreibe keinen Brief,* außer es besteht keine andere Kommunikationsmöglichkeit, weil ein Brief leicht falsch gelesen oder missverstanden werden kann; ein Brief kann von falschen Personen gelesen werden (diejenigen, die nichts mit der Straftat oder dem Bekenntnis zu tun haben); ein Brief kann aufbewahrt werden, wenn er zerstört werden sollte.
7. Wenn du einmal ehrlich um Vergebung gebeten hast, bist du frei – unabhängig davon, ob die Person dir vergeben hat oder nicht (Römer 12:18).
8. Habe nach der Vergebung Gemeinschaft mit Gott durch Anbetung (Matthäus 5:24).

Anleitung zum Studium

Schlage nach:

2. Timotheus 3:15-17; Philliper 4:8.9;
Herbräer 10:23-25

Denke nach:

1. Warum muss deine Freiheit beschützt werden? Was sollst du tun, wenn du dich an eine vergangene, nicht bereute Sünde erinnerst?
2. Wie kann dir Gemeinschaft mit anderen Christen helfen, in der Freiheit zu wandeln? Warum ist das Studium des Wortes Gottes so wichtig für deine Freiheit?
3. In welcher Beziehung steht unser Gedankenleben zur beständigen Freiheit? Warum ist es so lebenswichtig zu verstehen, wer du in Christus bist?
4. Wie hast du dich gefühlt, nachdem du die „Wer ich bin“ -Liste gelesen hast? Wird sich etwas auf dieser Liste ändern?
5. Was sollte unser Beweggrund sein, wenn wir die Vergebung der anderen suchen?

Wende an:

Bete und bitte um Gottes Leitung, damit du die Macht nutzen kannst, die Er dir gegeben hat, um den Kampf um deinen Verstand zu gewinnen und in Freiheit zu leben. Verpflichte dich jeden Tag die „Wer ich bin“-Liste zu lesen und die folgenden Gebete zu nutzen.

Eine letzte Ermutigung

Wir hoffen, dass du durch dieses Buch Dem begegnet bist, Der die Ketten sprengt, und dass du durch Ihn befreit worden bist. Nach dem ewigen Leben ist die Freiheit in Christus dein wertvollster Besitz. Es ist Freiheit von deiner Vergangenheit. Du bist befreit worden, du selbst zu sein und in Christus zu wachsen. Jesus hat die Schande des Kreuzes erlitten, damit du leben und durch Ihn frei sein kannst. Er wird immer für dich da sein, damit du leben und in Ihm frei bleiben kannst!

„Gott sagte: ‚Ich will dich nicht verlassen noch versäumen.' ...Jesus Christus ist derselbe gestern und heute und auch in Ewigkeit."
Hebräer 13:5,8

„In...Christus..., in welchem alle Schätze der Weisheit und der Erkenntnis verborgen sind."
Kolosser 2:2,3